21世纪网络与新媒体专业系列教材

新媒体写作教程

（第二版）

喻彬◎著

清华大学出版社
北京

内 容 简 介

"新媒体写作"是在当今传统媒体日渐式微、新媒体迅速普及和广泛应用的形势下,应运而生的一门全新的课程。网络给人类带来了文化的巨变,在新的文化形态、思维模式、语言习惯、交流方法面前,如何进行即时性、个性化的话语表达,是一个普遍存在并且亟待解决的问题。《新媒体写作教程(第二版)》系统地阐述了各种新媒体写作体例、写作文本的概念、定义、特性、写作方法、要领、技巧等系统知识,具体包括:微纪录片、微电影、微广播剧、网剧、短视频、微短剧、微文学等。本书内容全面、视角新颖、观点独到、叙述详尽,是高校新闻传播、网络新媒体采编、实用写作、创意写作等相关专业学生学习新媒体写作的教材;也是广大新媒体、自媒体平台用户,新媒体人、自媒体创作者尤其是短视频、微短剧创作者提高剧本(脚本)写作水平的实用参考书。

本书封面贴有清华大学出版社防伪标签,无标签者不得销售。
版权所有,侵权必究。举报:010-62782989,beiqinquan@tup.tsinghua.edu.cn。

图书在版编目(CIP)数据

新媒体写作教程 / 喻彬著. -- 2 版.
北京:清华大学出版社,2025.3.
(21 世纪网络与新媒体专业系列教材).
ISBN 978-7-302-68647-7

Ⅰ. G212.2

中国国家版本馆 CIP 数据核字第 20256EE287 号

责任编辑:邓 婷
封面设计:刘 超
版式设计:楠竹文化
责任校对:范文芳
责任印制:刘海龙

出版发行:清华大学出版社
网　　址:https://www.tup.com.cn,https://www.wqxuetang.com
地　　址:北京清华大学学研大厦 A 座　　邮　　编:100084
社 总 机:010-83470000　　邮　　购:010-62786544
投稿与读者服务:010-62776969,c-service@tup.tsinghua.edu.cn
质量反馈:010-62772015,zhiliang@tup.tsinghua.edu.cn
印 装 者:北京同文印刷有限责任公司
经　　销:全国新华书店
开　　本:185 mm×260 mm　　印　　张:10.75　　字　　数:253 千字
版　　次:2025 年 4 月第 1 版　　印　　次:2025 年 4 月第 1 次印刷
定　　价:49.80 元

产品编号:106103-01

前言 Foreword

新媒体时代，让鸿雁传书、折柳寄情的交流方式成为千古佳话。面对网络带来的颠覆性巨变，如何在全新的文化视野和思维模式下进行即时性、个性化的交流，已成为当下大众普遍关注的问题。本书系统地阐述了短视频、微短剧、微电影、微文学等各类新媒体文本写作的要领和技法。

在从事高校教研工作之前，笔者是羊城晚报的资深记者、编辑，还是一位作家，亲历了传统媒体的逐渐衰落和新媒体的迅速崛起。笔者以作家的思维、传媒人的眼光、学者的思辨力，审视着媒体的新旧交替和迅速嬗变，从2012年开始写作《新媒体写作教程》一书，旨在为广大学子与热爱新媒体写作的朋友们提供一本既具前瞻性又有实用性的书籍。二十余年的报纸新闻采编经验和九年的高校教学实践，是《新媒体写作教程》理论与实践相结合的坚实基础。

笔者潜心研究和总结了传统媒体写作和新媒体写作的关系和变化，深入学习了各种新媒体写作体例和写作文本的概念、定义、特性、写作要领等系统理论，紧密结合自己多年的新闻采编、文学创作以及高校教学实践，全视角、多维度地探析"新媒体写作"这一专业课程的产生、发展和变化的内在规律，书中用大量的经典实例阐述新媒体写作与传统媒体写作的异同与优劣，探析新媒体写作的前景以及存在的问题。

本书特别强调新媒体写作的创新性与多元性。在新媒体环境下，写作不再是只有文字的单一表达方式，而是一种融合文字、图片、视频、音频等多种元素的综合性创作。为此，本书不仅介绍了各种新媒体写作平台与工具的使用方法，还探讨了如何运用这些平台与工具进行创新性写作，如跨媒体叙事、互动式写作、数据可视化等。

《新媒体写作教程》于2018年10月由中国传媒大学出版社出版，经过七年的市场发行和高校教学实践检验，反响良好，已经成为高校新闻传播、网络与新媒体等相关专业广受欢迎的教材，也成为受到广大短视频运营者、微短剧写作者和自媒体创作爱好者喜爱的参考书。

《新媒体写作教程（第二版）》是作者在第一版的基础上，广泛采纳来自全国各高校教学一线教师的建议，结合自己的实际教学经验，对第一版的内容进行了修订、调整、补充、优化；强化了短视频脚本写作的内容；增补了"微短剧概述与微短剧剧本写作""微文学概述与微文学写作"两章内容，充实和更新了教学实践的案例。本次改版后的教材以理论知识为基础，以创作实践为目标，有助于学生以及读者学用结合、知行合一，努力推进新文科专业融合创新，为社会培养复合型、创新型专业人才。

最后，衷心地感谢所有为本书的创作与出版给予过支持、帮助与鼓励的同人和朋友们，诸君的宝贵意见和建议使本书更加丰富与完善。同时，我也期待广大读者提出宝贵的反馈意见，以便使本书更好地服务于新媒体写作的教学与实践，更好地帮助读者在这个充满挑战与机遇的新时代书写出属于自己的精彩篇章。

目录 Contents

第一章 新媒体与新媒体写作 ………………………………………………… 1

第一节 新媒体概述 …………………………………………………………… 1
一、媒体发展概况 ……………………………………………………………… 1
二、新媒体的概念 ……………………………………………………………… 6
三、新媒体的形态 ……………………………………………………………… 7

第二节 新媒体写作概述 ……………………………………………………… 9
一、新媒体写作的定义 ………………………………………………………… 9
二、新媒体写作的特性 ………………………………………………………… 9
三、新媒体写作的缺陷 ………………………………………………………… 11

第二章 新媒体新闻概述与新媒体新闻写作 …………………………… 13

第一节 新媒体新闻概述 ……………………………………………………… 13
一、新闻概述 …………………………………………………………………… 13
二、新媒体新闻的地位和价值 ………………………………………………… 22
三、新媒体新闻传播的弊端 …………………………………………………… 23

第二节 新媒体新闻写作 ……………………………………………………… 25
一、新媒体新闻写作的要领 …………………………………………………… 25
二、新媒体新闻写作的基本技法 ……………………………………………… 29
三、新媒体新闻作品范例 ……………………………………………………… 30

第三章 微纪录片概述与微纪录片脚本写作 …………………………… 31

第一节 微纪录片概述 ………………………………………………………… 31
一、微纪录片的定义 …………………………………………………………… 31
二、微纪录片的特征 …………………………………………………………… 32
三、微纪录片的种类 …………………………………………………………… 33

第二节 微纪录片脚本写作 …………………………………………………… 35
一、微纪录片脚本写作步骤 …………………………………………………… 35
二、微纪录片脚本写作方法 …………………………………………………… 36
三、微纪录片大纲范例 ………………………………………………………… 43
四、微纪录片解说词范例 ……………………………………………………… 43

第四章 微电影概述与微电影剧本写作 ········· 44

第一节 微电影概述 ········· 44
- 一、微电影的定义 ········· 44
- 二、微电影的特征 ········· 45

第二节 微电影剧本写作 ········· 48
- 一、剧本概述 ········· 48
- 二、微电影剧本写作 ········· 51
- 三、微电影剧本范例 ········· 53

第五章 微广播剧概述与微广播剧剧本写作 ········· 55

第一节 微广播剧概述 ········· 55
- 一、广播剧的发展概况 ········· 55
- 二、微广播剧的定义 ········· 56
- 三、微广播剧的特征 ········· 56
- 四、微广播剧的优势 ········· 58

第二节 微广播剧剧本写作 ········· 59
- 一、微广播剧剧本写作要领 ········· 59
- 二、微广播剧剧本写作技法 ········· 61
- 三、微广播剧剧本范例 ········· 70

第六章 网剧概述与网剧剧本写作 ········· 72

第一节 网剧概述 ········· 72
- 一、网剧的定义 ········· 72
- 二、网剧的特性 ········· 74
- 三、网剧的优势 ········· 74
- 四、网剧和电视剧的主要区别 ········· 75

第二节 网剧剧本写作 ········· 76
- 一、网剧剧本写作要领 ········· 76
- 二、网剧剧本写作步骤 ········· 77
- 三、网剧剧本写作方法 ········· 78
- 四、网剧剧本范例 ········· 82

第七章 短视频概述与短视频脚本写作 ········· 84

第一节 短视频概述 ········· 84
- 一、短视频的发展历程 ········· 84

二、短视频的定义 ·· 86
　　三、短视频的优劣势 ·· 87
　　四、短视频的分类 ·· 88
　第二节　短视频脚本写作 ·· 96
　　一、短视频脚本写作方法 ·· 96
　　二、短视频脚本范例 ·· 103

第八章　微短剧概述与微短剧剧本写作 ·· 105

　第一节　微短剧概述 ·· 105
　　一、微短剧的定义 ·· 105
　　二、微短剧的特征 ·· 106
　　三、微短剧的优势 ·· 107
　　四、微短剧的分类 ·· 107
　第二节　微短剧剧本写作 ·· 110
　　一、微短剧剧本与传统影视剧剧本的异同 ······································ 110
　　二、微短剧剧本写作要领 ·· 112
　　三、微短剧剧本写作注意事项 ·· 121
　　四、微短剧剧本范例 ·· 122

第九章　微文学概述与微文学写作 ·· 124

　第一节　微文学概述 ·· 124
　　一、微文学的定义及特征 ·· 124
　　二、微文学的优势 ·· 125
　第二节　微文学写作 ·· 126
　　一、微文学写作要领 ·· 126
　　二、不同类型微文学的写作方法 ·· 127

第十章　自媒体概述与自媒体文本写作 ·· 135

　第一节　自媒体概述 ·· 135
　　一、自媒体的定义 ·· 135
　　二、自媒体的特性 ·· 136
　　三、自媒体的优势 ·· 136
　　四、自媒体的劣势 ·· 137
　　五、社交自媒体平台 ·· 138

第二节　自媒体文本写作 ……………………………………………… 156
　　　一、自媒体常规文本写作 ………………………………………… 156
　　　二、自媒体软文文本写作 ………………………………………… 158

参考文献 ……………………………………………………………… **164**

第一章

新媒体与新媒体写作

第一节 新媒体概述

一、媒体发展概况

什么是媒体？媒体就是媒介载体。

互联网时代，媒体有传统媒体和新媒体之分。传统媒体是指报纸、杂志、图书、广播、电视等传播载体及发布机构。新媒体是指数字报纸、数字杂志、数字广播、数字电视、数字电影、移动电视、手机短信、网络、桌面视窗、触摸媒体等传播载体及运营机构。

通常情况下，媒体既可以指语言、文字、图像、声音、影像、印刷等具体内容信息，也可以指承载这些内容信息的技术和物质。

常见的媒体包括以下几种。

(一) 报纸

报纸是以刊登新闻和时事评论为主的定期向读者发行的印刷出版物，是传统媒体时代大众传播的重要载体。

西汉初年，我国推行郡县制。各郡在京城长安设置办事机构——邸（相当于前些年我国各省、市地方政府驻北京办事处）。邸中的常驻官吏负责各郡最高长官与皇帝以及臣僚之间的联络工作，搜集并通报有关朝廷的信息和官方大事，定期将皇帝的诏书、谕旨，臣僚奏议等朝廷文书记录在简牍或绢帛上，通过信使骑马送给各郡长官，这就是邸报，中国最早的报纸，又称"邸抄""杂报""朝报""条报"。

邸报从宋代起发展成用手抄写，明末从手抄或木刻印刷改为活字印刷。邸报清代时改称为"京报"，读者面扩大到普通官吏、广大学者甚至平民百姓。

中国有史料记载的最早的报纸是《开元杂报》。唐代开元年间（公元713年—公元741年）京都长安皇宫门外，朝廷每日发布有关盛世景象和政务琐事的朝政简报。这种手抄简报在各级官衙内部传播。唐人孙樵在其《经纬集·读开元杂报》中提到他在襄樊得到数十幅这样的朝政简报的抄件，并称之为"开元杂报"。可见，中国最早的报纸距今已有一千多年历史了。

西方学界认为，世界上最早的报纸雏形是公元前131年，古罗马共和国发布的《每日纪闻》（或称《罗马公报》）。最初它只是竖立在罗马议事厅外的一块木板，用来向市民发布元老院的最新政令和决策。随着罗马版图的日渐扩张，公元前59年，古罗马执政官尤列乌斯·恺撒下令将《每日纪闻》的内容书写在布匹上带到各个行政省的首府，并翻译成各种语言以公告栏的形式向民众公布，这样使《每日纪闻》得以流传开来。

就办报历史而言，古罗马的《每日纪闻》比我国的邸报要晚大约一个世纪。

16世纪中叶，随着人类航海技术的发展，地中海北岸的威尼斯成了世界文化中心。当时就流行一种手抄小报——《威尼斯公报》，1536年就有了专门为该小报采集消息的机构以及沿街兜售该小报的人群。该小报不定期出版，每份一个铜币，主要刊载商品行情、船期、交通动态、政局变化、战争消息和灾祸事件等。该报后来流传到罗马以及欧洲各国。中国大百科全书出版社1990年12月出版的《中国大百科全书·新闻出版》卷，"报纸"条目中所载"随着社会对新闻需求量日益增长，以及资本主义生产力的发展……促使定期印刷报纸产生。最早的印刷报纸，是1566年在意大利单张印刷出版的《威尼斯公报》，因每份售价为威尼斯一枚铜币'格塞塔'，以致这个词后来成为西欧'报纸'的同义词。"

报纸主要有以下几个特点。

（1）版面大、篇幅广。报纸以文字、图片、色彩以及版面设计等多种符号传递信息，能够涵盖广泛的内容，包括国内外新闻、社论、评论、广告等，为读者提供全面的资讯服务，报社可以根据需要临时扩版甚至加印号外。

（2）公信力强。报纸的公信力相对于新媒体来说要更高。首先，报纸通常经过严格的编辑和审核（三审三校）流程，确保所发布信息的准确性和权威性。其次，报纸的采编人员从业有着严格的学历和专业门槛，普遍都具有较高的专业水平和综合素养，为所采编新闻作品的质量提供了一定的保障。

（3）读者面广且稳定。报纸刊登的信息常常雅俗共赏，能满足不同层次的读者阅读需求。报纸通常都有固定的读者群体，读者往往因长期阅读报纸甚至产生一定心理依赖。报纸的读者有较大一部分是采用年度订阅制，因此读者群相对比较稳定。

（4）信息固定持久。报纸作为视觉媒介，通过印刷在新闻纸上的内容供人阅读，这使得报纸的信息固定持久，可以重复阅读，广泛传阅。报纸读者的选择性强，阅读的顺序、时间、地点、快慢、详略都由读者自己决定。相对于网络新媒体来说，报纸可以保存下来以备复读和查阅资料。

（5）成本低、经济实用。报纸媒体的采编运营成本相对电视媒体来说较低，但是传播效果比较好，对于广告投入来说，性价比更高，不像电视和广播媒体，广告内容只在当天或第二天播放。

（6）传播时效性弱。报纸媒体传播的寿命相对较为短暂。一旦报纸被阅读后，其信息的传播效果会随时间递减,因此其利用率也相对较低,比如日报或晚报,每日或每夜都有新报面世。

如今,传统纸质报纸与网络紧密融合,数字报作为融合的重要产物正在改变着传统报纸的形态和传播方式。数字报不仅继承了报纸媒体的诸多优点,还充分利用了网络媒体的特性,实现了信息的快速传播和广泛覆盖,打破了传统报纸在时间和空间上的限制,读者可以随时随地通过网络阅读数字报,获取最新的新闻和资讯。同时,数字报还提供了丰富的互动功能,如评论、分享等,使得读者能够更加方便地参与到信息的传播和交流中去。

(二)期刊

期刊,又称杂志,是定期、连续出版的印刷读物。它有固定的刊名、序号,通常以出版年、季、月、旬、周为序。它依照既定的编辑方针、办刊风格,将众多作者撰写的稿件编辑、装帧、出版、发行,每期都有新的内容,包括文章、图片、广告等,其内容和形式相对稳定,具有连续性。期刊的内容可以是综合性的,也可以是专业性的,它能涉及各种领域,如科学、文化、艺术、娱乐等。

我国期刊的出版必须有出版单位,并经新闻出版总署批准,领取《期刊出版许可证》,持有国内统一连续出版物号,简称国内统一刊号,即"CN号"。"国际标准刊号"是"国际标准连续出版物号"的简称,即"ISSN号",我国大部分期刊都配有"ISSN号"。

世界上最早的期刊是1665年1月5日由法国议院参事戴·萨罗律师创办于巴黎的《学者杂志》。它首次采用"Journal"一词作为刊名,被认为是世界上第一份真正意义上的期刊。

中国最早的期刊是1815年由英国传教士马礼逊和米怜共同主编,在马六甲创刊的《察世俗每月统记传》,学界认为这是以中国读者为对象的第一份中文期刊。该刊在装帧上沿袭中国线装书的风格,木刻印刷,每期五至七页,大约两千字,初印五百册,后来逐渐增到一千册,主要在南洋华侨中赠阅。该期刊于1821年停刊,共出版了八十多期。

由郭士立于1833年在广州创办的《东西洋考每月统记传》被认为是在中国本土创办的第一份中文期刊,1834年出版第10期后休刊,1835年2月复刊,出版6期后再度休刊。《东西洋考每月统记传》的内容主要介绍西方文化、艺术、哲学和科学技术,文字通俗、简短,尽可能与中国文化相吻合,在研究东西方交流史上具有重要参考价值。

期刊主要有以下几个特点。

(1)定期出版。期刊必须有固定的出版周期,如周刊、月刊、季刊等,这种定期性有助于维持读者群的稳定性。

(2)内容专业。期刊通常专注于某一特定领域或主题,为读者提供有深度、专业的信息和观点。

(3)广泛传播。期刊可以通过各种渠道发行,覆盖的读者群体广泛,有利于信息的广泛传播。

(4)广告载体。期刊也是广告发布的重要载体,广告主可以通过在期刊上发布广告信息来推广其产品或服务。

期刊在传播知识、推广文化、引导舆论等方面发挥着重要作用,是现代社会信息传播体系中的重要组成部分。随着数字化和网络化的发展，期刊也逐渐向数字期刊、电子期刊、网络期刊等方向发展。数字化期刊的信息存储和传递具有多媒体特性，它不仅可以包含文字信息，还可以集成图像、声音和视频等动态信息，使内容的呈现形式更为丰富多样。这种多媒体形式的信息传递方式极大地提升了读者的阅读体验，并有助于读者对信息的深入理解和消化。

（三）广播

广播是指通过无线电波或导线定时向听众传播声音的新闻传播载体。因此，广播媒体，也被称为声音媒体，它利用声音符号，以有声语言为主要传播手段，诉诸人的听觉，使人产生强烈的想象力，并通过音乐和音响效果增强节目的现场感。

按照传播方式的不同，广播可以分为无线广播和有线广播。通过无线电波传送节目的称为无线广播，通过导线定时传送节目的称为有线广播。

1906年圣诞节前夜，美国的费森登和亚历山德逊在纽约附近建了一个广播站，进行了人类史上的第一次广播，广播的内容是两段笑话、一首歌曲和一支小提琴独奏曲。当时持有接收机的人都清晰地收听到了该节目。

美国匹兹堡KDKA广播电台于1920年11月2日开始播音。它是美国第一个持有营业执照的商业广播电台，也是被公认的世界上第一个商业电台，标志着广播事业的正式诞生。

美国人奥斯邦于1923年在上海创办的ECO广播电台，是中国最早的广播电台。

中国人自办的最早的广播电台是1926年由刘瀚在哈尔滨建立的。

1940年12月创建的"延安新华广播电台"，是中央人民广播电台的前身。1949年3月25日，该电台迁到北平（现北京），同年12月5日，改名为中央人民广播电台。

广播主要有以下几个特点。

（1）声音塑造。广播利用声音、音乐、音响为传播手段，使得听众能够通过听觉感受信息，产生强烈的想象力，留下深刻的印象。同时，由于广播不受视觉形象的限制，它可以更加专注于声音的塑造，可利用不同的音效和音乐创造出独特的氛围和情境。

（2）传播迅速。广播的传播速度快，时效性强。由于广播内容是通过电波传播的，播出与听众接收几乎是同步的，因此其制作、传输、接收都非常简单快捷，时效性在各类传统的大众传播媒体中居于首位。这使得广播在报道新闻、传递信息方面具有天然的优势。

（3）受众广泛。广播媒体的受众广泛。广播作为听觉艺术，其内容通俗易懂，听众不受教育程度的限制，且人们收听广播时可以同时进行其他活动，如做家务、做手工、走路、开车等，这使得广播的受众群体非常庞大。

（4）成本低廉。较之电视、报纸，广播内容的制作成本低廉，其制作过程相对简单，无须投入大量的设备和人力成本，因此，其广告费用也相对较低，这使得广播成为众多中小广告主的重要选择。

（5）不便保存。广播的声音转瞬即逝，不留痕迹，不便保存，听众如果出现误听或遗漏信息的情况，无法反复收听。此外，广播媒体无视觉形象，不利于形成品牌的直接印象，也可能导致听众理解信息时产生歧义或误解。

广播以其独特的传播方式和优势，在信息传播领域发挥着重要作用，并持续吸引着广大听众的关注和喜爱。随着新媒体的兴起，传统的广播已经向数字广播发展。数字广播通过数字信号传输高保真的节目，音质纯净，为听众带来了更为清晰、悦耳的听觉体验。

（四）电视

电视是利用电子技术和设备传送活动的图像画面和音频信号的资讯传播载体。

电视媒体是指以电视机为宣传载体进行信息传播的媒介和平台。电视媒体作为媒体的一个分类，与报纸、广播一起并称为三大传统媒体。

电视主要有以下几个特点。

（1）信息传播及时。电视能够以极快的速度传递最新信息，使观众在第一时间了解到国内外的重要事件和新闻。

（2）直观而生动。电视作为视听媒体，其视觉元素丰富，能够通过画面、音效和字幕等多种方式呈现信息，使观众更容易理解和接受。这种视听结合的方式也增强了信息的吸引力和感染力。

（3）传播覆盖面广。电视能够覆盖广大的观众群体，不分年龄、性别、文化层次，只要拥有接收设备，都能接收到电视节目的信号，这使得电视媒体成为大众化的传播媒体。

（4）互动性较强。与其他传统媒体相比，电视具有更强的互动性。观众可以通过电话、短信、社交媒体等多种方式参与到节目中，与主持人或其他观众进行实时互动。这种互动性不仅增加了节目的趣味性，也提高了观众的参与感和满足感。

（5）内容丰富多样。电视可以呈现新闻、综艺、电视剧、纪录片等多种类型的内容，满足不同观众的多元需求和喜好。

（6）信息保存性差。电视媒体是按照时间顺序进行播放，观众必须按照节目播出的时间顺序来收看，观众无法自由选择观看的内容和时间，必须严格按照媒体的编排顺序来接收信息。这种线性传播，转瞬即逝，保存性差。

（7）受收视环境影响大。收视环境对电视节目的传播效果影响很大，包括观众数量、观看角度、电视音量等因素都会影响到节目的收视效果。

（8）成本昂贵。无论是制作电视节目还是播放电视广告都需要较高的成本，这也限制了一些中小企业广告主的投放意愿。

（9）观众被动接受。电视信息（尤其是广告）通常在短时间内完成传播，观众在这种瞬间传播状态下接收信息往往无法深入思考或给出反馈。

总之，电视以其独特的特性在现代社会中发挥着重要的作用。如今，传统电视媒体与互联网新媒体紧密融合，从而实现优势互补。传统电视媒体拥有丰富的内容和制作经验，能够弥补新媒体在内容上的不足。同时，新媒体平台的内容多样性和时效性也为电视媒体注入了新的活力。这种融合使得双方的内容更加丰富、多元，满足了观众多样化的需求。

（五）电影

电影利用胶卷、录像带或数字媒体将影像和声音捕捉，再加上后期的编辑而成。它是视觉和听觉艺术的传播载体，是文学、戏剧、摄影、绘画、音乐、舞蹈等多种艺术形式和现代科技相融合的综合体。

电影主要有以下几个特点。

（1）动态的视听效果。电影是通过连续的动态画面和声音，为观众提供了一种极具视觉冲击力和听觉享受的艺术体验。这种动态的视听效果使得电影能够生动地展现故事情节、塑造人物形象，并营造出沉浸式的观影环境，使观众能够身临其境地感受故事的世界。

（2）叙事功能强大。蒙太奇使电影具有强大的叙事能力。通过剪辑、音效、配乐等手段，电影能够灵活地讲述各种复杂的故事，展现人物的内心世界和情感变化。这种叙事方式不仅能让观众深入了解故事背景和人物关系，还能够引起观众的共鸣和情感投射。

（3）受众群体广泛。电影媒体有广泛的受众群体。由于电影是一种视觉和听觉相结合的艺术形式，它能够跨越语言和文化的障碍，吸引不同背景、不同年龄层的观众。这也使得电影成为一种具有全球影响力的文化现象，它能够塑造社会的价值观，展现一个国家和民族的文化风貌。

（4）较强的商业性。电影具有高度的商业性。随着电影产业的不断发展，电影已经成为一种重要的娱乐产业和商业模式。通过电影的制作、发行和放映等环节，能够产生巨大的经济效益，并推动相关产业的发展，如影视制作、特效技术、衍生品开发等。

（5）教育传播价值。电影媒体还具有社会和文化价值。电影作为一种艺术形式，能够反映社会的现实问题和人们的内心世界，引发观众对社会现象和人性问题的思考。同时，电影能够传承和弘扬民族文化，展示不同国家和地区的文化特色，促进文化的交流和传播。

深受人们喜爱的电影艺术在不断地发展和创新。传统电影与互联网新媒体的融合催生并发展了数字电影，在技术层面实现了对传统电影的革新，它采用了先进的数字技术和设备，使得电影的拍摄、制作、发行和放映都实现了数字化。这种数字化处理不仅提高了电影画面的清晰度和音质效果，还使得电影的后期制作更加灵活和高效。同时，数字电影还具备更高的存储和传输效率，使得电影的发行和放映更加便捷。互联网新媒体为数字电影提供了广阔的传播平台，使得电影可以通过互联网、手机、平板等多种渠道进行传播。这种多元化的传播方式不仅扩大了电影的受众群体，还使得电影的内容更加易于获取和分享。数字电影为观众带来了全新的观影体验。通过互联网新媒体，观众可以随时随地观看电影，不再受限于传统的电影院放映时间和地点。同时，数字电影还提供丰富的互动功能，如在线评论、分享、社交等，使得观众能够更加方便地参与到电影的讨论和交流中来，这种互动性和社交性不仅增强了观众的观影体验，还促进了电影文化的传播和发展。

二、新媒体的概念

新媒体，又称为数字化新媒体，是继传统媒体（报纸、期刊、广播、电视等）之后发展起来的新的媒体形态，是利用数字技术、网络技术，通过互联网、宽带局域网、无线通信网、卫星等渠道，以及电脑、手机、数字电视机等终端，向受众传递信息的新兴的传播形态。

新媒体一词，是由美国哥伦比亚广播电视网技术研究所所长戈尔德马克于1967年最先提出的。新媒体是一个随着科技的不断进步而不断发展变化的概念。相对于传统媒体，新媒体的特点包括非线性传播、互动性、数字化等，使用户能够根据自己的时间、喜好等选择节目，与内容播控平台进行互动，并且与其他用户互动。

新媒体的本质在于人人都是信息的生产者，人人也都是信息的传播者，它消除了传统媒体间的壁垒，实现了信息资源整合后的最大化，消解了国家之间、社群之间、产业之间以及信息发送者与接收者之间的边界，使世界上任何一个点上发生的事情可以在瞬间覆盖全球。新媒体的快速传播和多样的信息传播渠道也为其带来了独特的优势。

在媒体融合环境下，传统媒体与新媒体的结合，既保留了传统媒体的权威性和准确性，又具备了新媒体的非线性特点，实现了从单向"通知式"信息传播向与受众之间双向互动传播的转变，形成了"全方位、多层次、多声部"的媒体矩阵。

在这个瞬息万变的信息时代，新媒体改变了人们的生活方式、思想观念、价值体系，人们的书写方式从纸质到网络、从具象到虚拟、从单一到互动、从孤立到融合、从缓慢到迅捷，发生了深刻的变化。

三、新媒体的形态

新媒体形态包括数字报纸、数字杂志、数字广播、数字电视、数字电影、移动电视、网络、手机媒体、桌面视窗、触摸媒体等。严格来说，新媒体应该称为数字化新媒体。

新媒体具有信息扩散速度快、传播范围广、形式丰富、互动性强等独特优势。其具体工作内容可以分为用户运营、产品运营、内容运营以及活动运营四个模块。

（一）数字报纸

数字报纸也叫数字报，是报纸采、编、发一体化的解决方案平台软件，转换处理工具软件可以排版成各种格式的文件包，以满足受众群体对不同格式数字报纸的需求。传统的纸质报纸只能提供当天报纸上刊载的内容；而数字报纸则可以提供整个报纸的全貌，以及过往日期的报纸内容。

（二）数字杂志

数字杂志是一种图文、数据、音频、视频综合运用的电子出版形态。它制作精美、内容丰富、书刊效果逼真，页面翻动时会有"唰唰"声；点击书中人物还会说话，伴有美妙的背景音乐和精彩的视频影像，给人以独特的阅读感受。

（三）数字广播

数字广播是指将数字化的音频信号、视频信号等在数字状态下进行编码、调制、传递等处理，通过地面发射站，以发射数字信号的形式来达到广播以及数据资讯传输的目的。受众可以通过手机、电脑、便携式接收终端、车载接收终端等接收装置收听数字广播。

（四）数字电视

数字电视又叫数码电视，是指从演播室到发射、传输、接收的所有环节都使用数字电视信号来传播的电视类型。与模拟电视相比，数字电视具有图像质量高、节目容量大、伴音效果好的优势。

（五）数字电影

数字电影是指在电影的拍摄、后期制作、发行、放映等环节，部分或全部以数字处理技术代替传统的光学、化学或物理处理技术，用数字化介质代替胶片的电影。

（六）移动电视

移动电视是指采用数字广播技术（主要指地面传输技术）播出，接收终端包括地铁、高铁、公交车、出租车和其他公共场所的电视系统，以及手机、平板电脑、便携式媒体播放器等手持接收设备，满足移动人群收视需求的电视系统。

（七）网络

网络是由节点和连线构成，表示诸多对象及其相互联系。在计算机领域中，网络是信息传输、接收、共享的虚拟平台，通过它把各个点、面、体的信息联系到一起，从而实现这些资源的共享。

（八）手机媒体

手机媒体就是通过手机或其他电信终端发送或接收文字或数字信息的传播形式。它分为两种：一种是限制一定字符的文字信息；另一种是彩信，彩信具备多媒体功能，可传递全面的内容和信息。

（九）桌面视窗

桌面视窗就是一个任务的操作显示界面，是一个工作区，在这个区域内，所有应用程序或文档都有自己的窗口，它由标题栏、菜单栏、工具栏、地址栏、状态栏、浏览区域等组成。

（十）触摸媒体

触摸媒体是一种无线通信模块和触摸技术相结合的新型媒体平台，通过定期更新信息与资讯，通过与受众触摸互动的体验方式进行传播的一种媒体形态。

新媒体的兴起使传统媒体日趋式微。视频影像的日益普及，使传统纸媒逐渐衰落，手捧书卷的阅读情景会变得越来越遥远了。首先受到新媒体冲击的是纸质媒体，接着是广播和电视。有关部门的调查数据表明：1000人中，87%爱看手机，63%爱上网，65%少读报纸，61%少看期刊，59%少听广播，47%少读书籍，35%少看电视。如此看来，是不是意味着新媒体将逐渐取代传统媒体呢？其实不然。因为，无论是新媒体还是传统媒体，各有各的优势及其不可替代的存在价值。譬如纸质报刊，人们无须借助任何电子设备就可以阅读；广播，听众可以一边工作一边收听；电视，因为画面较之于手机、电脑等设备更宽大，有固定的收看场地（无须手持），操作起来比电脑等设备更简单，老幼皆宜。

这是一个跨媒体融合的时代，面对发展迅猛的新媒体，能让传统媒体的竞争意识被激发出来，促使其充分利用自身资源，借助新媒体的传播优势，融合共赢，挖掘潜能，开拓市场，提升品牌价值。

---- 思考与练习 ----

1. 你能脱离课本简单讲述媒体的发展概况吗？
2. 世界早期电影你看过哪些？
3. 你最喜欢的无声电影是哪部？
4. 新媒体和传统媒体各有哪些优势和劣势？

第二节　新媒体写作概述

新媒体写作是在当今传统媒体逐渐衰落、新媒体迅速普及和广泛应用的形势下，应运而生的一门全新的学科。如何适应互联网时代新媒体带来的新的文化形态、思维模式、语言习惯、表达方式、叙述手法？如何进行个性化、即时性的话语表达？本节介绍了有关新媒体写作的定义、特性和缺陷。

一、新媒体写作的定义

新媒体写作就是以新兴媒体为载体的写作活动，即在网络媒体、移动媒体、户外虚拟平台上进行的互动式写作行为。

当今时代，自媒体写作是最常见的一种大众化的新媒体写作活动。

自媒体亦称"公民媒体""个人媒体"，它是以现代化、电子化的手段向不特定的大多数或者特定的单个人传递规范性及非规范性信息的新媒体的总称。自媒体平台包括博客、微博、微信、论坛等网络社区。它是公民用来发布自己亲眼所见、亲耳所闻事件的载体。

自媒体时代，人们不是只能接受"主流媒体""统一的声音"，还可以通过自媒体听到各种不同的声音，从来自普通大众主导的信息传播中获得独立的资讯，从而对事物做出个性化的判断。

新媒体写作与传统媒体写作相比最大的区别在于写作载体的不同，新媒体写作的载体是网络媒体、移动媒体、户外虚拟平台等新兴媒体，而不再像传统媒体写作那样，最终体现在某一日、某一期纸质报刊的版面上，或某个具体的广播、电视节目中。

二、新媒体写作的特性

与传统媒体写作相比较，新媒体写作具有单一性、便捷性、灵活性、精短性、节资性、多元性、扩散性、互动性、平民性、包容性十大特性，这也是新媒体写作的十大优势。

（一）单一性

我国传统媒体都实行"三审制"。以报纸为例，一般来说，记者采写的稿件发表在报纸上要经过三次审核：责任编辑（编审、副编审、编辑、助理编辑皆可）对稿件进行一审（初审），编辑部主任（社领导委托的编审、副编审）进行二审（复审），社长（总编辑或社领导委托的编审、副编审）进行三审（终审）之后，再对其进行排版、印刷、发行。经过这一系列程序，记者的稿件才能在报纸上刊登出来。

而新媒体写作就不需要经过这个复杂的程序，它是一种单一性的活动，作者只要在自己选定的博客、微博、微信、抖音、快手等自媒体平台上，将写好的文稿，拍摄的图片、视频上传发布即可让受众浏览阅读。

（二）便捷性

新媒体写作的便捷性是传统媒体无法比拟的优势。以电视新闻节目为例，电视新闻记者将采写的文字和拍摄的视频素材交给新闻部由主任（副主任）编辑审核，这是一审；新闻部将审核修改后的稿件交给电视台分管新闻的领导审核，这是二审；分管领导审核后，再将稿件转给制作部进行后期制作；剪辑、配音等后期制作完成后，再由电视台值班编委审片并签字，这是三审；制作部将值班编委审查签发的完成片（节目成品）上传到播出部；播出部最后将成品节目排单播出。一条传统电视新闻的播出，必须经过这些编审制作过程。

而新媒体写作，作者只要将采写好的文字、图片、音频、视频经过简单的编辑、剪辑、制作后，就可以图文并茂地发表在博客或播客等自媒体平台上。

（三）灵活性

传统媒体写作受到发布时效和发稿时段的限制，成稿的时间必须在媒体规定的截稿时间之内，否则必须推迟到第二天刊登或播出；或者因新闻时效原因，不再刊播此稿件。

而新媒体写作就不存在发布时效和发稿时段的限制，网络媒体24小时滚动播出，手机等自媒体可以每时每刻、随时随地向自媒体平台发送信息。

（四）精短性

新媒体写作讲究短、平、快，文稿必须精短，言辞提倡平实，传播要求快速。新媒体鲜有洋洋千言的新闻稿。新媒体文稿的标题力求精彩易懂，突出要点，切忌内容繁复和使用生僻辞藻。

（五）节资性

新媒体写作对资源的节省是所有传统媒体无法企及的。它不需要像报纸、电视那样派出记者深入新闻现场采访，不需要经过"三审三校"编审流程，也不用经过印刷、运输、发行、销售等环节。

新媒体写作者只需将自己记录下来的所见所闻的图文、音频、视频等信息，经过简单的编辑或剪辑，发布在自媒体平台上；或者编辑、转发传统媒体发布的最新的新闻稿件。新媒体往往"编多采少"，而传统媒体恰恰相反，它以采访（原创）为主，绝大部分新闻稿件是派出记者采写回来的。

（六）多元性

新媒体写作不像传统媒体写作，有着固定的栏目、板块，在篇幅上规定文字、图片的数量（或视频、音频时长）；内容上也不像传统媒体写作，必须遵循不同媒体各自不同的风格来进行写作。新媒体写作可以不拘泥于篇幅和风格，内容上可以包罗万象，以满足受众多元化的需求。因为传统媒体是媒体主导受众，而新媒体则是受众选择媒体，受众有更多选择空间，这就决定了新媒体写作必须突出个性化，内容至上。

（七）扩散性

传统媒体写作，作品发表或播出之后，由于媒体周期性推出新的作品（节目），很快会淡出人们的视线。譬如日报，其"生命力"只有一天，第二天就被新出的报纸代替而成为明日黄花无人问津；而新媒体写作，作品发表之后会在一定的受众群体间不断扩散传阅，全球共享。它不像传统媒体那样因某种媒体发行或播出区域限制而使传播范围受到限制。

（八）互动性

新媒体写作的互动性是传统媒体无法比拟的。作者所写作品在新媒体上发表之后，受众可以与作者进行互动，可以就作品发表自己的观点和建议，各抒己见；作者可以根据受众指出的作品的某些缺失或不足加以修改并不断优化，使之渐趋完善。

（九）平民性

新媒体写作已经成为全民性的集体表达活动。无论是社会精英还是"草根"百姓，都可以通过自媒体来传播自己的所见所闻，表达自己的所想所思，传递自己的三观境界，编织自己的人脉网络。

（十）包容性

传统媒体对新闻记者、编辑的专业知识和学历要求都比较严格，通常需要具备大学新闻传播、中文等相关专业的学历。而新媒体写作就没有这些限制，不管你的学历是小学还是大学，你只要在网上注册一个账号，就可以拥有自己的"报纸"、广播和电视（播客）；你既是这些媒体的记者、编辑，又是这些媒体的总编、社长（台长），随时都可以在自己的媒体上与他人分享信息。

三、新媒体写作的缺陷

任何事物都是利弊相倚的。新媒体写作虽然具有许多优势，但因其无准入门槛，写作者的文化水平、专业素质、道德境界、法律意识等条件参差不齐，自然存在诸多缺陷、短板和不足，具体表现在以下几个方面。

（一）粗制滥造

新媒体写作者素质良莠混杂，直接体现在写作文本中，普遍存在粗制滥造现象，文中常有语句不顺、存在错别字、语法不对、修辞问题、逻辑不通等现象，甚至存在错误和误导性信息。因此，新媒体写作作品的整体水准和质量远远不及传统媒体。

（二）虚假信息

由于新媒体写作者可以自由地主宰自己的媒体，随心所欲地发布自己想要发布的信息，因此新媒体写作的信息自然存在可信度不高、真实性低和公信力差的问题。写作者缘于主观或外界客观因素（利益诱惑等）的影响，加上网络的隐匿性，在无须经过他人审核的情况下，无视公序良俗和法律法规发布虚假信息，甚至发布诬陷、诽谤他人的信息，从而误导受众、混淆视听。譬如 2005 年，"中国博客第一案"，法院判决被告中国博客信息技术有限公司向原告南京大学副教授陈堂发刊登致歉声明并保留 10 日；赔偿原告经济损失 1000 元。

（三）潜在隐患

鉴于新媒体写作中虚假信息的传播现象，一些仇视社会、唯恐天下不乱者通过微博、微信等自媒体平台发布谣言，可能引发骚乱，给国家和社会带来危害。在自媒体平台飞速发展的今天，加大对新媒体传播内容的监管力度是我国有关部门的当务之急。

（四）用语晦涩

新媒体写作者为了迎合网民口味，体现网络写作风格，增加自媒体平台的人气和互动性，往往会生造一些晦涩生僻的网络用语，譬如"囧""orz""马甲""人艰不拆""虾米"等。这些网络流行语对于普罗大众来说，少有人能真正体会其中含义。

（五）信息过载

由于新媒体平台的信息量巨大，很容易导致信息过载，使得读者面对海量信息，难以筛选和获取真正有价值的内容。这可能导致读者对新媒体内容的信任度和满意度降低。

（六）版权问题

相对传统媒体写作来说，新媒体写作的版权保护相对较弱，容易出现侵权和盗版问题。这会对新媒体写作者的创作积极性造成打击，同时也影响新媒体写作产业的健康发展。

思考与练习

1. 在自己的微博或微信等自媒体平台上写一篇美文（题材和体裁不限），老师将择优在课堂上点评。
2. 收集一两个经典的网络侵权案例，随时准备在课堂上简述案情。

第二章
新媒体新闻概述与新媒体新闻写作

第一节 新媒体新闻概述

一、新闻概述

(一) 新闻的起源

有学者认为：社会发展的客观需要是催生新闻传播的根本力量。社会对新闻传播的需要体现在三个方面：一是生存的需要；二是生产的需要；三是生活的需要。

在文字诞生以前，人类主要通过语言、绘画、火堆等传播狩猎、采集、战争和迁徙等重要信息。随着文字的出现，人类开始将信息记录下来。在古代，一些重要的历史事件、法律、宗教教义等被刻在石碑、石板上或写在羊皮纸上，供后人查阅。这些记录虽然不是现代意义上的新闻，但它们为新闻传播的发展创造了条件。比如，世界上最早的报纸——中国西汉的邸报和古罗马共和国的《每日纪闻》，就是采用文字传播信息的早期新闻媒体。

(二) 新闻的定义

新闻一是指媒体新近发生（已经发生和正在发生）的事实的报道；二是各类新闻文体（消息、通讯、新闻特写、新闻公报、调查报告、专访等）的总称；三是专指消息这种新闻体裁。

(三) 新闻的基本特征

新闻具有真实性、及时性和公开性三个最基本的特征。

(四) 新闻的六要素

新闻是一种以叙事为主的记叙性文体，其基本要素被概括为"5W+1H"——何人（who）、何时（when）、何地（where）、何事（what）、何因（why）、何结果（how），也就是说，"人物、时间、地点、事件、原因、结果"是新闻的六大要素。用一句话概括就是：某人某时在某地因某种原因做了某事导致了某种结果。

（五）新闻的结构

新闻的结构就是新闻文体的组合形式。

1. 新闻的结构要素

新闻的结构要素由标题、导语、主体、背景、结语五部分组成。

1）标题

在新闻正文前面，字号大于正文，对新闻内容加以概括或评价的简短文字，叫作新闻的标题。它包括正题、引题、副题、插题、提要题等。各种标题用不同的字体编排。

（1）标题的特点。新闻的标题，有题文相符、引人入胜、提纲挈领、立场分明、活泼生动等特点。

① 题文相符。标题中蕴含的内容必须与新闻事实相符，不得有出入，更不能相悖。

② 引人入胜。突出新闻标题的"眼睛"作用，精彩而又贴切的标题能引起受众的关注。

③ 提纲挈领。标题的内容是对新闻实事加以概括或评价，因此必须简明扼要、提纲挈领。

④ 立场分明。新闻标题对事实中的是非曲直必须有鲜明的立场，不能闪烁其词，模棱两可。

⑤ 生动活泼。新闻标题不能过于生硬、古板和教条，要有生活气息和人文情怀，从而引人入胜。

（2）标题的种类。

① 新闻标题从内容表达上来说，可分为实题和虚题。实题是新闻标题中叙述事实的部分，虚题是新闻标题中发表议论的部分。

② 从结构上来分，有单式标题和复式标题。

单式标题，有主题无辅题，一般采用一行式主题，也可以用双行式主题。

复式标题，既有主题又有辅题，由两个或两个以上标题按一定的规律组合而成。常见的有四种题型：引题搭配主题；主题搭配副题；引题、主题与副题组合；引题、主题、副题与边题（或尾题）组合。

主题，又称为主标题、正题，它是标题中最重要、字号最大、最引人注目的部分，用于表明新闻事件的核心事实或主要观点。

引题，又称为肩题、眉题、上副题，它位于主题前，引导、烘托、诠释主题。引题比主题的字号小、字数少。

副题，又称为副标题、下副题，它与主题搭配，位于主题后，用于补充、诠释、深化、完善主题。

引题说理，宜虚不宜实；主题叙事，宜实不宜虚；副题是对主题的解释、说明和阐述。

插题，又称为小标题、分标题，是分别穿插于文中的小标题。

提要题，又称为提示题或纲要题，它提纲挈领地概括新闻的主要事实、做法、经验或问题,做概括性的、简明扼要的介绍。

(3) 如何写好新闻标题。俗话说:报看一个题,书看一张皮。这句话说明了标题的重要性。好的标题犹如金字招牌,能吸引受众的目光,使人产生强烈的了解欲,好的标题通常具有以下几个特点。

① 贴切而又生动。新闻标题首先要恰如其分地表达新闻事实的内容,不得偏离新闻事实;同时,措辞要精彩生动,但又不能故弄玄虚。可运用成语、比喻、借代、比拟等增强标题的精彩度,力求工整、对仗、朗朗上口。

② 彰显报道精华。新闻标题要将最有价值的新闻事实的精华体现出来。一篇新闻报道是否能引起受众的关注,标题是关键。

③ 精短而又通俗。新闻标题以简短易懂为佳,切忌冗长、咬文嚼字。

2) 导语

导语是新闻正文的开头部分,它用简明扼要的语句彰显新闻价值,道出新闻事实的重要性,引起受众的阅读兴趣。

新闻导语有两种形式——"开门见山式"和"引人入胜式"。

(1) "开门见山式"导语,通常将新闻的六要素"人物、时间、地点、事件、原因、结果"囊括进去,让人一目了然。这是最常见的一种导语表现形式。这类导语内容朴实、言辞精练,鲜有感情色彩,一直被新闻行业人士奉为典范。但其局限性也显而易见,这类新闻导语缺乏文采,读起来枯燥乏味,给人千篇一律的感觉。

(2) "引人入胜式"导语,在表现手法上相对灵活多变,可以采用悬念式、说明式、反问式、抒情式、隐喻式、描述式、引语式等多种散文化的表现方式。它可以撷取新闻事件中最有关注度的闪光点,用诗意化的语言进行描述,以吸引受众的眼球。

例如,2005 年 5 月 15 日《羊城晚报》刊登笔者采写的报道《87 岁老太寻回失散 56 年儿女》的导语写道:"半个世纪寻寻觅觅,骨肉亲情一夕相牵。雷州市乌石镇新华街 065 号年近九旬老妪苏玉莲,因命运变故、世事更迭与儿女离散,历尽了 56 年骨肉分离之苦,终于踏破铁鞋找到了大洋彼岸的儿子。昨日,苏老太向记者谈及她的寻亲经历时,泪水潸然。"

《87 岁老太寻回失散 56 年儿女》

扫码阅读

3) 主体

主体承接导语,是详尽、充分地叙述事实的新闻主干部分。

主体对新闻事实展开充分的描述,阐述导语中所揭示的主题,对导语中涉及的问题进行释疑解惑,以满足受众对新闻事件的了解欲。

以下为写作新闻主体的三个要点。

(1) 中心突出。主体要对导语中提出的问题,用具体、详尽的事实来进行回答,紧扣中心，突出主题，增强说服力。

（2）内容充实。主体是新闻的躯干，要用事例典型、内容充实、中心突出的材料来支撑这个"躯干"。对素材要去粗取精、去伪存真地选用。

（3）层次清晰。主体部分要结构严谨、层次分明地展开叙述。常用三种叙述顺序：一是时间顺序，按事情的发生、发展、结束的先后顺序进行叙述；二是逻辑顺序，根据事物的内在联系和规律进行叙述；三是时间顺序和逻辑顺序相结合，根据事件发展的时间先后顺序，结合事物内在的规律进行叙述。

4）背景

新闻背景是新闻事实存在和发展的历史条件和环境条件。历史条件指事实自身的历史背景；环境条件指事实与周围事物的联系。新闻背景又称为"新闻背后的新闻"。

新闻背景对新闻事实有着诠释、补充、衬托的意义，具体表现为：一是诠释新闻事实中的疑问，有利于受众了解新闻事实的来龙去脉，认识事实的真相；二是有助于受众理解新闻事实的意义；三是记者表达个人的观点，以期与受众产生共鸣和互动；四是使新闻主题深化、内容丰富，增强可读性和知识性。

5）结语

结语就是新闻事实的最后部分，也是新闻采写者和受众握手言别的文字。有别于其他文体结尾的是，新闻的结语依附于事实，无须发表议论和抒情。好新闻往往是内容与形式的完美结合。好的结语可以使新闻画龙点睛、主题升华，令人掩卷长思、余韵绕梁。

结语通常有以下几种形式。

（1）引语式。选取文中能够体现报道价值取向的一句引语作为新闻的结尾，有助于诠释、提醒或重申新闻的思想观点。

（2）展望式。对于动态性的新闻事实，人们对事件的下一步发展态势或结局翘首以待，就可以用人们最关注的问题用展望式的语言作为结束语，以提醒受众关注媒体的后续报道。

（3）悬念式。这种结语常见于连载性的系列报道，为了吸引受众对下一期报道的继续关注，作者常在结尾处留下一个悬念，诸如："她真的会现身吗？""接下来会发生什么情况，大家拭目以待"等。

（4）写实式。用事实发展结局作为报道的结语，直陈事实、无须修饰，戛然而止、简洁明了。

2. 新闻的结构形式

1）金字塔式

金字塔式，又称正金字塔式。这种结构形式是按照事件发生、发展的时间顺序来安排材料，先发生的事实放在前面，后发生的事实放在后面，把新闻的六要素顺次串起来，依序为引言、过程、结果。这种渐入佳境式的叙述手法，将新闻重点摆在文末，它适合写作故事性强、以情节取胜的、具有浓厚的人文情怀的新闻事件，尤其适合写单一事件。

2）倒金字塔式

倒金字塔式是目前媒体常用的一种结构形式。它把最重要、最精彩的内容放在前面的导语中，主体部分以事实重要程度或受众关心程度为依据，按先主后次、先重后轻的顺序排列，把最重要、最新鲜的事实放在最前面，而将次要的、相关性稍差的事实和结论放在后面。这种结构形式有助于受众快速了解新闻的重点内容，满足其尽快获取新闻信息的需求。

3）折中式

折中式又称新华体，这种结构形式是倒金字塔式和正金字塔式的结合，它采用倒金字塔式的手法，突出最重要、最新鲜的事实；在主体部分，则按照正金字塔式的时间顺序来叙述事件的发展过程。这种结构形式将事实中最重要的信息在导语中呈现，主体部分按照事件的时间性或逻辑性的顺序展开叙述，既能迅速吸引受众，又能让受众了解新闻事件的来龙去脉。

4）菱形式

这种"两头小、中间大"的结构形式，主要适合写作事实庞杂、内容繁复的新闻事件，重要事实在导语中难以详尽概括，只能在新闻的主体部分进行分段细述。

5）车辐式

车辐式是以事实中的一个核心事件为纽带，其他事实如车辐一样辐射出去，逐个展开叙述。这种结构形式适合报道较为散乱的事件，诸如活动花絮等。

6）并列式

并列式结构是将新闻价值和重要性相等或相近的诸多事实并列起来叙述，开头有一个概括性的导语，接下来的每个自然段所涉及的主要事实都按照并列关系进行叙述。并列式结构常见于经验式、公报式的新闻报道。

此外，还有时间顺序式、并列式、悬念式等结构形式。这些结构形式各有特点，适用于不同类型的新闻采写。在实际应用中，新闻工作者应根据新闻内容、受众需求和传播平台等因素，灵活选择合适的结构形式，以最大限度地提高新闻的传播效果和影响力。

（六）新闻的体裁

1. 新闻体裁的定义

新闻体裁，是指新闻媒体报道新闻内容所采用的载体形式，包括消息、通讯、特写、专访、深度报道、新闻述评等。

2. 常见的新闻体裁

1）消息

新闻学中的消息，是指用简练的语言文字迅速传播新近发生的事实的新闻体裁。它只报道事实的概貌而不详述事实的经过和细节。消息是一种最基本的、被广泛采用的新闻体裁。

消息有真实性、时效性、精短性的特点。

（1）真实性，是指消息所传播的事实必须真实准确地反映客观事实。

（2）时效性，是指消息必须迅速及时地将最新发生的事实传播给受众。

（3）精短性，是指消息要用短小精悍、言简意赅的语言文字来传播事实信息。

消息从内容上划分有：政治新闻、经济新闻、文教新闻、体育新闻、社会新闻、娱乐新闻、法制新闻、军事新闻等。

消息从事实性质上划分有：事件新闻、非事件新闻。

消息从报道对象上划分有：人物新闻、事件新闻。

消息从篇幅大小上划分有：长消息、短消息、简讯、一句话新闻、标题新闻等。

消息从实事内容上划分有：动态消息、综合消息、典型消息、述评消息等。

（1）动态消息，又称动态新闻、纯新闻，是迅速、及时、准确地报道新近发生的或正在发生的国内外重大事件、新闻事实的一种主要的消息类型。例如，2005年4月20日《羊城晚报》刊登笔者采写的动态新闻《10多位村民打着手电寻找活人——目击者和营救者说睡梦中听到巨响以为打雷》。

《10多位村民打着手电寻找活人——目击者和营救者说睡梦中听到巨响以为打雷》

扫码阅读

（2）综合消息，又称综合新闻，是指综合反映带有全局性情况、动向、成就和问题的消息报道。它把不同地区、不同战线、不同部门的同类新闻事实围绕一个中心综合起来进行报道，其中有材料、有观点、有分析、有综合。例如，笔者2001年11月27日在《中国教育报》刊登的综合新闻《透视一个无法回避的问题》。

《透视一个无法回避的问题》

扫码阅读

（3）典型消息，又称典型新闻、典型报道、经验消息，它是对某个部门的（正面或反面）典型经验（教训）或做法进行系统的报道，从而对全局起着引领或警醒作用。例如，2005年6月14日《羊城晚报》刊登笔者暗访的报道《九岁当家》。

《九岁当家》

扫码阅读

（4）述评消息，又称新闻述评，是一种介于新闻和评论之间，既述又评、夹叙夹议的消息类型。它在报道新闻事实的同时，对新闻事实的性质、特点、发展趋势等做出分析、解释和议论，以表明作者的观点。记者述评、时事述评就是述评消息的两种类型。例如，2005年6月16日《羊城晚报》刊登笔者采写的新闻《六大疑点未能枪下留人》。

《六大疑点未能枪下留人》

扫码阅读

2）通讯

通讯，指运用叙述、描写、抒情、议论等多种手法，详尽、具体、生动、形象地再现有价值的人和事的一种新闻体裁。它包括人物通讯和事件通讯两种类型。通讯和消息一样，要求及时、准确地报道生活中有意义的事实，但报道的内容比消息更具体、更系统。例如，2005年6月15日《羊城晚报》刊登笔者采写的通讯《"凶手"赴死 "死者"活现》。

《"凶手"赴死 "死者"活现》

扫码阅读

通讯具有翔实性、思想性、形象性、议论性、时间性五大特征。

（1）翔实性，是通讯有别于消息最明显的特征，通讯可以对事实发生、发展的来龙去脉、环境背景进行详尽的、具体的、生动的叙述。

（2）思想性，通讯通常对一些受众普遍关注的、有意义、有价值的新闻事实进行报道。

（3）形象性，和消息不同的是，通讯不是简单地报道新闻事实，而是可以采用叙述、描写、抒情、议论等多种手法，对事实进行生动形象的叙述。

（4）议论性，又称评论性，通讯可以对新闻事实进行分析、议论和评价，旗帜鲜明地对事实的是非曲直做出评判，以表明媒体或作者的立场和观点。

（5）时间性，通讯的时间性不像消息那样要求严格。

通讯按内容划分，可分为人物通讯、事件通讯、概貌通讯、工作通讯。

通讯按形式划分，可分为记事通讯、人物专访、纪实、故事、巡礼、见闻、特写、速写、侧记、散记、采访札记等。

3）特写

特写，又称新闻特写，是截取新闻事实的横断面，生动活泼地再现具有典型意义的事件、人物或场景的形象化报道的新闻体裁。例如，2005年9月20日《羊城晚报》刊登笔者采写的新闻《张佳欢：轮椅上放歌世界》。

《张佳欢：轮椅上放歌世界》

扫码阅读

特写通常包括以下几种类型。
（1）人物特写，绘声绘色地再现人物的行为特征。
（2）事件特写，叙述具体而又详细的新闻事实。
（3）场面特写，选取和再现事实中关键而又精彩的场面。
（4）景物特写，描述事实中有价值、有意义的甚至鲜见的景物。
（5）工作特写，形象地再现某个工作或生产场面。
（6）杂记特写，生动地再现各种具有新闻价值的事实现场。

4）专访

专访是记者对新闻人物就有价值的事实进行访谈和答疑的一种报道体裁。专访比一般报道要详细且生动。专访包括：人物专访、事件专访、问题专访、风貌专访。例如，2005年9月3日《羊城晚报》刊登笔者采写的新闻《逃出魔窟见生天——左宪良在日军"731细菌部队"的苦难经历》。

《逃出魔窟见生天——左宪良在日军"731细菌部队"的苦难经历》

扫码阅读

5）深度报道

深度报道，就是系统、深刻地再现重大事实和社会问题，挖掘和阐明事实的因果关系，揭示事实发生和变化的实质和意义，追踪和探索事实发展趋向的报道形式。例如，2005年3月23日《羊城晚报》刊登笔者的深度报道《进城山里娃怎敢暴敛人命？》。

《进城山里娃怎敢暴敛人命？》

扫码阅读

深度报道的主要内容包括：事件、新闻背景、新闻前景、新闻过程、新闻分析、主观感受、新闻预测、图片说明、对策建议等。

深度报道,在英、美被称为"大标题报道",在法国被称为"大报道",在我国又称为深度新闻、焦点新闻、新闻透视、专题新闻、专题报道等。

深度报道具有以下几个特征。

(1)深刻性。它运用解释、分析、预测等方法,从历史渊源、因果关系、矛盾演变、影响作用和发展趋势等方面进行纵深报道。

(2)思想性。记者不是对事实进行单一层面的报道,而是透过事实表象,进行多维度的思考、全方位的分析、立体化的呈现。

(3)主流性。深度报道通常选择大众普遍关注的具有较强新闻价值、内涵丰富的主流事实进行报道。

6)新闻述评

新闻述评又称述评、记者述评。它是新闻和评论相结合,边述边评、述评合一的新闻文体。它既报道新闻事实,又对新闻事实做出必要的分析和评价;既有新闻报道的功能,又有新闻评论的作用;篇幅上常常述多于评,内容上评重于述。例如,2005年4月7日《羊城晚报》刊登笔者的报道《谁酿就佘祥林"杀妻"冤案?》。

《谁酿就佘祥林"杀妻"冤案?》

扫码阅读

新闻述评有如下几个特点。

(1)以评为主,以述为辅。在新闻述评中,边述边评、述评结合,述是评的铺垫和基础,要依据评论的需要进行客观的叙述,评是述的最终目的。

(2)述评结合,相辅相成。既评又述,述是对新闻事实的客观叙述,评是建立在述所提供的新闻事实基础上的分析和评论。叙述事实是新闻述评的基础,述是摆事实,评是讲道理。述和评唇齿相依、相辅相成。

新闻述评分为工作述评、形势述评、事件述评、思想述评等类型。

(1)工作述评,就是对实际工作中具有普遍意义和价值的新经验、新问题、新情况进行评述。

(2)形势述评,就是对受众普遍关注的国内外的政治形势、经济形势、军事形势等进行述评,以帮助受众提高认识,开阔眼界。

(3)事件述评,就是对国内外发生的重大事件进行评述。作者依据掌握的材料,对事件的产生、发展和趋向进行分析和评价,帮助受众明辨是非,指明方向。

(4)思想述评,就是对当前思想领域中的事件和问题加以评论。对于带有普遍意义的思想情况和问题,特别是对良好的道德风尚和带有倾向性的不良现象,结合具体事实,做出明确的、实事求是的评述,以抨击时弊、激浊扬清。

二、新媒体新闻的地位和价值

近年来，我国许多"突发公共事件"都是由新媒体第一时间将新闻事实报道出来的。新媒体成为政府与公众之间的桥梁与纽带，为国家和社会在组织动员、应急保障、消除危机等方面做出了积极的努力。

震惊世界的汶川大地震的消息，就是由新媒体第一时间向世人发布的。2008 年 5 月 12 日 14 时 28 分，四川省汶川地区发生地震，4 分钟后（即 14 时 32 分）就有来自云南网名叫"说来话长"的新浪博友发表了第一篇博文——《地震了！》。

14 时 46 分，新华网发出第一条快讯："12 日 14 时 35 分左右，北京地区明显感觉到有地震发生。"接着，14 时 53 分，新华网发出第二条快讯："四川汶川发生 7.6 级地震。"

紧接着汶川地震灾区以及周边地区的网友纷纷在网上发表有关地震实况的文字、图片或视频。地震后的 24 小时以内，广大网民在网上发布的对地震实况的客观记录，为包括中央电视台在内的传统新闻媒体提供了最初的主要新闻来源。这可是史无前例的！

地震一发生，短短数分钟内，几乎所有的移动通信设施瘫痪，可是网络媒体却第一时间发布了有关汶川地震的文字、图片和视频新闻，及时再现了汶川地震实况。新媒体在报道汶川大地震这一重大新闻事件中，发挥了传统媒体不可替代的重要作用。

新媒体传播新闻与传统新闻媒体相比有许多不可比拟的优势，对社会的文明与进步起了积极的作用。归纳起来，新媒体新闻的地位和价值主要体现在以下几个方面。

（1）信息传递及时。新媒体新闻具有时效性强、传播速度快的特点，能够迅速将最新的信息传递给受众，满足人们获取新闻的需求。尤其在突发事件或重大事件发生时，新媒体新闻能够及时报道并进行实时更新，使受众第一时间了解事件进展，获取最新的新闻动态。这种信息传递的高效性使得新媒体新闻在满足公众知情权方面起到了至关重要的作用。

（2）传播方式多元化。新媒体新闻通过文字、图片、视频、音频等多种形式进行传播，使新闻内容更加生动、形象、直观。这种多元化的传播方式有助于吸引受众的注意力，提高新闻的阅读率和传播效果。

（3）互动反馈性强。新媒体新闻具有互动性强的特点，受众可以通过评论、点赞、分享等方式参与新闻的讨论和传播，与媒体和其他受众进行互动。这种互动性不仅增强了受众的参与感和表达欲，也有助于媒体了解受众的需求和反馈，提高新闻报道的质量和针对性。

（4）深度解析新闻事件。新媒体新闻不仅能够传递信息，还能够对新闻事件进行深入报道和解析。通过挖掘新闻背后的原因、背景和影响等因素，新媒体新闻能够提供更加全面、深入的分析和评论，帮助受众全面了解和认识新闻事件。

（5）具备舆论监督功能。新媒体新闻作为公众获取信息的重要渠道，具有舆论监督的功能。通过对社会热点、敏感话题的关注和报道，新媒体新闻能够揭示社会问题和矛盾，推动相关部门和机构进行改进和解决。

（6）提升公众素养。新媒体新闻的内容丰富多样，不仅传递信息，还普及知识，有助于提升公众的素养。通过阅读新媒体新闻，公众可以了解国内外的政治、经济、文化等多方面信息，拓宽视野，增强自身的综合素质。

三、新媒体新闻传播的弊端

辩证法认为,任何事物都存在两面性。新媒体新闻传播就像一把双刃剑,它能在最短的时间里向人们传播第一手资讯,提供便捷而又丰富的信息资源,有利于大家沟通、交流、互动等,但新媒体新闻传播,也存在许多负面影响、缺陷和弊端。

新媒体新闻传播的弊端主要表现在以下几个方面。

(1)虚假信息误导。由于新媒体平台的信息发布门槛相对较低,信息发布者可以是任何人,而缺乏专业新闻机构和记者、编辑的严格把关,导致虚假新闻、误导性信息的肆意传播。此外,一些新媒体平台为了追求点击率和流量,可能会故意夸大或歪曲新闻事实,进一步损害了新闻的真实性,给受众带来困扰,甚至造成精神、经济等方面的损失。

(2)隐私安全隐患。在新媒体新闻传播过程中,个人隐私泄露和信息安全问题日益突出。一些媒体为了抢发新闻,可能未经核实就发布信息,造成不良影响,使新闻真实性受到挑战或导致个人隐私泄露。

(3)知识产权问题。在新媒体环境下,原创作品被随意转载、抄袭的现象屡见不鲜,导致知识产权保护面临巨大挑战。这不仅挫伤了创作者的积极性,也阻碍了新媒体新闻传播的健康发展。

(4)报道缺乏深度。由于新媒体新闻追求时效性和点击率,往往忽视了深度报道和分析,导致公众对新闻事件的了解仅停留在表面,缺乏深入的理解和思考。

(5)质量参差不齐。新媒体新闻的传播者众多,水平良莠不齐,导致新闻报道的质量参差不齐。一些新媒体新闻可能缺乏深入调查和研究,内容肤浅、缺乏深度。同时,由于新媒体新闻追求时效性,往往忽视了新闻的全面性和客观性,导致报道片面甚至失实。

(6)权威性、公信力不强。相比传统媒体,新媒体新闻在权威性和公信力方面相对较弱。由于新媒体平台上的信息发布门槛较低,缺乏严格的审核机制,导致一些不权威、不可信的新闻得以传播,这影响了受众对新媒体新闻的信任度和接受度。

鉴于以上弊端,新媒体新闻传播需要在提高信息质量、加强隐私保护、强化知识产权保护、确保新闻真实性以及增加深度报道和分析等方面做出努力,提升新媒体新闻传播效果和影响力,促进新媒体新闻传播的健康发展。

尽管新媒体新闻给人们带来了许多快捷的新闻资讯,但是也存在报道虚假新闻的弊端。如何维护好新媒体新闻传播秩序,杜绝虚假新闻的蔓延,是当今全媒体时代亟待解决的问题。

新媒体虚假新闻的传播通常是利用博客、微博、微信、QQ、论坛等途径。每一个新媒体平台的发布者都可能成为虚假新闻的生产者和传播者。一个虚假的新闻在某一个传播网络的节点上,通过微博、微信等载体传播出去,就会以原子裂变般的速度迅速扩散,蔓延至全球。

案例一:马航 MH370 客机安全降落奇迹

2014 年,马航 MH370 客机失联事件发生后,因权威信息源一时空缺,从中央到地方众多媒体各执一词,虚假新闻四起。其中,《成都晚报》全媒体官方微博于 2014 年 3 月 8 日 14 时 28 分发布了一条马航 MH370 客机安全着陆的虚假新闻——"'降落!!!!!'马航总经理现场讲话,航班已证实在越南南宁(音)地区降落"。当晚,就有媒体报道称,马航 MH370 客机被正在执行搜救任务的菲律宾海事船发现。① 人民网"求真"栏目于 3 月 10 日以《"马航客机失联"不实传言回顾》为题,发表了澄清七个关于马航 MH370 客机失联的虚假新闻报道。②

案例二:广电总局解释《泰坦尼克号》裸戏被删

2012 年 4 月 9 日,凤凰网影视新闻频道报道:"近日,3D《泰坦尼克号》将上映,其中露丝个别暴露的镜头被删引起了观众的质疑。对此,广电总局做出了解释,称考虑到 3D 电影的特殊性,担心播放片段的时候观众伸手去摸扒到前排观众,造成纠纷"。③

这条虚假新闻在此之前就以微博的形式在互联网上广泛传播,连英国《卫报》等国外媒体都信以为真,纷纷关注并转发;甚至《泰坦尼克号》导演詹姆斯·卡梅隆都误以为真有其事。

随后,这条虚假新闻的炮制者——网名为"豆瓣逗你妹"道出了这一"国际玩笑"的原委。2012 年 4 月 8 日,他在自己的微博中杜撰了这条假新闻。其初衷只是为了搞笑,他在这条微博末尾还特意注明了"#假新闻#"这样的字符作为标签,以免大家误以为真。可是在转发中,"#假新闻#"字符被删除了。于是,此微博迅速火起来了,导致某些媒体机构的认证微博不但删除了"假新闻"标签,还打上了"首席评论"的标签。这样一来,这条虚假新闻就显得更加真实、更加权威。

在新媒体虚假新闻传播中,微博大 V 的负面影响力不可小视。

微博大 V 是指拥有"粉丝"50 万以上的微博认证用户,分橙色认证用户和蓝色认证用户,橙色认证是个人认证用户,蓝色认证是机构认证用户。

微博大 V 在新浪、腾讯、网易等门户网站的微博平台上获得个人认证,因为拥有众多粉丝(受众),具有一定的号召力和影响力。大 V 们往往成为新闻爆料者的求助对象。李开复的微博粉丝数量超过四千万,一般的省级和晚报的发行量也只是一百万上下,一个拥有千万粉丝的微博大 V,其影响力不言而喻,一旦微博大 V 进行虚假新闻传播,对社会的危害非同小可。

湖南籍网络推手秦火火,原名秦志晖,原北京尔玛互动营销策划有限公司员工。他通过新媒体写作方式,在互联网上炮制并传播诸如:《温州"7·23"动车事故善后处理,中国政府花 2 亿元天价赔偿外籍旅客》《雷锋生前奢侈生活情节》《全国残联主席张海迪拥有日本国籍》等骇人听闻的虚假新闻。2013 年 8 月 19 日,北京警方在沈阳将秦志晖捉拿归案。北京市朝阳区人民法院以其犯有诽谤罪,判处有期徒刑两年;犯有寻衅滋事罪,判处有期徒刑一年六个月,决定执行有期徒刑三年(《网络红人秦志晖涉嫌诽谤寻衅滋事一审获

---

① 2014 年 10 大假新闻 来瞧瞧有几个骗了你[EB/OL].(2015-01-04). http://china.huanqiu.com/article/2015-01/5334623.html.
② 田雪."马航客机失联"不实传言回顾[EB/OL].(2014-03-10). http://society.people.com.cn/n/2014/0310/c229589-24585472.html.
③ 虚假新闻[EB/OL].(2012-04-09). http://www.docin.com/p-1720013519.html.

刑 3 年》)。①

网络水军往往成为新媒体虚假新闻传播的主力。

网络水军本是指在网络论坛上大量灌水的人员，后来渐渐演化成通过新媒体写作，编造虚假信息为他人发帖、回帖、造势从而牟取利益的人员的代名词。网络水军通常为网络公关公司所雇用。网络公关公司通过雇用大批人手在互联网上集体炒作某个话题、人物或事件，以达到宣传、推销或攻击某些人或产品的目的。这些受雇人员在"网络推手"的带领下，以各种手法和名目在各大互联网论坛上发帖子。

"贾君鹏"、金庸"被逝世"、蒙牛"诽谤门"、"凤姐"征婚、"封杀王老吉"、"干露露浴室征婚"等一系列网络事件，都是网络水军的"杰作"。水军们通过新媒体写作，以子虚乌有的虚假信息颠倒黑白、混淆是非，以达到诽谤、诬陷、抹黑竞争对手的目的。比如内蒙古蒙牛乳业集团高管勾结"网络推手"雇用网络水军毁谤、攻击内蒙古伊利乳业集团商业信誉。

2010 年 10 月 22 日《北京晚报》以题为《蒙牛雇公司诽谤伊利　两大乳业巨头暗箭变明枪》报道②：网上有关伊利"QQ 星儿童奶"遭遇恶意攻击一事，经公安机关侦查，系一起有预谋的商业诽谤案。目前，案件基本告破，涉案犯罪嫌疑人已被警方控制。

为什么会出现这么多虚假新闻？主要有两方面的原因：一是新媒体写作者缺乏基本的道德修养以及新闻专业素质，未能核实新闻事件的真伪；二是一些网络公关策划公司，为了牟取利益，不择手段大肆杜撰、捏造虚假信息。

因此，新媒体写作者提高新闻专业素养，增强对新闻信息真假的判断和甄别能力，深入新闻现场调查采访，依法依规、客观公正地报道新闻事实就显得尤为重要。

思考与练习

1. 新闻有哪些要素？新闻主要的结构形式有哪几种？
2. 你还知道哪些新媒体虚假新闻案例？

第二节　新媒体新闻写作

一、新媒体新闻写作的要领

新媒体新闻写作需要掌握以下几个要领。

（一）精心设置新闻标题

俗话说："标题是新闻的眼睛。"新媒体时代，受众面对的是海量的信息，如何让自己

---
① 网络红人秦志晖涉嫌诽谤寻衅滋事一审获刑 3 年[EB/OL].（2015-05-27）. https://mt.sohu.com/20150527/n413888308.shtml.
② 蒙牛雇公司诽谤伊利　两大乳业巨头暗箭变明枪[EB/OL].（2010-10-21）. http://chinanews.com/cj/2010/10-21/260352.shtml.

的新闻稿件脱颖而出，引人注目，这是新媒体新闻写作的关键所在。标题是读者首先看到的内容，因此要简明扼要、具有吸引力，能够概括新闻的核心内容，吸引读者点击阅读。同时，标题应具有独特性，避免与其他新闻标题近似或者雷同。

在当今跨媒体资源融合的时代，受众在瞬息万变、应接不暇的资讯面前，更多的是通过标题来甄别对文章的内容是否感兴趣。如果标题精彩，受众自然会点击进入页面阅读正文，否则，你的这篇新闻在千网一面的"资讯云"中，将无法进入受众的"法眼"。

因此，新媒体新闻写作，标题至关重要。好的标题能够提纲挈领、一目了然，而又暗藏玄机地传递新闻的某种关键性的信息；同时，标题讲究"犹抱琵琶半遮面"的含蓄之美，好标题往往蕴含着某种磁铁般的吸引力，促使受众心无旁骛地走进你的文本，了解你所传播的新闻信息。因此，标题最忌索然寡味、一览无余。

1. 新媒体新闻标题的意义

新媒体新闻标题的意义重大，它不仅是新闻内容的概括和提炼，更是吸引读者点击、阅读和分享的关键因素。

（1）吸引读者关注。在海量的新闻信息中，一个好的标题往往能够吸引读者的眼球，激发他们的阅读兴趣。标题的吸引力直接决定了读者是否愿意点击进入阅读全文，因此，设置一个引人入胜的标题至关重要。

一篇新闻稿的关注度的高低，在某种意义上来说，取决于标题写作水准的优劣。因为，新媒体状态下的受众，是根据文章的标题来选取自己的阅读资讯的。一个平淡无奇的新闻标题注定是鲜人问津；相反，一个精彩绝伦的新闻标题，必定令受众趋之若鹜。

（2）概括新闻内容。标题是新闻内容的精华所在，它用简洁的语言概括了新闻的核心信息，让读者在短时间内了解新闻的主旨。通过标题，读者可以迅速判断这则新闻是否符合自己的阅读需求和兴趣。

（3）引导舆论方向。新闻标题往往带有一定的立场和观点，能够引导读者的思考方向和舆论走向。一个客观、公正的标题有助于读者理性看待新闻事件，而一个带有偏见的标题则可能误导读者，造成不良影响。

（4）提升传播效果。一个具有创意和吸引力的标题能够增加新闻的点击率、阅读量和分享次数，从而提升新闻传播的效果。在新媒体时代，标题的设置对于扩大新闻的影响力和传播范围有着关键性的作用。

（5）便于读者检索。新媒体时代，人们打开网页，就会有各种各样的"快餐式"的资讯如潮水般涌入视野。人们总是希望在最短的时间里获取更多的有价值的信息，因此，人们通常都是通过搜索引擎，有目的地输入自己所需要资讯的关键词进行搜索阅读或下载。而标题往往涵盖着一篇文章中出现频率最高的关键词，这些关键词通常是关注度较高的，充满新奇、神秘、有趣、隐秘、未知等内容元素。

2. 如何写作好的新闻标题

（1）简洁明了。标题应该简洁、直接，能够迅速传达新闻的核心内容。避免使用冗长和复杂的句子，尽量用简短的语言概括新闻要点。

（2）突出亮点。标题应该突出新闻事件中最具吸引力、最亮眼的元素，以吸引读者的注意力。可以使用引人注目的词汇或短语，突出新闻的独特性和重要性。

（3）引起兴趣。标题应该具备引起读者兴趣的能力，激发他们的好奇心和阅读欲望。可以通过提问、设置悬念或创造情感共鸣等方式，吸引读者点击进入页面阅读全文。

（4）准确传达。标题应该准确传达新闻的主要内容和精神实质，避免夸大或歪曲事实，确保标题与新闻内容相符，避免误导读者。

（5）独特创意。标题应该具备独特性和创意性，以避免与其他新闻标题相似或雷同。可以通过使用新颖的表达、独特的观点或创意的排版等方式，让标题脱颖而出。

（6）适应平台。不同的新媒体平台具有不同的特点和受众群体，制作标题时需要考虑平台的特性。譬如，对于社交媒体平台，标题可能需要更加吸引人且易于分享；而对于新闻网站，标题可能需要更加正式和专业。

（7）测试优化。制作好的标题也需要经过测试和优化。可以通过 A/B 测试、用户反馈等方式，了解哪个标题更具有关注度，更受读者欢迎，然后根据反馈对标题进行调整和优化。

（二）写出诱人的新闻导语

导语，是一篇新闻的开头表达最重要、最精彩的事实，从而引导和吸引读者阅读全文的那段简短的文字。

新媒体新闻写作中，导语尤为重要。首先要有好的标题吸引读者进入新闻主体页面，如果标题后面的导语十分精彩，读者就会继续往下阅读；否则，就会关闭此页面，另选其他更有价值的文章阅读。

要写好导语，首先要精心提炼新闻事实的内容，将最新鲜、最有价值的信息提纲挈领、简明扼要地展现出来。

导语必须生动活泼、引人入胜。导语的表现形式多种多样，有概述式、评论式、对比式、叙述式、提问式、描写式、引语式、对话式、感叹式等。写作导语时要锐意创新，不能墨守成规，要用灵动的文字，囊括新闻事实的精髓、记者的观点、媒体的立场，从而引起受众的关注与共鸣。

概括起来，写好新媒体新闻的导语有如下几个要点。

（1）突出新闻亮点。在导语中突出新闻事件中最具吸引力、最亮眼的元素，用简洁明了的语言描述出来，以引起读者的兴趣。

（2）概括新闻内容。导语应该简要概括新闻的主要内容，包括事件发生的时间、地点、涉及的人物以及核心事实等，以便读者快速了解新闻的背景和要点。

（3）提出问题和引发思考。导语可以通过提出问题或引发思考来激发读者的好奇心和阅读欲望。通过设问或引导读者思考，可以吸引他们继续阅读以获取更多信息。

（4）生动描述事件。导语应该使用生动、形象的语言来描述新闻事件，让读者共情或产生身临其境的感觉。通过生动的描写和形象的比喻，提升读者的阅读体验。

（5）简洁明了、准确。导语应简洁明了、准确达意，避免冗长和啰唆。用简短的语言精准概括新闻的核心内容，让读者能够迅速抓住要点，了解新闻事实。

（6）突出新闻价值。导语应该突出新闻的价值和意义，强调新闻对读者的重要性。通过强调新闻的社会意义、影响力或启示，可以吸引读者对新闻的关注并引发思考。

（三）展示清晰的新闻主体

新媒体新闻写作，必须清晰地呈现新闻主体。

新闻主体是消息的主干部分，也是详细叙述新闻事实的主要版块，必须条理清晰、层次井然地加以呈现。如果密密麻麻一大片文字，黑压压地展现在读者眼前，自然会给人一种杂乱无序的感觉，直接影响读者的阅读兴趣。新闻主体必须采用插题（即小标题）来分段叙述，读者通过一个个小标题，能尽快了解每个小节所叙述的主要内容。

以下是新媒体新闻主体写作的几个要领。

（1）紧扣主题。新闻主体应紧密围绕新闻主题展开，确保所有内容都与主题紧密相关。应避免在主体中引入与主题无关的信息，分散读者的注意力。

（2）突出核心。新闻主体的核心任务是传递新闻事实，因此，要确保主体部分突出、准确地呈现新闻事件的核心事实，包括事件发生的时间、地点、涉及的人物、原因、经过和结果等。

（3）结构清晰。新闻主体部分需要有清晰的结构，通常根据新闻事件的逻辑顺序分段叙述，每一段最好有一个小标题，每一个小标题都表达一个明确的主题，并且段落之间逻辑连贯，方便读者阅读和理解新闻事实。

（4）突出核心。在主体部分，需要突出新闻的核心内容，即最重要的信息。这通常包括事件的关键事实、相关人物的言论和行动，以及新闻事件对社会或行业的影响等。

（5）精准描述。使用准确而又生动的语言精准描述新闻事件，采用具体的数字和案例来增强新闻的表现力，从而让新闻主体更加生动、形象，使读者通过生动的语言文字和井井有条的叙事，更好地感受和了解新闻事件，增强读者的阅读体验。

（6）客观中立。在新媒体新闻的主体写作过程中，需要保持客观公正和中立的态度，避免在主体中表达过多的个人观点或带有过多情感色彩。应确保所呈现的事实和观点都是基于客观事实和公正立场的，切忌过度渲染或偏离事实。同时，需要对新闻事件进行多角度的调查采访，并进行分析思考再做报道。尽可能地客观公正地呈现事件的方方面面，以便于读者全面了解事件的真相和原貌。

（7）可读、易读。新闻主体部分需要注重可读性和易读性，避免使用过于专业或晦涩的词汇和句子，以便读者能够轻松阅读和理解新闻内容。

（8）巧用叙述方式。新闻主体的叙述方式应根据新闻事件的性质、发布平台风格和读者的阅读习惯来选择。通常是采用开端、发展、高潮、结局"起承转合"的线性叙事来表达，也可以采用倒叙、插叙、补叙等非线性叙述方式，以增强新闻的可读性和吸引力。

（9）注重条理逻辑。新闻主体应遵循一定的逻辑顺序，如时间顺序、因果关系等，确保内容条理清晰、逻辑严密，方便读者理解。同时，要合理安排段落和句子结构，多用短句，避免出现冗长、复杂的句子。

（四）建立背景材料和信息链接

新媒体新闻写作较之传统媒体写作，能够对背景材料和相关信息进行链接是其最为明显的优势。

新闻背景指的是新闻事实发生、发展的历史条件和环境条件。

新媒体新闻写作时建立背景材料，有助于受众更进一步了解新闻事实产生和发展的来龙去脉，加深其对新闻事实的认知和理解。

新媒体新闻写作，在文章末尾建立好背景材料和与新闻事实内容相关的信息链接，既能丰富新闻的内容，深化新闻的主题，唤起社会广泛关注，增强文本的知识性、趣味性和可读性，又能让广大受众了解新闻事实发生、发展的时代背景和社会原因。通过链接与事实相关的资讯，能帮助读者了解来自各方的声音和见解，从而开阔视野、透视内幕、洞悉全局、增长见识。

二、新媒体新闻写作的基本技法

随着科学技术的不断进步，使新闻的新媒体化写作成为当今新闻文本变革的一大趋势。

新媒体新闻写作虽然建立在传统媒体新闻写作法则的基础上，但是，二者还是存在着明显的区别。新媒体新闻写作从传统媒体新闻写作脱颖而出，逐渐形成更具现场感、更加快捷、更多资源链接的拥有独特优势的新闻文本。

新媒体新闻写作的基本技法主要包括以下几个方面。

（1）标题出彩。标题是吸引读者点击阅读的第一要素，需要简洁明了，突出新闻的核心内容，同时要有一定的吸引力，使读者一见标题就产生阅读全文的欲望。标题要求单行、实题、朴实、生动形象、通俗易懂。

（2）惊艳开头。新媒体新闻开头部分通常被称为"导语"或"引子"，需要用精短的文字概括新闻事实的精髓，用一两句话或一个小段落来概括新闻的主要内容，引起读者的兴趣。这部分内容需要精彩、有吸引力，吸引读者产生继续阅读的冲动。

（3）简明扼要。新媒体新闻的内容需要简明扼要，突出重点，避免冗长和烦琐。行文多用短句，使用散文笔法，语言鲜活、精练紧凑，准确精要地叙述新闻事实。同时，要注意分段和排版，图文并茂，页面布局要锐意创新，不墨守成规，尽量使新闻充满视觉冲击力，避免读者产生审美疲劳。

（4）平实易懂。新媒体新闻的语言需要平实易懂，避免使用过于专业或晦涩的词汇，让读者能够快速理解新闻内容。同时，要注意语言的准确性和客观性，避免产生歧义或误导读者。

（5）结构清晰。新媒体新闻的结构需要清晰明了，避免出现混乱或逻辑不清的情况。可以按照时间顺序、重要性、因果关系等方式来组织内容，让读者能够轻松地理解新闻事件的发展和脉络。

（6）多媒体元素。新媒体新闻可以适当地使用图片、视频、音频等多媒体元素来增强新闻的表现力和吸引力。但是，这些元素必须与新闻主题内容相关，以便突出新闻的重点，同时，要注意相关元素版权和使用的规范性。

（7）注重原创。新媒体新闻要想获得较高的关注度，就必须原创。写作者要对新闻事件进行采访调查，获得第一手的文字、图片或音视频资源，不要从传统媒体或新媒体平台上"搬运新闻"。

（8）信息链接。新媒体新闻写作要做好信息链接，可以为读者提供新闻事件的背景信息，帮助读者更好地理解新闻事件的前因后果，了解更多相关的信息和新闻，从而拓宽报道的范围和视角，增加新闻的深度和广度，提高新闻报道的时效性，促进媒体与读者的互动。

三、新媒体新闻作品范例

（一）范例一：《我院获批1项广州市高等教育教学研究和改革重点项目》①

扫码阅读

（二）范例二：《广州大学三部话剧获大艺展嘉奖》②

扫码阅读

（三）范例三：《白水寨开启炫彩登山季　光棍节配色来"脱单"》③

扫码阅读

（四）范例四：《九号线变"久耗线"！花都究竟何时通地铁？》④

扫码阅读

思考与练习

1. 在自媒体平台上写一篇消息，老师将择优在下周课堂上点评。
2. 以身边的人为采访对象，在自媒体平台上写一篇人物通讯，老师将择优在下周课堂上点评。

---

① 作者系广州大学新闻与传播学院202级广电研究生连联欣。
② 作者系广州大学人文学院汉语言文学213班彭茵，新闻与传播学院广电研究生胡燕、连联欣。
③ 作者系广州大学人文学院汉语言文学2012级4班罗丹。
④ 作者系广州大学人文学院汉语言文学2012级4班张影彤。

第三章

微纪录片概述与微纪录片脚本写作

第一节 微纪录片概述

一、微纪录片的定义

纪录片的原意是"用影片叙述非虚构的故事"。它是用电影、电视的视听语言、声画传播系统,记录和展现生活,也就是对生活中的真人、真事进行创作和呈现的影像艺术形式。纪录片具有生活的真实性和艺术的审美性。

英国著名电影、纪录片导演与制片人约翰·格里尔逊在1926年2月8日出版的纽约《太阳报》所撰写的评论罗伯特·弗拉哈迪的作品《摩阿纳》的文章里首次使用纪录片一词。

人类最早的电影,几乎都是以纪录片的形式呈现的。世界电影之父——法国发明家路易斯·李·普林斯在1888年成功地在银幕上放映了世界上第一段电影《朗德海花园场景》,这段只有两秒的影片真实地记录了19世纪英国维多利亚时期人们的服装、时尚及精神面貌。这部影片实际上就是纪录片的雏形。

1895年12月28日,法国路易斯·卢米埃尔两兄弟,在巴黎卡普辛路14号咖啡馆第一次放映了自己拍摄的《工厂大门》《火车进站》等12部影片,这一天被世人公认为是电影的诞生日。《火车进站》被称为世界上第一部电影,也是第一部纪录片。

微纪录片是新媒体时代应运而生的一种新型纪录片形态,其在保留传统纪录片真实性和艺术性的基础上,更加关注受众的碎片化需求。因此,微纪录片的时长大都在5~30分钟。同时,微纪录片保留了传统纪录片的功能和特征,在讲好中国故事、弘扬时代精神方面发挥着重要作用。

从概念和演变过程来看，微纪录片是传统纪录片与短视频有机结合的产物，既有纪录片的特征，又有短视频的优点。微纪录片在选题方面更倾向于聚焦普通大众及其日常生活，并惯用以小见大的叙事方式讲述百姓生活、建构国家形象。

二、微纪录片的特征

微纪录片具有精短性、专一性、互动性、现实性、原创性、真实性、艺术性、思想性、人文性、审美性等特征。

（一）精短性

精短性是微纪录片的重要特征，是适应新媒体时代受众碎片化阅读需求的表现。微纪录片的时长，目前学界和业界暂未形成统一定论。譬如，中国纪录片学院奖最佳微纪录片《插旗》的时长是4分18秒，凤凰视频纪录片奖最佳微纪录片《花朵》的时长是29分钟。目前，微纪录片的时长一般为10分钟左右，不超过30分钟。微纪录片之"微"，主要在于方便新媒体传播及适应受众快节奏、碎片化的欣赏需求。

（二）专一性

微纪录片篇幅的精短性也就决定了其主题的专一性。

微纪录片通常采用现场录播方式，记录当下的生活片段，这就要求其主题必须专一，因为在较短的时间和篇幅内无法呈现内容复杂的主题。

（三）互动性

新媒体时代的微纪录片，用镜头对准普通百姓，聚焦寻常生活中不寻常的故事。它使纪录片从精英走向草根，由小众走向大众，使原创者、传播者、受众都能充分参与和互动。

（四）现实性

微纪录片具有短、平、快的特点，创作者可以随时个性化地记录身边的突发事件、热点问题、人物故事等社会现实。

（五）原创性

原创性是微纪录片存在的关键价值，它要求创作者撷取现实生活中某事件的鲜活片段，记录某人物或故事的感人情节，呈现大众普遍关注的某热点问题，切忌"搬演"和"转引"。

（六）真实性

真实性是微纪录片的生命和力量的源泉，它要求创作者以真诚、科学、严谨的态度，用非虚构的方式，从现实生活中获取素材，进行创作，切忌运用非纪实手法的"呈现"和"虚构"。微纪录片必须有新闻的属性，否则就成了虚构的微电影。"真实地再现"和"艺术化呈现"，是纪录片和电影的本质区别。

（七）艺术性

微纪录片是新媒体时代人们记录现实生活、表达自我情愫的一种话语表达形式。其艺术性体现在它有着审美的功能，这决定于创作者提炼和抓住事物本质的能力以及运用纪实手法创作的技巧。这是微纪录片区别于人们记录普通生活视频的主要标准。目前，许多原创微纪录片整体质量普遍不高，往往停留于直录现实生活、简单表达日常情感层面，缺乏微纪录片应有的艺术性。

（八）思想性

思想是微纪录片的灵魂，体现在创作者在作品中蕴含的立场、观点和倾向性，以及对作品内容的认知、评价和态度。换言之，纪录片的思想性是创作者思想的客观反映。缺乏思想性，就不能被称为微纪录片，与人们日常生活中自娱自乐的视频无异。

（九）人文性

纪录片记录的对象主要是人，关注人的本质力量、生存状态、文化积淀、性格命运、人与自然的关系、人对宇宙世界的思索。看似源于寻常素材，表现某些个人化的事件，却蕴含着人类具有的生存意识和生命感悟，追求深层的人文内涵、文化品质和永恒的主题。它不像专题片有着或隐或现的宣传的功利性。

（十）审美性

纪录片因为有着独特的"纪实美"而深受观众喜爱。随着作品中的真人、真事、真实状态的客观展现，观众的审美需求得到满足、精神得以净化、情感得以升华。因此，纪录片必须拍得美，应在客观纪实和艺术审美之间寻求最佳平衡点，采用多元的、开放性的叙事手法进行创作，使观众获得美的享受。

三、微纪录片的种类

目前，微纪录片尚无统一的分类标准，按照作品的题材可分为：时事纪录片、政论纪录片、历史纪录片、科教纪录片、人文纪录片、传记纪录片、地理纪录片、专题纪录片等。

（一）时事纪录片

时事纪录片就是关注新近发生的新闻事实的纪录片，它以新闻事件为核心内容，利用纪录片特有的属性和功能，将事件多维度地展现给观众，譬如纪念抗战胜利70周年的纪录片《东方主战场》等。

（二）政论纪录片

政论纪录片是采用真实形象对政治问题发表评论或进行论证的纪录片。它利用电影的技术优势和艺术优势，运用可视的影像材料进行论证，具有形象性和思辨性相结合的特点。这类微纪录片所采用的影像素材不受时间限制，历史和现实均可，譬如《历史的抉择》等。

(三) 历史纪录片

历史纪录片就是用影像记录历史，再现既往的人物和事件的纪录片。它能准确反映历史的本来面目，尊重历史的事实。历史纪录片可以运用历史影片、历史照片、文物、遗迹或美术作品进行拍摄。历史纪录片应具有文献价值，譬如《大国崛起》《故宫》等。

历史纪录片再现历史有以下三种方法。

（1）引用文献资料，充分利用解密文件、图片资料和影像资料等尽可能重现历史的细节，还原历史本来面貌，譬如《敦煌》、电视栏目纪录片《百年中国》等。

（2）口述历史，通过与历史事件相关的人物讲述其个人的经历和历史体验，展现个体的、非全景式的历史面貌。尽管讲述者所陈述的内容可能带有个人意识，片面零散，具有不确定性，但是恰当地使用会使纪录片变得史料充实、生动真切。讲述者的同期声穿插于解说词中，对历史的描述起着锦上添花的作用，譬如《我的抗战》、15集口述历史纪录片《人证》等。

（3）情景再现，就是对于历史场景复原再现的一种表现手法。它是历史纪录片创作中因史实资料缺乏而在叙事中采取的一种无奈而有效地还原历史的表现手法。历史纪录片中的人物通常不说话，只是作为一个人物形象在当时特定的环境里出现，由解说词或字幕来辅助表达人物的内心活动和叙述事件，譬如《敦煌》《玄奘之路》等。

(四) 科教纪录片

科教纪录片除了具有一般纪录片的真实性之外，还具有普及科学知识和科学方法、传播科学精神的功能。科教纪录片的真实性是建立在科学性的基础之上的，而艺术性则是使科教纪录片能够更有效传播科学知识的重要因素。因此，优秀的科教纪录片能实现科学性和艺术性的完美结合，譬如《帝企鹅日记》《冰冻星球》《地球脉动》等。

(五) 人文纪录片

人文纪录片就是用精致而又简洁的镜头语言纪录人类历史文化内涵的影像作品。它要求创作者具有较高的文化素养、深厚的人文情怀、较强的社会责任感。人文纪录片将人类在改造自然环境的过程中生生不息的人文精神以影像的形式呈现出来，有尖锐的批判与深刻的文化反思等内容，使观众参与其中并引发思考，譬如《河西走廊》《大国崛起》《圆明园》等。

人文纪录片要走向世界，在主题思想上彰显中华文化精神内涵和突出民族特色的同时，需要提高摄制质量和技术水平，确保图像清晰、音频信号稳定，以便让国产纪录片真正走向世界。

(六) 传记纪录片

传记纪录片是记录人物生平或某一时期的人生经历的影像作品。只记录某人物的某个侧面的人物肖像片、人物速写片等都属于传记纪录片。传记纪录片要求记录的对象必须是真实的人物，人物和故事情节不能杜撰和虚构，譬如《梵高画笔与天才》《不了神话宫崎骏》《林肯》等。

(七) 地理纪录片

地理纪录片是探索某一特定地区的自然环境状况或介绍特有的民俗文化、城乡风貌的纪录片，如《蓝色星球》《人类星球》《新西兰：神话之岛》等。

(八) 专题纪录片

专题纪录片是指围绕着某个特定的领域或其中某一方面，采用非虚构的艺术手法，从现实生活中获取真实的影像和原始的素材，真实而客观地表现事物的原生形态和特征以及作者对事物的认识与评价的纪实性影像作品，譬如《海豚湾》《航拍中国》《大国工匠》等。

思考与练习

1. 写一篇你喜欢的默片的观后感（不少于500字），发表在自媒体平台上，老师将在课堂上择优点评。
2. 观看经典纪录片《夜与雾》《河中女孩：宽恕的代价》，准备在下节课的课堂上分享观影心得。

第二节　微纪录片脚本写作

一、微纪录片脚本写作步骤

微纪录片脚本写作步骤大致分为以下几个阶段。

（1）确定主题和内容。首先需要明确微纪录片的主题和内容，也就是说，你的纪录片拍什么？怎么拍？为什么拍？这是你创作纪录片的目的、意义和价值。

（2）了解场景和角色。理解并描绘你的纪录片中将要出现的场景和角色。这将帮助你更好地构建故事，并决定哪些镜头和素材是必要的。

（3）编写提纲和脚本。这是微纪录片脚本写作的核心部分。你需要编写一个故事提纲，依照提纲撰写脚本，为每个镜头编写详细的描述，包括镜头的内容、拍摄技巧、时间、机位、台词、音效等。这将使你的拍摄过程更加顺利，也有助于你更好地掌控整个创作过程。

（4）筛选视频素材。在拍摄完成后，你需要从拍摄的素材中挑选出最适合的部分。这个过程需要你仔细审查每个镜头，决定哪些镜头能够更好地传达你的主题和故事。

（5）撰写文稿。为微纪录片撰写文稿，包括确定片子的开头、发展、高潮和结尾，以及编写解说词、串词、旁白等。写作时要确保你的文稿能够流畅地引导观众理解你的故事，同时要考虑到你创作的主题和目的。

（6）纸上剪辑。文稿写完后，你需要进行纸上剪辑。这个过程主要是将你的稿子和挑选出的素材进行匹配，确定每个镜头的顺序和切换方式。这将帮助你在实际的剪辑过程中更加高效。

（7）修订和完善。最后，你需要修订和完善你的脚本。这个过程可能需要进行多次，以确保你的脚本能够最好地表达微纪录片的主题和故事。

二、微纪录片脚本写作方法

微纪录片脚本写作对于确保作品的故事性、连贯性、团队协作以及提升作品质量等方面都具有重要意义。因此，在微纪录片的制作过程中，脚本写作非常重要，其重要性主要体现在以下几个方面。

（1）故事性与连贯性。脚本是微纪录片的灵魂和骨架，它能确保整个作品具有清晰的故事脉络和连贯性。通过脚本，创作者能够提前规划出纪录片的主题、情节发展、人物关系以及叙述方式，使得整个作品更加紧凑、有逻辑。

（2）指导拍摄与后期制作。脚本为微纪录片的拍摄和后期制作提供了明确的指导。在拍摄阶段，脚本可以帮助摄影师、导演和演员理解每个镜头的具体要求，包括场景布置、拍摄角度、光线运用等。在后期制作阶段，脚本则是剪辑师进行画面剪辑和音频处理的依据，确保最终呈现出的作品与创作意图相符。

（3）团队协作与沟通。微纪录片的制作往往涉及多个部门和人员，如摄影师、编导、剪辑师等。脚本作为沟通的桥梁，使得各个部门能够明确各自的任务和责任，减少沟通成本，提高制作效率。同时，脚本也能够帮助团队成员之间形成共同的目标，促进团队协作。

（4）提升作品质量。通过精心编写的脚本，创作者能够深入挖掘主题，展现独特的视角和观点，提升微纪录片的艺术价值和观赏价值。此外，脚本还能够规范语言表达和画面呈现，使得作品更加专业、精准。

（一）选题

创作纪录片，首先要选择一个好的主题。选题往往决定纪录片的成败。从某种意义上来说，确定一个好的选题，等于纪录片成功了一半。选题不好，即便拍摄、制作、解说词再怎么精良，也是无济于事。

如何甄选和确定纪录片的选题？

总的原则，选题首先必须打动你自己，然后才可能感染别人。也就是说，好的选题必须具备感人甚至震撼人心的力量，具体表现在以下几方面。

（1）选题是否具有人文情怀，能否吸引受众的眼球？

（2）选题是否具有时代精神、历史价值、社会普遍意义？

（3）选题是否符合公序良俗和人类共同价值观？

（4）选题的事件是否具有典型性，社会环境、人物命运、性格特征是否具备纪录片的要素？

（5）创作视角是否突破常规，另辟蹊径，有哪些创新之处？

（6）选题是否具有可操作性，也就是说，能否拍到或收集到丰富的镜头、视频等素材？

马尔克斯曾说："这世界上不缺好的导演，也不缺好的演员、摄影，而是缺少好的剧本。

缺好的剧本的原因是缺少思想。因为思想是一部电影的灵魂。"可见，思想是文艺作品的灵魂。一部优秀的文艺作品真正能够打动受众心灵的，是其深刻的思想内涵。

下面以纪录片《生命的秘笈》和《最后的驿站》为例加以说明。

笔者在广州大学人文学院教授的本科生和研究生"跨媒体写作""戏剧与影视剧本创作"的课程中都有纪录片脚本、解说词写作的内容。

2016年，笔者带领学生创作了纪录片《生命的秘笈》（见图3-1），该片讲述了广东省云浮市新兴县天露山下、六祖河畔的聚龙坊114岁高龄陈德巧老太太，如此高龄依然长期从事砍柴、锯木、种菜等体力劳动的故事。本片通过对陈德巧的日常生活习惯、饮食起居、情感状态、民俗风尚及其生存环境等状况的调查，结合有关医学典籍和专家研究论证，试图探索陈德巧及其聚龙坊村民们普遍健康长寿的秘诀。

图 3-1　纪录片《生命的秘笈》剧照

当下生态环境和食品卫生状况日渐恶化，直接影响人们的身体和心理健康。《生命的秘笈》中的期颐老人陈德巧，其良好的生活习惯和处世心态为大家树立了一个榜样。这位普通的农村百岁老人的生命传奇，对曹操诗句"神龟虽寿，犹有竟时""养怡之福，可得永年"进行了科学的诠释。

之所以选定《生命的秘笈》这个题材，是因为关注健康长寿、环保和谐的主题，弘扬宽容、仁爱、勤俭、奉献、返璞归真等思想，符合全人类的共同价值观。通过百岁老太太简朴而有品质的生活，呼唤人们对自然的敬仰，这对于不同国家、不同民族的人民来说，都有着积极的借鉴意义，能够引起共鸣和反思。这部作品获得了2016年加拿大金枫叶国际电影节最佳纪录片短片奖。

笔者带领学生创作的另一部纪录片《最后的驿站》（见图3-2），将镜头聚焦殡葬工作者，他们是人类生命最后驿站的护送者，肩负着送别生命的神圣之职。然而，他们却是个被社会所冷落，被亲情、友情和爱情所遗忘的群体，是一个需要理解、关爱和支持的群体。我们用镜头记录他们的生存状态，他们的悲喜人生，他们对生命的终极关怀，他们隐藏在心灵深处的渴望与诉求。

《最后的驿站》以深圳殡仪馆的几名一线工作人员为记录对象，再现了这些奋战在人生旅程最后一站的殡葬工作者们的工作、生活、情感、家庭等状况，从而使人们增加对殡葬行业及殡葬工作者的了解、关心与尊重，消除大众因对殡葬行业的不了解而存在的误会，引发人们对生命的敬畏和对生命价值的终极思考，从而更加珍惜人生、呵护亲情、努力创造、奉献感恩。

图 3-2　纪录片《最后的驿站》剧照

这部纪录片的选题是在宏大的社会背景下再现的小人物命运，这些普通的个体生命的存在，与人类生命的社会生态和谐休戚相关。该片获得了 2017 年加拿大金枫叶国际电影节纪录片最佳作品奖。

（二）提纲

提纲，原意是提举网的总绳，现指写作、学习、研究、发言、讨论等的主要的、核心的、大体纲要性的内容。

确定纪录片的选题后，就要着手提纲的写作。

写作纪录片提纲的目的是明确拍摄过程中的注意事项，应紧紧围绕着"为什么拍""拍什么""怎么拍"三个核心问题。解决了这三个问题，提纲就算完成了。

1. 微纪录片提纲的结构

1）初步划分段落

为纪录片后期制作提供内容层次和先后顺序的参考。

2）确定风格样式

不同的题材应采用不同的创作风格。譬如，采用纪实的手法还是表现的手法，突出文学性还是强调新闻性，是以叙事为主，还是以表达情感为主，等等。

3）确定解说词、同期声、音响、音乐等

提纲是建立在熟悉素材的基础上，应明确主题和立意，有选择地组织、搜集形象素材。

2. 微纪录片提纲的主要框架

1）主题

微纪录片所要表达的主要内容和中心思想。

2）意义

微纪录片中传递和交流的精神内涵，所体现的价值和作用。

3）宗旨

微纪录片所呈现的主导思想，主要旨趣和意图。

4）内容

微纪录片所要表达的实质性内涵。

5）受众

微纪录片信息传播的接收群体。

6）结构

微纪录片各个组成部分依照内在的规律有机地排列组合。

7）进度

微纪录片创作的进展速度。

8）要求

微纪录片在创作过程中必须实现的目的，想要达到的具体目标。

(三) 脚本

脚本，是指供戏剧表演、电影、电视等拍摄时依据的底本。脚本往往确定一部作品的框架脉络和内容纲要，决定作品的故事脉络走向。

1. 微纪录片脚本写作要领

1）甄选主题

主题是作品的灵魂。在创作微纪录片脚本之前，必须明确创作目的、意图和用处，继而有目标地选择主题。不同的主题有着不同的目标受众，也就应该采用不同的影片风格、叙事手法和人物语言。

2）精练内容

微纪录片时长极其有限，需要精心地剪裁情节、锤炼语言、突出主题、塑造形象，容不得丝毫松散与拖沓，以便在有限的时间内尽可能展现更多的有价值的信息。

3）语言简洁

所有脚本都不是给读者或观众看的，而是给导演、演员以及摄制工作人员看的。因此，微纪录片的脚本语言应该简洁明了。其中，人物对白是剧中角色说给观众听的，必须符合人物的身份、个性、品格、修养等。人物对白力求简洁明快、生动有趣，切勿繁复、拖沓、晦涩。

4）阐述精准

在分镜头脚本中，对人物动作、镜头运用、拍摄手法、画面景别等信息描述，必须精准明细，不可含糊其辞、模棱两可，应尽可能使摄制工作人员准确理解并顺利执行。

5）讲好故事

新媒体时代故事化叙事已成主流，尽管微纪录片属于纪实类非虚构的叙事载体，但是在选题上同样可以考虑选取故事性强的题材。同一个选题，不同的叙事视角和拍摄手法，可以使同一个故事或峰回路转，或妙趣横生，或平淡无奇地呈现在观众面前。

6）经营细节

一部作品成于细节、败于细节，最能打动人心的也是作品细节，因此在描述人物、事件或场景时要善于捕捉、挖掘、展现那些牵人衷肠的细节，尽可能客观真实、恰如其分地再现场景、塑造人物形象、表达主题思想。

2. 微纪录片脚本范例

苏区精神，薪火相传

序号	场景	景别	拍摄手法	画面内容	时长	台词（解说）
1	苏区镇空中鸟瞰景	远景	俯拍，由远拉近	由空中鸟瞰拉到苏区镇具体红色资源景点，出片名——《走进苏区》	12秒	
2	苏区镇空中鸟瞰景	远景	俯拍、跟镜头	空中鸟瞰苏区镇上空、红屋屋顶、血田，回到上空	6秒	解说词：这里是唯一以"苏区"命名的乡镇——苏区镇
3	苏区镇红色资源景点	远景+近景	俯视镜头、固定镜头	苏区镇各红色景点	7秒	解说词：这里是广东最早点燃革命烈火的地方之一
4	革命烈士图	近景	手持镜头从右往左拍摄墙上的画面	革命烈士画像	3秒	解说词：这里曾遍洒革命先烈的鲜血
5	村民行走楼梯	远景	手持镜头，跟随村民的背影	两位村民走在苏区镇烈士陵园的台阶上	8秒	解说词：时隔经年，红色基因仍然深植于苏区人的心灵深处
6	苏区镇红屋	远景+近景	手持镜头，跟镜头，拍摄团队成员走进红屋看到的点点滴滴	团队成员进入红屋，参观一件件陈列品，推开一扇扇房门	33秒	解说词：半个多世纪过去了，紫金县苏维埃政府旧址——"红屋"，依然安静地坐落在这里。这座积淀着深厚的革命历史的建筑，周恩来、彭湃、徐向前等革命先驱曾在此驻扎过。那被岁月打磨的木架床、小木桌、军帽……人去物在，让我们感觉往日情景恍如昨日
7	革命战士战斗的场景	远景+近景+特写	闪回镜头	革命先烈冲锋陷阵、号角震天的场景	6秒	解说词：仿佛看见了革命先烈戎马倥偬、冲锋陷阵的身影
8	血田	近景	固定镜头	拍摄血田全景和石碑	12秒	解说词："血田"，这个悲壮的名字，如今，是一片浅草如茵的空地，只有正中央那块石碑，镌刻着那段惨烈历史
9	团队成员采访革命老兵	近景	固定镜头，拍摄采访画面	老兵坐在正中间，团队成员坐在右侧采访	13秒	老兵（同期声）：有很多老屋都烧了的，二百八十多年间，战斗的烈士有三百多个，两次集中屠杀，总共四百多人
10	血田	近景	固定镜头	革命烈士雕像，血田场景	8秒	解说词：四百多名革命者的鲜血，流过这块土地，从此将这块稻田命名为"血田"
11	苏区镇场景	近景+特写	固定镜头	苏区镇路标、纪念堂、红旗	9秒	解说词：为苏区人民竖起了一面旗帜，在人们心灵的上空飘扬不息
12	苏区镇场景	特写	固定镜头	革命烈士纪念碑、苏区纪念馆场景	13秒	解说词：那革命烈士纪念碑、苏区纪念馆……无不凝聚着深厚的红色记忆
13	苏区镇场景	远景	俯视镜头+固定镜头	苏区镇红色资源的各个场景画面	30秒	解说词：走进苏区，走进革命的策源地，我们感受到一种来自天地

续表

序号	场景	景别	拍摄手法	画面内容	时长	台词（解说）
13	苏区镇场景	远景	俯视镜头+固定镜头	苏区镇红色资源的各个场景画面	30秒	之间的伟大力量！历史由人民创造，人民的力量生生不息，苏区于2019年10月被认定为第二批广东省党员教育基地。在这里，苏区精神薪火相传，当代的苏区在党的领导下，一步步朝着全面小康而奋斗。苏区新农村建设，以及红色旅游活动的开展，展现了革命老区的新活力。而被苏区精神浇灌成长出的当代青年，无论是大学毕业生，还是创业奋斗者，在新的历史征程下，将会一起开创苏区新的历史
14	采访画面	近景	固定镜头	团队成员采访苏区大学生	18秒	采访对话内容： 问：你对苏区有怎样的红色记忆？ 大学生：老一辈会跟我讲他们当时抗日战争的故事，苏区是个充满红色的地方。 问：在你看来，什么是苏区精神？ 大学生：热情、有勇气、勇敢。 问：这种苏区精神对你人生的作用？ 大学生：就是当你遇到困难的时候，不会去畏惧，就更多地是想去挑战它、面对它
15	苏区镇红色资源景点场景	近景	手持镜头	苏区镇红色资源景点场景	12秒	解说词：天朗气清，惠风和畅。往昔峥嵘岁月已经远去，但苏区精神与英雄风采永存
16	尔崧中学	近景	固定镜头	拍摄尔崧中学校门	5秒	解说词：这里，是以革命烈士刘尔崧命名的尔崧中学
17	尔崧中学后山	近景	景物镜头	拍摄革命烈士纪念碑	7秒	解说词：学校后山矗立的革命烈士纪念碑，书写着四个大字——永垂不朽
18	尔崧中学后山	特写+全景	固定镜头	拍摄佩戴的团徽，青年满怀敬意瞻仰纪念碑的场景	5秒	解说词：在这里，每一届新团员都要在老师的带领下庄严宣誓
19	山水	远景	空镜	山水、标志图、红屋	5秒	解说词：星星之火，可以燎原，而英雄之名，永垂不朽
20	苏区镇	近景	固定镜头	团队成员在苏区镇新丰楼前讲述微纪录片创作心得	26秒	字幕：和平年代出生的我，没有见识过那些惨烈的战争，但当我走在烈士陵墓前时，当我看见那一排排刻在碑石上的名字时，我第一次无比强烈地感受到自己身为一名大学生身上肩负着的时代使命与担当。和平年代，我能做的就是认真学好专业知识，学有所成之时来回报社会
21	苏区镇	近景+远景	固定镜头+俯拍镜头	鸟儿在天空飞翔，热闹的人们，俯瞰的苏区镇场景，天空空镜	10秒	解说词：那段峥嵘岁月，将铭刻在苏区人民的记忆里，生生不息

注：1. 该作品2021年获得由共青团中央、中国科协、教育部等共同主办的第十七届"挑战杯"全国大学生课外学术科技红色专项作品竞赛三等奖。

2. 创作团队：广州大学人文学院学生许宝怡、曾雨、叶定远。

3. 指导老师：喻彬。

（四）解说

纪录片的声音包括解说、同期声、后期音乐、音响等。

纪录片解说的意义在于阐述画面外的信息，表达作者的观点，烘托人物的思想情感；使观众的联想思维和对画面所产生的视觉感受相融合，使画面的意境得以延伸，主题内涵得以深化，精神主旨得以升华。

1. 微纪录片解说词的定义

微纪录片的解说词，就是解释、说明、表达、深化微纪录片画面内涵的文字稿，它是微纪录片声音元素之一，解说词的合理而精妙地运用，能使微纪录片锦上添花、情景并茂。

2. 微纪录片解说词的写作要领

微纪录片解说词的写作要领与常规纪录片解说词的写作有许多相似之处，但也有一些特定的要求。以下是一些关于微纪录片解说词写作的要领。

（1）精练而有力。由于微纪录片的时长通常较短，因此解说词需要字斟句酌、精练准确，尽量去除冗余和不必要的描述，解说词中的每个词语都应有助于传达主题或故事的核心内容。

（2）明确主题和故事。在极短的时间内，解说词需要迅速而明确地传达主题和故事，这意味着在撰写解说词时，应对内容进行严格的筛选和剪裁，确保每一句话都在为主题或故事服务。

（3）突出亮点和特色。在有限的时间内，解说词需要突出微纪录片的亮点和特色，以吸引观众的注意力，这可能需要使用生动的语言、引人入胜的叙述方式或独到的观点。

（4）注重节奏和韵律。由于微纪录片的时长较短，解说词的节奏和韵律尤为重要。解说词适当的停顿、语调变化和韵律感可以给观众留有思考的空间，让观众共情或产生共鸣。

（5）与音画有机配合。微纪录片通常包含精美的画面和音效，解说词需要与音画元素紧密配合，共同构建出一个完整而引人入胜的故事。在撰写解说词时，应充分考虑画面和音效的节奏和变化，以确保三者之间的和谐统一。

（6）力求通俗易懂。微纪录片的解说词，需要考虑观众的接受度和理解力。应避免使用过于专业或晦涩的词汇，尽量使用通俗易懂的语言，让观众能够轻松理解解说词的思想和内涵。

3. 写作微纪录片解说词时应注意的几个核心问题

（1）明确目的。在开始写作之前，你需要清楚地知道你为什么要创作这部微纪录片？作品要传达的主题是什么？这将帮助你确定影片的呈现风格和解说词的内容。

（2）强化故事。新媒体时代是个故事化叙事的时代，你的微纪录片要想拥有较高的关注度和影响力，应该有一个与众不同的甚至新颖、精彩的核心故事，这样才会受到更多的观众关注。

（3）情感表达。微纪录片的情感主要通过画面叙事和解说来表达。解说词对应影像内容来进行情感表达，生动的描述、感人的故事或强烈的情感词汇，可以触动观众的情感并产生共鸣。

（4）语言优美。虽然简洁明了很重要，但解说词的语言也可以具有美感和诗意。通过使用生动的比喻、形象的描绘或富有节奏感的句子，可以增强解说词的吸引力和感染力。

（5）逻辑清晰。解说词应该逻辑清晰，条理分明。需要合理安排信息的顺序和层次，确保观众能够轻松地理解和接受解说词所传达的信息。

（6）节奏韵律。微纪录片的节奏和韵律与观众的观看体验密切相关。解说词应该与画面和音效相协调，形成有节奏感的叙事节奏，提升观众的观看体验。

三、微纪录片大纲范例

（一）范例一

最后的驿站[①]

扫码阅读

（二）范例二

新澳门人[②]

扫码阅读

四、微纪录片解说词范例

生命的秘笈[③]

扫码阅读

---- 思考与练习 ----

1. 每人拟写一部微纪录片提纲（1000字左右）。
2. 依照微纪录片创作要领，用手机拍摄一部微纪录片，在自媒体平台上发布，老师将择优在课堂上点评。

---

① 《最后的驿站》获得2017年加拿大金枫叶国际电影节最佳纪录片短片奖。该微纪录片大纲由本书作者喻彬撰写。
② 作者系广州大学人文学院2017级戏剧与影视学系硕士研究生冯秋颖。
③ 《生命的秘笈》获得2016年加拿大金枫叶国际电影节最佳纪录片短片奖。该纪录片解说词由本书作者喻彬撰写。

第四章
微电影概述与微电影剧本写作

第一节 微电影概述

一、微电影的定义

微电影，就是微型电影，国外称为电影短片，是指通过新媒体传播，适合在移动状态下观看，具有完整策划和系统制作体系支持，有完整故事情节的电影短片。

微电影内容涵盖幽默搞怪、时尚潮流、公益教育、商业定制等主题，可以单独成篇，也可系列成剧。微电影具备电影的所有要素：时间、地点、人物、主题和故事情节。微电影之"微"在于体量小、时长较短（几分钟至60分钟不等）、制作周期短（7~15天）以及投资规模小（每部几千元至数万元不等）。

此外，微电影也慢慢转向"微电影+"的新形态、新业态，即网络大电影，简称网大，时长在60分钟以上，通过互联网平台发行并付费点播。

微电影的发展历史可以追溯到21世纪初，当时互联网的快速发展为微电影的创作和传播提供了便利。

微电影的发展主要经历了以下几个历史阶段。

1. 萌芽期

微电影的雏形可以追溯到传统电影的萌发阶段。从微电影之"微"的概念来说，最早的微电影应该是路易斯·李·普林斯1888年10月放映的电影《朗德海花园场景》和《利兹大桥》，其中，《朗德海花园场景》被称为世界上第一部电影。从这种意义上来说，微电影并不是一种新兴的艺术形态。

2. 过渡期

互联网的迅速普及和广泛应用，为微电影的发展提供了土壤。进入21世纪后，我国的互联网用户数量迅速增长,年轻人开始在互联网上创作和分享自己的短片作品。这些作品不仅表达了他们的创造力和表演能力,还探索了新的电影叙事形式和创作技巧。2005 年,胡戈对陈凯歌导演的电影《无极》以及一些网络视频进行混剪而成的恶搞短片《一个馒头引发的血案》在网络上疯传。该短片被认为是我国微电影的雏形。

3. 繁荣期

2010 年开始,我国微电影进入了蓬勃发展的时期。越来越多的公司和机构开始关注微电影并发现了微电影的发展潜力,投资于微电影的制作和经营。微电影不仅在互联网上受到了广泛关注,还开始参加各类电影节和展览,展示自己的艺术魅力。此时,越来越多的人加入微电影创作的行列中,创作出《老男孩》《四夜奇谭》《一触即发》《66 号公路》等第一批成熟的微电影作品。此后又涌现了《一架纸飞机引发的时代碎片》《相约山楂树》《此时此刻》《看球记》《青春期》等微电影作品,这些作品获得了不同程度上的成功。2011 年 4 月 6 日,首届微电影节在北京举行,一百多部国产微电影作品参加展映,其中包括徐峥编剧、主演的《一部佳作的诞生》,姜武主演的《大阴谋》,陈小春主演的《真假陈小春之谜》,吴辰君主演的《诊》等多部明星特别献映片。《小心,我爱你》获得此次电影节最佳微电影奖。这些作品通过不同的主题、内容、风格、表现形式,展示了微电影创作的丰富性和优越性。

二、微电影的特征

(一)精短性

微电影最显著的特征就是精短。其精短的原因有二:一是微电影的传播、播放(甚至制作)通常是通过手机、平板电脑等移动设备来完成的,所以要求微电影篇幅精短、内容浓缩,以便于通过新媒体下载、传输、播放;二是如今人们的阅读习惯进入标题时代、读图时代,精短便于人们在不确定的短暂时间里,随机欣赏相对完整而又短小精悍的微电影。

(二)大众性

微电影的制作品质要求不高、门槛较低,人人都可以做制片人、编剧、导演、演员、发行人和观众。因其主要通过新媒体传播,画面的像素和清晰度要求也不高,因此对拍摄设备也没有特别规定,可以用摄像机,也可以用照相机,甚至可以用手机、平板电脑等新媒体摄像设备。

(三)娱乐性

微电影通常选取轻松幽默、诙谐搞笑的话题,在追求娱乐性的同时,也注重感官刺激的呈现。它通过精美的画面、动人的音乐、紧张的剧情等元素,给年轻观众带来视觉、听觉等多方面的感官享受。

(四)时代性

微电影的时代性有两层含义:一是微电影是随着互联网技术的广泛应用和新媒体的普

及应运而生的一种新的媒体传播形式,因其通过新媒体的传播方式和过去的电影短片有所区别,因此具有明显的时代特征;二是微电影在选择题材时要求立意新颖,具有一定时代感以及思想深度和审美高度,聚焦大时代背景下的小人物的故事和命运,从而唤起某个人群的集体回忆和思想共鸣。

(五)广阔性

微电影的主题和题材非常广泛,涵盖爱情、励志、社会热点等各种类型,发布和传播的平台也十分广阔,仅国内的视频网站就有腾讯视频、爱奇艺、优酷、百度视频、乐视、抖音、快手、哔哩哔哩等。这也是微电影得以突飞猛进发展的主要原因。

(六)丰富性

相对于传统的院线电影而言,微电影的创作自由度较高,院线电影不能展示的僵尸、灵异、志怪等题材类型在微电影里可以展示。创作者可以在微电影作品里尝试各种不同的主题内容、表现形式和创作风格。

(七)习惯性

随着新媒体的迅速发展,移动视频越来越普及,通过视频获取资讯渐渐成为大部分受众的生活习惯,人们习惯性甚至心理依赖性地浏览微信、微博、抖音、快手、哔哩哔哩、豆瓣网等。这种大众性的习惯(甚至心瘾)使得微电影拥有广泛的受众群体。

(八)互动性

新媒体为微电影的生产、传播、发展提供了广阔的市场前景。只要有兴趣,人人都可以利用自己的手机、相机等摄影器材从事或参与微电影的制作、传播和推广,都可以写影评参与微电影的宣传和营销工作。

(九)专一性

微电影的精短性决定了其主题的专一性,在短小的篇幅里,在有限的时间和空间里,只能表现内容单一的故事,集中精力塑造一两个典型人物形象,无法呈现庞杂繁复的主题内容。

(十)商业性

随着微电影的日渐普及,其商业性也不断彰显出来,微电影的商业色彩也越来越浓厚。要想拍出高品质的微电影,必须有一定的资金做保障,为解决资金问题,在微电影中自然会以各种方式植入一些广告元素,为投资者的企业或产品做广告宣传以吸引投资。

1. 微电影的广告优势

随着微电影的兴起,广告开始电影化,微电影广告相比传统广告具有许多优势,具体表现在以下几个方面。

(1)内容丰富、形式多样。微电影广告通常具有完整的故事情节和丰富的思想内涵,能够吸引观众的注意力并传达品牌信息。通过精心设计的剧情和表现形式,微电影广告可以在短时间内传达出深刻的情感和价值观,从而与观众建立情感联系。

（2）高度互动性。微电影广告通过互联网、移动手机等新媒体平台进行传播，观众可以通过各种方式参与到微电影的互动中来。譬如，观众可以在社交媒体上分享、评论和讨论微电影广告，与品牌形成互动并传播品牌信息。这种高度的互动性使得微电影广告更容易被观众接受并产生共鸣。

（3）目标受众精准。微电影广告可以根据目标受众的喜好和需求进行定制，从而更精准地传达品牌信息。通过精确的定位和投放策略，微电影广告可以确保广告信息准确传达给目标受众，提高广告的转化率和效果。新媒体移动视频用户群体主要是学生、上班族等年轻人，他们有网上购物的习惯，也是最有消费欲望和持续消费能力的人群，因此微电影的广告效果明显。

（4）低成本、高效率。相比传统广告，微电影广告的制作成本相对较低，同时可以在多个平台上进行传播，实现高效率的广告投放。这种低成本、高效率的广告形式使得品牌能够以较小的投入获得较大的回报。

（5）裂变式传播。优秀的微电影广告往往具有裂变式传播的潜力，即通过观众的分享和传播迅速在网络上扩散。这种病毒式传播不仅可以扩大广告的覆盖面和影响力，还可以为品牌带来更多的曝光机会，提高目标消费群体的认知度。

（6）性价比高。同一产品广告，向电视、报纸等传统媒体投放，其广告金额往往是微电影制作费的数倍，而一部精彩的微电影，可在网络、手机等各种新媒体上获得受众广泛的、持续性的传播，其广告效益可谓是滴水投入、涌泉回报。

（7）持续效应。电视、报纸等传统媒体广告投放会受到播出档期、时间、次数以及刊出日期的限制，刊播日期和档期一过，广告就失去了持续的传播效应。而微电影中的广告不受限制，可以长期在广大受众中传播。

（8）唯美含蓄。微电影广告相较传统媒体广告，更具有隐蔽性和唯美性。它是将品牌通过"理念植入""道具植入""场景植入"等方式融入微电影的元素里，尽可能地避免客户对所植入产品的企业产生厌恶情绪；它可以将产品恰到好处地呈现在受众面前，既推广了产品品牌又巧妙地为企业树立了形象。

2. 微电影的广告植入

广告植入，有两层含义：一是指将产品广告植入影视、戏剧等作品之中的行为；二是指产品广告植入的方式，也叫植入式广告。它是指将产品或品牌及其代表性的视觉符号甚至服务内容，策略性地融入电影、电视剧或各种舞台剧的内容之中，通过场景的再现，给受众留下一定的印象，从而达到宣传、推广和营销的目的。

植入式广告是随着电影、电视、游戏等发展而兴起的一种广告形式。由于受众对广告有着本能的抵触心理，把产品品牌融入这些娱乐载体中，可以让受众在不知不觉中了解产品信息，从而产生潜移默化的宣传效果。

微电影广告植入主要有以下几种形式。

（1）理念植入，又叫主题植入，这是微电影广告植入的最高境界，往往采用定制的模式将某品牌的内涵通过故事情节呈现在微电影中，使其自然而然地演绎品牌的精髓。这种方式既能提升品牌的知名度和影响力，又能给受众带来美的享受。它和专门介绍产品成长历程、企业文化、品牌理念等的宣传片、专题片有着本质的区别。微电影是观众主动观看，而宣传片、专题片是向观众被动灌输的广告形式。

（2）题材植入，即专门为某一品牌拍摄影视作品，详尽地演绎品牌的初创、成长、发展、壮大的历史以及企业文化理念等。

（3）明星植入，微电影中的主角（明星）通过个性化的台词、动作行为，巧妙地表现某品牌的功能、价值或文化内涵，凸显品牌的理念和优势。

（4）道具植入，将产品作为影视作品故事中的道具，如汽车、电脑、手机、服饰、化妆品、生活用品等，通过剧中人物的使用或接触，将产品呈现给受众，以扩大品牌的影响力，如微电影《一触即发》等。

（5）剧情植入，既可将某品牌设置为故事情节的中心，或作为故事中某个标志性的元素；也可以通过剧中人物的台词，提及、美言、特指或暗示某一品牌的优点，或剧中人物使用某品牌时演示其用途和性能。

（6）台词植入，将某品牌融入影片主要人物的台词中，通过主要人物的对话来宣传品牌。有些经典的台词往往让人难忘和深思，甚至成为风靡一时的流行语。

（7）场景植入，在影视作品中利用反复出现的场景（如墙体、户外广告牌等）展示品牌标识等信息；也可以将某品牌的生产或办公场所（风景名胜、旅游景点、酒店、度假村、工厂、公司等）作为影视剧拍摄的场地。

（8）音效植入，通过微电影的插曲或主题曲中的歌词和旋律、画外音，剧情中的电视广告、手机铃声等，引导受众对植入产品的品牌产生联想，从而达到宣传效果。

------- 思考与练习 -------

观看《车四十四》和《老男孩》后分别写一篇观后感并发布在自媒体平台上，老师将择优在课堂上点评。

第二节　微电影剧本写作

一、剧本概述

"剧本是一剧之本"，拍摄微电影首先要有完整的剧本。演员根据剧本里的场景、情节、动作、对白等进行表演，摄像师进行拍摄，再经过后期制作形成影片。

（一）剧本的定义

剧本，又称剧作，它是一种文学形式，是戏剧、影视艺术创作的文本基础，也是演员表演的文学蓝本。

美国好莱坞著名编剧、制片人悉德·菲尔德曾言："一个电影导演，可能用一部很好的剧本拍出很糟糕的电影，但绝对不可能用一部很糟糕的剧本拍出很好的电影。"可见，剧本在戏剧和影视中的地位何其重要。

(二)剧本的历史

1. 中国最早的戏剧剧本

现存的中国戏剧史上最早的戏剧剧本是《弥勒会见记》[①]，该剧本是1975年新疆焉耆县锡克沁佛寺遗址出土的唐代遗物，一共44页，用古焉耆语书写。这是一部大型分幕剧作，是目前为止我国现存最早的戏剧文本。

《弥勒会见记》又名《弥勒下生经》《弥勒三弥底经》，是目前所存篇幅最大、数量最多的回鹘文佛典，同时也是一部大型佛教剧本。其主要内容为讲述未来佛弥勒成佛和解救众生的故事。剧本语言唯美而大气，成功地塑造了典型人物形象。譬如，天中天佛尊者阿难陀的一段台词："她以世上罕见的奇珍异宝装饰并创造了我，而我以最纯洁的斋戒装饰了她。她以山珍海馐养育并满足了我，而我又以仁慈的智慧使她沉浸于幸福之中也满足了她。她以世俗之水冲洗创造了我，而我以圣神的八流之水洗涤了她，并将八十八种耻辱和烦恼之浊从她的胸前心中洗净。她以世俗的花朵装点了我，而我以菩提之花卉修饰了她。所以说世俗财产很难与上述的功德相提并论。"

该剧本每幕都标明了故事发生的地点、出场人物和演唱曲调。作品的人物形象鲜明，故事情节生动，语言对白优美，深受当时对弥勒佛崇拜的信众喜爱，对佛教思想在中国的传播起到了积极的作用。

2. 中国第一部话剧剧本

1906年冬，中国留日学生李叔同、曾孝谷（中国早期话剧奠基人之一）在东京创建了春柳社。1907年，春柳社在东京上演了话剧《黑奴吁天录》，这是曾孝谷依据美国小说家哈里特·比彻·斯托于1852年发表的一部反奴隶制长篇小说《汤姆叔叔的小屋》改编而成的。它是中国的第一部话剧剧本，标志着中国话剧史的开端。

中国现代话剧和电影奠基人之一洪深，于1916年创作的同情劳苦大众、富有文明新戏格局的五幕话剧《贫民惨剧》，是中国现代文学史上第一部较完整的原创（而非改编）话剧剧本。

3. 中国第一部电影剧本

中国电影史上第一部比较完整的电影剧本是洪深的《申屠氏》，连载于1925年的上海《东方杂志》第22卷第1至3期上。《申屠氏》取材于宋代的《情史》所载的宋代烈女申屠氏的传说，将"申屠氏案件"与《水浒》故事合并融汇，描述了与官府沆瀣一气的渔霸方六一，欺压、陷害渔民申屠氏一家，申屠女在梁山好汉的帮助下英勇抗争的故事。剧本共分为7大段、592个场景。它打破了舞台剧剧本的形式，将戏剧式场次结构代之以镜头、景别为组合单位，视剧情发展需要灵活更换场景，让剧中人物在尽可能多的场景中活动。洪深在剧本中运用文学手法进行形象的描述时，采用了闪回、特写、多场景烘托和对比蒙太奇等电影表现手法，来揭示人物心理，塑造人物形象，推进冲突发展，营造特有的电影节奏和情绪氛围，使剧本塑造的文学形象完全为电影镜头服务。剧本还运用了"加圈""去圈"

[①] 曲六乙.《弥勒会见记》的发现与研究：中国戏剧史上最早的一个戏剧文[J]. 剧本，2010（08）：74-77.

"放大""渐现""渐隐""化入""特写"等换景及镜头的专业术语。同时,洪深在其剧本之末附有电影名词术语解释。这种具备电影蒙太奇叙述方式的剧本,才算是真正意义上的相对完整的电影剧本。

(三)影视剧本的形态

电影、电视剧剧本有以下几种形态。

1. 文学剧本

文学剧本是编剧运用蒙太奇表现手法对影片所创作的故事文本。它为影片构建了一个基本的、完整的故事,对影片的主题思想、故事情节、人物关系、场景环境、叙事风格等做出详细的描述。文学剧本包括故事梗概、人物小传和剧本正文三个部分。

2. 分镜头剧本

分镜头剧本又称为导演剧本、导演工作台本。它是导演根据拍摄需要对每个镜头进行详细的设计,在编剧提供的文学剧本的基础上进行二度创作,运用电影化手段,以绘画草图或列表的方式,将文字内容分切成拍摄用的电影镜头,内容包括镜头号、拍摄场地、拍摄时间、光线和颜色、景别、拍摄方法、镜头时长、画面、角色动作、人物台词(解说)、音乐、音响效果、后期剪辑和特效要求等。

3. 对白台本

对白台本是记录影视作品中的对话与演员的行动指令文本,是演员进行表演的重要依据。它详细记录了每个角色在特定场景下的台词,以及与之相关的动作和表情提示。对白台本可以通过文字、图片、表格等形式呈现,撰写对白台本要根据角色定位、场景设定、故事情节来进行。它对影视作品的拍摄、后期制作和呈现都具有重要的作用。

4. 完成台本

完成台本也称为镜头记录本,是场记根据分镜头剧本和实际拍摄情况制作的。它详细记录了每个镜头的实际拍摄情况,包括拍摄时间、地点、角度、光线、颜色等,以及镜头中的角色动作和台词。完成台本是影视作品后期制作和剪辑的重要依据。

(四)微电影剧本的要素

微电影剧本的要素主要包括以下几个方面。

(1)剧本格式。微电影剧本的格式基本遵循一般剧本的规范,包括时、景、人的描述,对白要顶格写出人物简称,剧本跟小说不同,剧本的对白不需用引号。同时,剧本中还有闪回、跳离镜头和溶等指示,用于指导影片的剪辑和效果处理。

(2)场景描写。场景是剧本中故事发生的地点和环境,包括时间、地点、背景等。场景描写要求清晰地呈现出故事发生的背景和氛围,为观众营造出身临其境的感觉。

(3)人物。人物是剧本的核心,包括主要角色和次要角色。人物的性格、特点、关系等都需要在剧本中得以体现。通过人物的塑造,剧本能够传达出深刻的情感和价值观。

(4)对话。对话是剧本中人物之间的交流方式,也是推动故事发展的重要手段。对话要简洁明了,符合人物的性格和身份,同时要能够传达出人物的情感和态度。

(5)动作描写。动作描写是指剧本中人物的行为和动作,包括动作的过程、结果以及动作背后的意图和动机。动作描写要能够生动地呈现出人物的行为和动作，为观众营造出紧张刺激的氛围。

二、微电影剧本写作

（一）微电影剧本写作要领

1. 提炼主题

微电影主题的选择和提炼至关重要，应选择有人文内涵和社会价值的新颖的主题来写。一部好的微电影必须具有较高的艺术价值，同时还应具备一定的思想性，能让观众看完之后产生共鸣、受到启迪，从而引发对社会、对人生等相关问题的思索。正如法国著名思想家埃德加·莫兰所言："电影艺术能促使我们对现实的想象和对想象的现实加以思考。"

2. 从尾写起

微电影是从头看到尾，剧本却是从尾开始写到头。一部好的微电影结尾往往是出人意料的。这就要求微电影编剧在下笔之前要先想好故事如何结局。好的结局让人出乎意料，并能让观众参与创作而余味无穷。

对于结局，编剧和观众正好相反，编剧不知道结局，写作剧本时就会像脱缰的野马、无头的苍蝇，漫无目标、迷失方向；观众不知道结局，神秘感和好奇心驱使他们静静地观看剧情，等待结局是不是和自己所预料的一样。好的结局，往往会给人带来惊喜、感动或震撼。

3. 脉络精简

由于微电影时长有限，故事的发展线和剧情脉络必须精简，避免过多的枝节和烦琐的情节。同时，要注重情节的紧凑性和连贯性，让故事在有限的时间内得到有效展开。

4. 先声夺人

叙事类的文艺作品，无论是小说、散文，还是电影、电视剧，都需要有个精彩的开头，所谓"先声夺人""语不惊人死不休"。而对于篇幅短小的微电影来说，开头就显得尤为重要，必须紧紧抓住观众的注意力，影片一开始就要巧妙地设置冲突和悬念，要有危机事件的暗示，让观众悬着一颗心走进影片的剧情世界。

5. 时空集中

微电影剧本是用文字描述整部影片内容以供表演和拍摄的蓝本，内容包括对影片中的场景、人物、对话和动作的描述。它不同于小说、诗歌、散文等文学形式，不受时间和空间的限制，可以信马由缰地自由挥洒，精骛八极、心游万仞地进行描述。微电影由于其精短性，创作剧本要求时间、场景、人物、情节等高度集中在有限的时间和空间内。

6. 巧设悬念

巧妙地设置微电影的悬念，是一部微电影成功地吸引观众注意力的关键。它能使观众对故事的发展和人物命运的结局产生多种揣测和推理，从而自然而然地参与编剧的创作，引发许多念想和期盼。

7. 冲突激烈

所有叙事性的文艺作品都离不开矛盾冲突，它是推动故事从发生、发展走向结局的原动力。矛盾冲突是戏剧的生命，微电影剧本更加要求故事中有矛盾，在有限的时间和空间里发生激烈的冲突。随着事件的步步推进,矛盾纠葛的进展、危机、高潮、结局接踵而至。有了矛盾冲突就会引起观众的关注,它就像一根无形的绳索,牵引着观众走进作品的艺术世界。

8. 写好动作

动作描写是微电影剧本中重要的表现手段。人物的动作和台词一样,必须和人物的性格和身份等背景相吻合,才能准确传达人物的情感和态度。动作描写要生动具体,为观众营造出紧张刺激的氛围。

9. 台词鲜活

剧本中的台词就是剧中人物所说的话语,是编剧用来刻画人物个性、塑造人物形象、展示故事情节、体现作品主题的主要方式。台词包括对白、独白、旁白。微电影的台词要求鲜活、时尚、幽默、风趣、有时代感、打动人心,甚至能成为风行一时的流行语。

10. 了解观众

编剧写剧本,首先要了解观众的接受度、审美取向和市场需求,投其所好地选择观众熟悉和感兴趣的话题作为切入点,同时要注重情节的连贯性和情感的共鸣点,使观众能够产生共鸣和情感上的认同。这样的作品才有生命力,否则,编剧只顾自己的情感释放,不顾观众的兴趣爱好,这样的作品必是鲜人问津。

11. 使尽解数

为了使微电影精彩,编剧必须使尽浑身解数,穷尽毕生才华,使剧本故事超凡、情节跌宕、扣人心弦、奇境迭出、颠覆视觉、震撼肺腑、余音缭绕。

12. 配合广告

为了确保微电影有充足的资金来拍摄制作,制片人会尽可能地在微电影中以各种形式植入产品广告信息。有些广告植入方式,如理念植入、剧情植入、台词植入等需要编剧配合和支持。

(二)微电影剧本写作要素

1. 人物

微电影由于时长所限,剧中人物越少越好,一般是一个男主角和一个女主角,以便于在有限的时间和空间里,描绘典型人物的情感细节,塑造人物形象。假若在一部微电影里设置了一群人物,观众在这短短的时间里可能一个人物都记不住。它不像电影,至少可以设置两个正派人物、两个反派人物;更不像电视连续剧,除了正反派主要人物之外,还可以设置群像,如《水浒传》《琅琊榜》《大宅门》《闯关东》等。

2. 故事

微电影剧本要求故事单一、情节精彩,所有故事情节都是用来塑造人物形象的,都要围绕着主要人物展开。一般来说经典电影都是故事简单而又精彩的。譬如,《少年派的奇幻漂流》,讲述一次海难使少年派家人罹难,只剩下他和一只孟加拉虎,在救生小船上漂流了227天,人与虎建立起一种相互依存的微妙关系,最终同舟共济获得重生。

《肖申克的救赎》,讲述了青年银行家安迪突遭冤枉被控杀害了他的妻子和妻子的情人,被判无期徒刑而入狱，安迪在狱中努力实现"自我救赎"获得自由，最终成功越狱，并揭发监狱长犯罪事实的故事。该影片讲述了一个再简单不过的故事，可是一直被认为是世界最经典的影片之一。

第 85 届奥斯卡金像奖最佳真人短片《宵禁》，是由肖恩·克里斯汀森自编自导自演的一部 20 分钟微电影，讲述了瑞奇在与其关系疏远的妹妹外出期间，与妹妹 9 岁的女儿萝莉之间的亲情趣事。该片也是一部探讨人生终极意义的治愈系精品。

3. 格式

影视剧本不同于小说、诗歌、散文等文学体裁，纯粹用文字来表达作品内容。剧本是用画面语言来表达作品内容的，也就是用文字来描述一系列的场景、人物对话、动作等画面，供导演再次创作并引导演员进行表演。它有着固定的行文格式，包括场次标题、场景概述、人物动作、语言对白（含画外音）等。

4. 表达

影视剧本是用镜头语言来呈现剧情的，所有内容必须以画面形式进行表达。它不像小说、散文等题材，一切内容都是通过文字来表达，读者通过阅读文字来领会作品的内容和思想含义，通过阅读文字产生联想，构建故事情景与人物形象。小说、散文等文字类文学载体，不仅可以直接描绘景物、抒发感情，还可以直接刻画人物的心理活动，而剧本就不能直接用文字来表达人物的思想感情（梦境、回忆、妄想、潜意识等）。譬如，小说里写某人油然回忆起自己童年放风筝的情景，而影视剧本就必须用闪回、叠化、淡入、淡出等形式，将镜头转向一个儿童在阳光下的草地上，手拿风筝线、仰望天空放风筝的画面，或者采用内心独白、旁白或画外音的方式来交代这一回忆童年的心理活动。影视作品里应尽量少用内心独白、旁白或画外音来表达内心活动，因为影视是一种视听性的观赏艺术，主要以画面和声音来演绎剧情。

5. 对白

影视是一种画面艺术，不能用过多的语言对白来交代剧情。对白是根据剧情的需要而设置的人物语言，不宜过多或过于冗长，否则，就会使剧情呆板、枯燥而又沉闷，失去动态感。因此，剧本人物对白越精辟，剧情越生动；对白越少，画面感越强，越具有视觉冲击力。

三、微电影剧本范例

（一）案例一：《记忆中的王富贵》[①]

扫码阅读

---

① 作者系广州大学人文学院汉语言文学 1910 班巴燕·塔斯肯。

（二）案例二：《捉迷藏》[①]

扫码阅读

（三）案例三：《茵索尼亚》[②]

扫码阅读

（四）案例四：《上帝时间》[③]

扫码阅读

思考与练习

1. 每人拟写一部微电影故事梗概（2000字以内）。
2. 依照微电影创作要领，用手机拍摄一部微电影（时长5分钟左右）并在自媒体平台上发布，老师将在课堂上择优点评。

---

① 作者系广州大学人文学院汉语言文学182班创作团队。
② 作者系广州大学人文学院汉语言文学2012级4班陈思亮。
③ 作者系广州大学人文学院汉语言文学2012级4班黄惠雯。

第五章
微广播剧概述与微广播剧剧本写作

第一节 微广播剧概述

一、广播剧的发展概况

广播剧是基于广播的兴起而诞生的新剧种。它通过无线电广播进行播出，是采用语言、音乐和音效等多种元素进行表演的专门供人收听的戏剧形式。

我国第一部广播剧是1933年1月由苏祖圭编剧，上海亚美广播公司制作播出的抗日剧《恐怖的回忆》，播出时长三十余分钟。该剧本五千字左右，发表在同年1月的《中国无线电》杂志上。该广播剧讲述了1932年上海"一·二八"事变，普通经商者孙意诚父子及其邻居遭遇日军轰炸而丧生的悲惨故事，旨在唤起全民抗日。

此后，随着日军大举侵华，中华民族处于生死存亡时刻，许多作家、艺术家、电影明星都纷纷参与广播剧的创作，诞生了如洪深的《开船啰》、孙瑜的《最后一课》、丁玲的《以身许国》、蔡楚生的《第七个"九一八"》等优秀作品。

新中国成立之后的第一部广播剧是《一万块夹板》，由陈开编剧、胡旭导演，1950年2月7日由中央人民广播电台播出，主要剧情是纪念"二七"铁路工人大罢工，展现铁路工人修复铁路、支援国家建设等内容。之后还诞生了一批广播剧，其中以红色革命主题居多，代表作品有《红岩》《红色的轨道》《故乡》《黎明的河边》《皇帝的新装》等。20世纪60年代前后广播剧的主要代表作品有《两幅油画》《三伏马天武》《山谷红霞》《没有织完的筒裙》《杜十娘》《三月雪》等。

"文化大革命"结束后，我国文艺创作逐渐繁荣，诞生了一大批优秀的广播剧作品，如《二泉映月》《伤痕》《窗口》《珊瑚岛上的死光》《瓜儿为什么这样甜》《爱迪生的童年》《李自成闯石门寨》《彭元帅故乡行》《当乌云密布的时候》《史圣司马迁》《项链》《响铃公主》

等。有些广播剧后来被改编成影视作品。

20 世纪 80 年代涌现了《求索》《真与假》《序幕刚刚拉开》《白玉兰》《金鹿儿》《减去十岁》《镢柄成亲》等优秀广播剧,其中《金鹿儿》《镢柄成亲》《白玉兰》《求索》《序幕刚刚拉开》等广播剧获得全国优秀广播剧奖;根据作家谌容的同名小说改编的广播剧《减去十岁》获得第 10 届"柏林未来奖"的"广播剧大奖"。这是中国首部获得国际大奖的广播剧作品。

20 世纪 90 年代,我国的影视事业方兴未艾,广播事业受到严重影响,广播剧的创作也不甚景气。1996 年,中宣部"五个一工程"评选首次将广播剧纳入评选之列,这激发了广播剧的创作,出现了《刑警 803》《孔繁森》《等待》《地质师》等优秀作品。

进入 21 世纪后,我国互联网的广泛应用为广播剧的生产、传播与发展搭建了广阔的平台,涌现了《最后的童话》《秋日里的野芒花》《平凡的世界》《草原童谣》《照亮苗乡的月亮》《重返鄱阳湖》《情满昆仑》《中国船长》《疍家小渔村》等优秀广播剧作品。

二、微广播剧的定义

广播剧曾被称为音效剧、声剧、播音剧、播音话剧、无线电剧、空中戏剧等,是一种广播和戏剧相结合的、采用声学性能进行表演的戏剧形式,主要让听众听闻声音产生联想,从而展现剧情、塑造人物、表达主题。

著名戏剧家曹禺说:"广播剧的生命,在于它的独特的个性。广播剧的艺术家们给听众留下了广阔的天地,使听众参与了创作。"听众通过聆听广播剧由语言和音乐所构建的剧情,产生联想进行再创作,使想象的翅膀翱翔于由抽象的声音构建的具象的世界里。

广播剧属于纯听觉艺术,它没有任何可视元素,完全依靠演播人员的声音表演,加上音乐、音效等方法来营造氛围,推动剧情。广播剧的传播方式在互联网诞生之前纯粹依靠广播电台播出,唱片、CD 播放,互联网普及应用之后,主要通过数字媒体传播。

微广播剧,就是时长较短的微型广播剧,是一种通过互联网传播的新型的声音艺术形式,它融合了传统广播剧的元素,但在形式、时长、呈现方式和传播途径上有所创新,是通过精心策划的、用声音演绎的、具有完整故事情节的微型广播剧目。其时长通常在 3 至 5 分钟,最长不超过 10 分钟。

微广播剧适合在微信、手机终端、网络电台等各种新媒体平台上播放,符合现代人快节奏的生活方式和碎片化的娱乐习惯。

微广播剧以声音为主要表现手段,通过人物对话、音效、背景音乐等声音元素的巧妙组合,营造出生动可感的故事场景、人物形象,满足听众的审美需求。作为一种动态的时间艺术,它保留了传统广播剧的故事性、表演性和艺术性的优点,又具有短小精悍、易于传播的独特个性,适合新媒体平台播放和推广。

三、微广播剧的特征

微广播剧是由语言、音乐、音效三种声音元素有机组合的听觉艺术。它作为一种富有创意和表现力的新型的声音艺术形式，以其独特的魅力吸引了广大听众和创作者，成为大众娱乐生活和文化传播的重要组成部分。微广播剧的特征主要包括以下几点。

1. 精短凝练

微广播剧最为显著的特征之一就是时长相对较短，较之传统的广播剧，微广播剧在时长上进行了压缩和精练，通常只有几分钟的长度。如此，听众可以在短时间内完整地欣赏一个故事，满足现代人快节奏生活的需求。微广播剧以其精练的故事情节、鲜活的人物形象、深刻的思想内涵深受现代人喜爱。

2. 声音戏剧

在微广播剧中，演播人员只运用声音来进行戏剧表演，塑造人物形象，演绎角色命运，表达主旨内涵。和舞台上的戏剧一样，微广播剧也注重戏剧冲突，讲究剧情张力。除了戏剧性之外，微广播剧还具有较强的文学性，可以运用文学的表现手法来叙述剧情、描摹环境、渲染气氛、刻画人物，也可以用独白、旁白、解说的方法来展现人物的心理活动。

3. 唯听艺术

微广播剧是一种只用耳朵欣赏的具有"唯听性"的声音艺术。它和绘画、摄影等视觉艺术和戏剧、影视等视听艺术不同，它除了通过聆听声音产生联想和想象，实现审美之外，就没有别的感觉器官可以接收微广播剧传达的信息。微广播剧的"唯听性"因解放了受众的视觉注意力，而成为区分于其他艺术门类的独特优势，人们可以一边听广播剧一边散步、运动或从事简单的手工劳动。

4. 声画转化

尽管微广播剧不需要眼睛参与欣赏，但是微广播剧中绘声绘色的声音传递到人们的耳朵里，就会产生一定的联想和想象，脑海里就会形成与剧情高度契合的场景、气氛、人物等具体画面，这是由声音元素形成的听觉形象转化为画面性的视觉形象。这个听觉形象是建立在受众日常生活中的视觉形象的长期积淀的基础上的，属于集体潜意识范畴。

5. 跨越时空

微广播剧可以跨越时空，有两层意思：一是微广播剧的互联网传播不受时空限制；二是指微广播剧叙述剧情可以跨越时间和空间的局限，不像戏剧那样受舞台空间和演出时间约束。尽管微广播剧时长极其有限，但是如果剧情需要可以采用多集连续剧的方式进行展现，如"五个一工程"广播剧"优秀作品奖"《中国北斗》《信念树》《守望黄河口》等。

6. 遗憾艺术

微广播剧上线之后，如果存在瑕疵，可以说"覆水难收"，除非将作品撤下来停止播放，待修改好了之后再上线。不像戏剧，某句台词漏了，下次演出可以补上，而微广播剧与影视作品一样，一旦录音制作完成上线后，美中不足之处就只能成为遗憾。

7. 内容紧凑

微广播剧因时长所限，必须在有限的几分钟内讲好一个完整而富有张力的故事，这就要求人物少、主题单一，善于设置悬念、反转和高潮，以吸引听众跟随情节发展，体验故事的峰回路转，因此，每个情节和细节都必须经过精心设置、甄选和打磨。这种紧凑性使得微广播剧在叙事上更具张力和吸引力，让听众在有限的时间里获得丰富的听觉审美。

8. 传播便捷

微广播剧通过互联网进行传播，其传播渠道非常便捷和广泛，听众可以通过手机、电脑等终端随时随地收听，不受时间和地点的限制。同时，互联网的传播方式也使得微广播剧可以迅速覆盖更广泛的受众群体，使作品的影响力得到大大提高。

9. 互动性强

微广播剧在传播过程中具有较强的互动性。听众可以通过社交媒体、评论区等方式与创作者或其他听众进行交流、分享和讨论。这种互动性增强了听众的参与感、认同感和归属感。同时，这种互动性为微广播剧的创作者提供了一定的修改、补充等创作建议，有助于创作者及时调整创作方向，不断优化和完善，提高作品质量。

10. 形式多样

微广播剧在形式上具有多样性和灵活性。它可以根据不同的故事或情节选择不同的叙述方式、音效设计、背景音乐等，以营造出不同的听觉氛围和情感效果。同时，微广播剧也可以结合其他艺术形式进行创作，如插画、动画等，实现更为丰富和立体的艺术呈现。

11. 声音传神

微广播剧以声音为主要表现手段，通过人物对话、音效、背景音乐等声音元素的巧妙组合，营造出丰富的故事场景和情感氛围。这种声音传神的特点，使得微广播剧能够在没有视觉画面的情况下，仅凭声音元素来激发听众的想象力和情感共鸣。

四、微广播剧的优势

微广播剧除继承了传统广播剧的"解放双眼"等诸多优势之外，还具有如下几个显著的优势。

1. 创作成本低

微广播剧的制作相对简单、录制体量小、出品速度快，不需要投入大量人力和设备，因此，制作成本比较低。

2. 传播渠道广

融媒体时代，微广播剧的传播渠道呈现出多样化和广泛化特点，诸如，喜马拉雅FM、荔枝FM、网易云音乐等在线音频平台；微信、微博、抖音等社交媒体平台；广播电台和电视台的音频节目平台；抖音、快手、B站等短视频平台；创作者开发的自有App或网站；智能音响、车载音频系统等。这些传播渠道使得微广播剧能够迅速覆盖大量受众，扩大影响力。

3. 个性化定制

新媒体平台可以根据用户的喜好和行为数据，投其所好地推送契合其兴趣和品位的微广播剧，这种个性化定制服务能够满足不同听众的需求，提升用户黏性。

4. 设备较简单

相对于传统广播剧，微广播剧的制作门槛相对比较低，创作者只要具备一定的声音艺术基础，拥有一套简单的录音设备和一台有剪辑软件的电脑就可以创作了。这种平民性和易操作性使得微广播剧具有较强的生命力和创造力。

5. 想象空间大

微广播剧主要通过声音来讲述剧情塑造人物，听众在收听时需要调动自己的想象力来构建故事场景和人物形象。这种特性使得微广播剧具有更广阔的想象空间，能够引发听众的无限遐想，从而增强了微广播剧的艺术感染力。

6. 快餐式娱乐

微广播剧具有时长短、内容精等特点，适应现代人在快节奏生活中利用碎片化的时间进行收听，以满足快餐式娱乐需求。较之戏剧和影视作品，人们通常需要在固定的场所进行较长的时间观看，这在一定程度上限制了它们在快节奏生活中的传播。

---- 思考与练习 ----

收听广播剧《秋日里的野芒花》，写一篇600～1000字的观后感，并发布在自媒体平台上，老师将择优在课堂上点评。

第二节 微广播剧剧本写作

一、微广播剧剧本写作要领

微广播剧鉴于其"微"与唯声传情，其剧本写作具有一定的挑战性。它不同于微电影、微短剧的剧本写作，微电影和微短剧属于视听结合的艺术，是通过画面和声音来传播剧情内容，观众通过看画面、听声音来领会内涵、实现审美，而微广播剧是纯听觉艺术，其唯声性决定了它只凭借声音这一元素来传递剧情信息，观众通过聆听演播人员的声音表演来了解剧情和人物。因此，微广播剧的剧本写作需要在极其有限的时间内，单凭着声音来建构剧情世界、人物形象和主题思想，这就要求剧情紧凑、悦耳动听、引人入胜。归纳起来，微广播剧剧本写作主要有以下几个要领。

1. 主题精练

鉴于微广播剧的时长所限，选题应该精练而鲜明，故事必须高度集中。写作微广播剧剧本时通常选择视角独特且具有强烈情感共鸣的故事，从而吸引听众的注意力，使其具有独特的个性和艺术魅力。

2. 结构紧凑

微广播剧的剧本结构必须紧凑，不能有庞杂冗余的情节，开头就要有"惊堂木"效应，迅速将听众带入故事情境，从而引人入胜、渐入佳境；中间部分要峰回路转、扣人心弦，通过高潮和转折推动剧情发展；结尾要戛然而止、意味深长。

3. 人物鲜明

人物是故事的核心，微广播剧中的人物数量虽然较少，但每个人物都应该具有鲜明的个性和特点。写作时应注意刻画每个人物的独特的言行举止、心理变化等，通过对话和行动,塑造出立体的人物形象,使听众对剧情和人物产生共情和共鸣。

4. 台词生动

台词是微广播剧中的重要元素,要生动、自然、富有感染力,应避免冗长的叙述和单调的对话,尽量让台词富有情景性和戏剧张力。同时,要注意台词的节奏和语气,每个人物的台词都要与其身份、个性、文化背景以及所处情境等条件相契合,以便给听众留下深刻印象。

5. 惊艳开头

微广播剧要想在有限的时间内迅速抓住听众的耳朵,吸引他们集中精力进入故事情境,就需要有个惊艳的开头。同时,惊艳的开头能够巧妙地营造出故事的情绪和氛围,激发听众的好奇心去探寻谜底来提升作品的整体质量,从而获得社会认可和好评。

6. 巧设悬念

悬念在微广播剧中有着极其重要的作用,它能够激发听众的好奇心,并对剧情的发展或结局产生持续的期待。它能为剧情注入一种紧张感和神秘感,使得故事扑朔迷离、魅力横生。悬念有助于人物个性、情感和动机的展现,有助于深化作品主题。

7. 强化冲突

冲突是微广播剧情节发展的核心动力。人物之间的矛盾冲突能够深刻反映社会现实,揭示人物的内心世界和性格特点,从而使人物形象更加丰满立体,同时推动剧情向前发展,引发听众的好奇心和探索欲,对故事的发展产生浓厚兴趣。

8. 剧情反转

微广播剧在叙事中要善于设置剧情反转,它可打破听众的预期,使剧情发展出人意料,增强故事的吸引力和趣味性。反转往往安排在剧情的关键时刻,能使听众在紧张刺激的氛围中渐入佳境。剧情反转有助于展示人物的复杂性和多面性,让人物形象更加立体丰满,使听众可以更加深入地了解人物的内心世界、动机和情感并产生情感共鸣,从而深化作品的主题内涵。

9. 以情感人

微广播剧的意义在于向听众传达一定的思想情感,因此,编剧要注重作品情感的表达和传递,通过人物的对话和行动以及音效的烘托,让听众感受到故事中的人物形象和思想情感。

10. 巧用音效

作为纯声音艺术的微广播剧,音效起着至关重要的作用,可以运用丰富的声音元素来增强作品的艺术个性。通过音效与剧情的有机结合,可营造出逼真的场景氛围,增强听众的代入感,甚至使听众产生身临其境的感觉。音效的运用必须真切自然。

11. 创新叙事

微广播剧在叙事手法上要善于创新,打破传统的叙事模式,可以采用非线性叙事、多视角叙事等叙事手法来呈现,从而使讲述故事的方式更加新颖,剧情更加精彩。同时,通过精巧的音效设计和剪辑,营造出独特的听觉体验,增强作品的艺术感染力。

12. 风格独特

微广播剧的创作者可以将自己的个人风格和艺术审美融入作品中,使作品具有独特的个人特色。这可以体现在语言风格、情感表达、节奏把控等各个方面，从而使作品具有鲜明的辨识度。

13. 打磨细节

艺术创作成败决定于细节。微广播剧的品质优劣往往是在细节中体现出来的。创作者需要注重对剧中人物对话的合理性、逻辑性，对剧情细节的真实性，对叙事节奏的把控，音效的精细处理等方面，进行仔细斟酌、推敲、打磨，使作品在每个细节上都真切自然，从而提升作品的整体艺术品质。

14. 唯声表达

基于微广播剧只能通过声音这唯一的元素来表达剧情、塑造人物、彰显主题，因此，在剧本写作时必须考虑其"唯声性"，写景、状物、塑人、叙事都必须考虑听众只能用耳朵聆听声音，产生联想和想象来实现审美，必须将剧中一切可视性的内容转换成可听性。

较之其他叙事类文艺作品，微广播剧除了其唯声性（只用声音来建构场景、刻画人物、渲染气氛、推进剧情）之外，在叙事结构上是一致的，同样讲究情节的起承转合，遵循叙事的三段式原则，也将剧情分为开头、中间、结尾（即"凤头、猪肚、豹尾"）三部分。

微广播剧的剧本创作之所以要遵循"凤头、猪肚、豹尾"的叙事规律，是因为这样能够有效地引导听众迅速进入剧情并保持浓厚的兴趣和持续的期待，作品结束时仍会回味。

"凤头"是强调微广播剧要有个精彩华丽的开头，能够在短时间内迅速抓住听众的耳朵。微广播剧的开头部分通常会巧妙地抛出一个悬念，或展示独特的角色，或设置匪夷所思的情节等，从而引人入胜。一个精彩的开头能为整个故事奠定良好的基础，使听众对后续内容满怀期待。

"猪肚"是要求微广播剧中间的故事主干内容要充实丰富并具有一定的规模和容量。微广播剧需要在有限的时长内讲述一个完整的故事，因此中间部分需要充分展开情节，刻画人物个性，展示故事背景等。微广播剧通过中间对丰富细节的描绘，营造出一个立体、生动的故事世界，使听众能够身临其境地领略故事的魅力。

"豹尾"则强调微广播剧结尾要简洁明快、刚劲有力，给听众留下深刻的印象。微广播剧的结尾通常需要有个提纲挈领的总结，交代主要人物的命运和故事的结局。一个有力的结尾能够使听众回味无穷，同时，简洁的结尾还能保持故事的紧凑性和节奏感。

二、微广播剧剧本写作技法

文艺创作是一种特殊而复杂的精神劳动和生产实践活动，是文艺工作者用个体的智慧和人生经验来引领受众寻找前行的力量、奋斗的勇气、智慧的源泉、生命的乐趣，微广播剧也不例外。需要强调的是，微广播剧创作中必须考虑其时长短、唯声性这两大因素。归纳起来，微广播剧剧本写作主要有以下技法可供参考。

（一）讲好"耳边的故事"

什么是"耳边的故事"？

微广播剧与传统的广播剧一样，是通过声音这种单一媒介来讲述故事、演绎剧情、塑造人物。它不像电影、电视剧那样不仅有声音还有画面,观众通过观看画面、聆听声音来欣赏故事。而微广播剧是听众完全依赖听觉产生联想和想象,在大脑里构建故事世界。这种以声音为主要传播手段的特点,使得微广播剧在讲述故事时更加注重语言的运用、音效的模拟和音乐的烘托,从而营造出一种由听觉体验产生的"耳边的故事"。

随着自媒体的广泛应用,无论是在收音机、电脑、手机还是其他音频设备上,听众都可以佩戴耳机等设备让微广播剧的声音直接传入耳中。这种亲近的收听方式,使得微广播剧的故事仿佛就在听众的耳边讲述,营造出"耳边的故事"的氛围。

那么,微广播剧如何讲好"耳边的故事"?

1. 甄选故事主题

故事主题是微广播剧的灵魂,决定了其传播的信息、情感和价值观。甄选一个好的故事主题,能够使微广播剧在极短的时间内向听众传达出深刻的思想内涵,从而引导他们进入故事的世界,感受其中的恩怨情仇、喜怒哀乐。

甄选故事主题有助于微广播剧形成独特的风格和品牌。在众多的作品内容中,一个具有鲜明主题特色的微广播剧更容易被听众记住和喜欢。通过选择符合自身定位和受众需求的故事主题,微广播剧可以建立起稳定的听众群体,形成品牌效应。

随着媒体形式的多样化和受众需求的不断变化,微广播剧需要不断推陈出新,以新颖、有趣的故事主题吸引听众。通过甄选具有时代性、创新性的故事主题,微广播剧可以保持其生命力和竞争力。

甄选故事主题还有助于微广播剧实现社会价值。通过选择具有社会意义和价值的故事主题,微广播剧可以引导听众思考社会问题,传递正能量,促进社会和谐。

总之,选好故事主题,是微广播剧创作中极其关键的一步。要想写出好的故事主题要注意以下几点。

(1)确定目标听众。首先要明确微广播剧的目标听众是谁,他们的年龄、性别、兴趣爱好、文化背景等特征是什么。根据目标听众的特点,选择能够引起他们兴趣的故事主题。

(2)情感共鸣与深度。选择能够触动人心、引发情感共鸣的故事主题,使听众产生共情与代入感。故事主题应具有一定的思想深度,能够引发听众的思考和反思,同时能提升微广播剧的艺术价值。

(3)时效性与普遍性。选择故事主题时,要考虑作品主题是否与当下热点、社会现象或重大事件相关,以增加话题性和社会关注度。同时,故事主题应具有普遍性,能够跨越时空和文化背景,吸引更广泛的听众群体。

(4)创新性与独特性。甄选故事主题,应尽量避免路人皆知的俗套内容,寻求新颖、独特的创意和角度。通过创新故事叙述方式、人物设定或情节安排,为听众带来新鲜脱俗的听觉体验。

(5)敏感性与包容性。微广播剧在选择故事主题时,要注意文化敏感性和包容性,避免涉及可能引起相关争议或冒犯他人的内容,应尊重不同文化背景下的价值观和审美习惯,展现多元文化的魅力和包容性。

2. 维持故事的精彩度

微广播剧的核心魅力在于其"微"而"精"。由于其时长通常限制在3~5分钟,最长不超过 10 分钟，这就要求故事在极短的时间内能够吸引听众的注意力，并通过紧凑的情节和精彩的对话持续吸引听众。精彩的故事情节是微广播剧抓住听众耳朵的关键，它能够在短时间内为听众展现一个完整而又神奇的世界。

微广播剧通常依赖口碑传播来吸引更多听众。一个精彩的故事更容易引发听众的共鸣和分享欲望，从而扩大微广播剧的影响力，因此，维持故事的精彩度对于微广播剧的传播和推广至关重要。要维持故事的精彩度需要做到以下几点。

（1）情节精练紧凑。由于时长限制，微广播剧的故事情节需要高度浓缩，凸显核心冲突，迅速展开剧情并进入高潮。应选择那些情感张力强、易于引发听众共鸣的故事，从而更好地吸引听众的注意力。

（2）人物形象鲜活。尽管微广播剧时间有限，但仍需要为听众塑造出鲜活、立体的人物形象。通过精练的对话和音效，突出人物的性格特点和情感变化，使听众能够在短时间内对人物产生深刻印象。

（3）利用声音元素。微广播剧以声音为主要媒介，因此，需要充分发挥声音的表现力。通过优质的配音、音效和背景音乐，营造出恰如其分的情感和氛围，使听众能够更深入地沉浸在故事中并产生身临其境的现场感。

（4）设定悬念高潮。编剧要善于在剧本中设置悬念，使听众对接下来的剧情发展充满期待。通过逐渐揭示信息、设置未知因素或矛盾冲突，引发听众的好奇心和探究欲，并安排合适的高潮点，让故事在关键时刻达到顶点，给听众带来强烈的情感冲击和满足感。

3. 保持故事的连贯性

微广播剧需要在极其有限的时间内完整地展现故事情节和角色发展。保持故事的连贯性能够确保情节发展的合理性和完整性，使听众在有限的时间内能够清晰地理解故事的主线，从而更好地融入故事中。

连贯的故事能够增强听众的代入感和沉浸感。当故事情节紧凑、逻辑清晰时，听众更容易跟随剧情的发展，与角色产生情感认同。保持故事的连贯性有助于提升微广播剧的艺术价值，也有助于作品的传播和推广。

1）明确故事与结构

在进行微广播剧剧本创作时，编剧确定故事的主线、支线和关键节点，确保故事发展的逻辑性和连贯性，采用合适的叙事结构，如顺叙、倒叙、插叙等，使故事条理清晰、层次分明。

2）注意情节的衔接

微广播剧各个情节之间要确保过渡得自然流畅，避免突兀的转折和跳跃，以免听众误解剧情或"出戏"。可通过对话、旁白或音效等手段，实现情节之间的无缝衔接，使故事呈现出一个完整的叙事体系。

3）感同身受的情节

微广播剧是通过声音来传递信息，听众借助人物语言、音乐、音效等声音元素产生联想与想象，形成感同身受的情节，从而用心灵的"眼睛"观看剧情。这就要求编剧精心设计故事情节，自然地展示人物的性格特点、思想情感以及社会背景等多方面的信息，从而确保故事连贯而完整。

4）起承转合流畅

尽管微广播剧的时长较短，其故事情节必须在紧凑且富有张力的节奏中完成起承转合的发展逻辑。每个情节和细节都环环相扣，前后连贯。应避免出现突兀的转折或逻辑漏洞，确保听众能够顺畅地接受、理解并认同故事的发展脉络。

（二）写活"想象中的人物"

听广播剧不像观看戏剧或影视作品那样，人们可以借助眼睛真切地看到剧中的每一个人物，而是只能凭借广播剧中人物的声音、环境的声音以及背景音乐来感受剧情的发展，用心灵来"观看""想象中的人物"的喜怒哀乐、悲欢离合。

德国广播剧理论家汉斯约格·史密特纳曾言："广播剧只能听不能看，并不是一种缺陷或不足。相反，正是这种限制，使它出奇制胜。它通过语言，在听众'内在的眼睛'面前，塑造了种种形象。比如广播剧可以出色地表现希腊神话里的达芙妮女神怎样把自己变成月桂树。而在舞台上、电影里却不能，它们永远不能像在广播剧里那样使我们的眼光自由地从这个大陆转向那个大陆，从这个海峡移往那个海峡。"也就是说，广播剧用唯一的声音元素构建的故事世界和剧情人物，都是"听众'内在的眼睛'"所看到的。

微广播剧编剧如何写活"想象中的人物"呢？

1. 刻画人物个性特征

1）提炼人物的核心特质

人物性格是一个极为复杂的动力结构系统，在微广播剧中，提炼人物的核心特质，有助于在极短的篇幅内有效地突出人物的特点，而微广播剧时长有限，我们需要提炼出最能代表人物特点的一两个核心特质，并围绕这些特质来构建人物的言行举止。这样，即使在简短的剧情中，听众也能迅速理解并记住人物的个性特征。

微广播剧需要在有限的时间内传达完整的故事情节和人物特点。提炼人物的核心特质可以帮助编剧抓住人物的关键特点，避免在细节上过多纠缠，使人物形象更加集中、突出，增强角色的辨识度，并使人物形象更加鲜明、立体。

核心特质是人物性格的精髓，能够展现人物的独特性和鲜明个性。通过提炼核心特质，可以凸显人物与其他角色的差异，使听众在听剧过程中能够迅速理解和记住人物特点，增强对角色的认同感。

核心特质也有助于构建人物的行为模式和情感反应，使人物在微广播剧中的表现更加连贯、自然。通过围绕核心特质展开情节和对话，可以使人物在特定情境下做出符合其性格特点的决策和行动，增强角色的可信度和说服力。

2）用对话展现人物性格

对话是人物内心的直接反映。人物在对话中的言辞、语气、语调等都能直接体现其性格特征。例如，一个性格急躁的人可能会用简短、直接的语言表达观点，而一个性格沉稳的人则可能采用措辞谨慎、深思熟虑或委婉的方式来表达。通过对话，听众能够迅速捕捉到人物的性格特点。

对话可以揭示人物之间的关系和冲突。在微广播剧中，人物之间通过对话中的交锋、争吵、协商等情节，听众能够感受到人物性格的多样性和复杂性，从而更加深入地理解人物。

对话还能够展现人物的成长和变化。在微广播剧的剧情发展中，人物的性格可能会随着情节的发展而有所变化。通过对话的递进和转折，可以展现出人物在经历事件后的心态变化、情感波动以及性格成长，使人物形象更加立体和饱满。

编剧还可以通过人物独特的口头禅、语气、语调或者特定的行为方式来凸显其性格特点。

3）用音乐、音效强化人物性格

音乐具有独特的旋律和节奏，能够直接触及听众的情感，引发共鸣。在微广播剧中选用与人物性格相匹配的音乐，可以使听众更加深入地理解和感受角色的内心世界。例如，为性格刚毅的角色选择激昂的音乐，为性格温柔的角色选择柔和的音乐，都能有效地突出角色的性格特点。音效可以模拟各种声音和环境，为微广播剧增添真实感。运用音效，可以突出人物的行为特点和情感状态，使听众更加真切地感受到角色的存在。比如，通过模拟角色的脚步声、呼吸声等，可以让听众更加深入地理解角色的情感变化和性格特点。音乐、音效与人物语言的结合，可以形成丰富的声音层次，使人物性格更加鲜明。音乐、音效可以在人物对话、独白等关键时刻起到衬托和强调的作用，突出人物的情感表达和性格特点。

4）注重人物的行为细节描写

行为细节描写能够直接反映人物的内心世界。人物的行为往往受到其思想、情感和性格的驱动。通过描写人物的细微动作、习惯行为以及特定情境下的反应，可以揭示人物的内心世界，展现其独特的性格特质。

在微广播剧中，听众无法看到人物的形象，但通过聆听细致入微的行为细节描写，可以在脑海中形成对人物的生动想象，感受到人物的真实存在，增强故事的代入感。

行为细节描写还可以突出人物的性格特点和个性差异。不同的人物在面临相同情境时，可能会做出不同的反应和决策。通过描写这些差异化的行为细节，可以凸显人物之间的性格对比，使人物形象更加鲜明、生动，同时，可以推动故事的进展，使剧情更加紧凑、引人入胜。

5）通过情节设置展现人物性格变化

情节设置能够创造各种具体的场景和事件，使人物在特定的情境下展现出不同的性格特点和行为反应。这些情境和事件可以是人物面临的困境、挑战、冲突等，也可以是人物之间的关系变化、情感纠葛等。通过这些情节的设置，可以观察到人物在面对不同情况时如何思考、决策和行动，从而揭示其性格特点和成长轨迹。

在微广播剧中，人物的性格并不是一成不变的，而是随着剧情的发展而有所变化。通过情节的推进和转折，可以让人物在经历一系列事件后产生心态上的转变、情感上的波动以及性格上的成长。这种性格的发展变化，不仅使人物形象更加立体，也让故事更具有层次感和深度。

通过设计特定的情节和冲突，可以让人物的性格特点在关键时刻得到凸显和强化。例如，在危急时刻，一个勇敢的人物可能会挺身而出，展现出其坚定的性格和强烈的正义感；而一个狡猾的人物则可能会利用诡计来解决问题，展现出其机智和狡黠的一面。

一个精心设计、富有张力的情节，可以让听众更加关注人物的发展和故事的进展，使他们在短时间内产生强烈的共鸣和情感投入。通过情节的设置和推进，可以不断激发听众的好奇心和期待感。

2. 注重人物情感表达

微广播剧作为一种声音的艺术形式，主要依赖声音传达情感和塑造角色。由于听众无法看到角色的形象，他们只能通过声音来想象和理解角色的情感和内心世界，因此，情感的表达在微广播剧中尤为重要，它能够帮助听众更深入地理解和感受角色的情感状态，进而与角色产生情感共鸣。

人物情感是微广播剧故事情节发展的关键驱动力。情感冲突、变化和发展是推动剧情进展的重要因素。通过精心描绘人物情感的起伏和转变，编剧可以构建出紧张而又引人入胜的故事情节，使听众在短时间内就能感受和体验到剧中人物的情感冲突和变化。

注重人物情感的表达，还可以使微广播剧更具感染力和吸引力。真挚、细腻的情感表达能够打动人心，引发听众的共情与共鸣。当听众能够深刻感受到剧中人物的喜怒哀乐，他们就会更加投入地倾听故事，与剧中人物共同经历情感的波折与成长。

人物情感的表达也是塑造立体、鲜活角色的重要手段。通过深入挖掘角色的内心世界，展现其情感变化和心理活动，使角色更加真实、可信，并赋予其独特的个性和魅力，为听众带来深刻的情感体验。

微广播剧剧本创作，要写活"想象中的人物"，就必须注重人物情感的表达。那么，如何进行人物情感表达？

（1）深入了解角色。编剧需要对角色有深刻的理解，包括其成长历程、性格特点、生活背景、内心矛盾等方面。只有深入理解角色，才能准确把握其情感状态，并通过语言、声音等元素进行精准表达。

（2）语言描绘情感。语言是微广播剧传达情感的主要手段，因此，编剧需要运用丰富的词汇和修辞手法，生动描绘角色的情感状态。通过形象的比喻、具体的描述、细腻的心理描写等手段，将角色的情感恰如其分地呈现出来，使听众能够感同身受。

（3）增强情感表达。微广播剧是声音的艺术，因此，声音元素的运用对于情感表达至关重要，可以通过调整声音的音调、音量、语速等来传达角色的情感变化。例如，当角色感到悲伤时，可以使用低沉、缓慢的语调；当角色感到兴奋时，则可以使用高昂、快速的语调。

（4）注重情感节奏。人物情感并不是一成不变的，它会在不同情境下发生波动和变化。编剧需要精心设计角色的情感变化过程，注重情感层次的递进和情感的节奏控制。通过起伏有致的情感表达，使角色情感更加丰富多样，听众也能够更好地感受到情感的起伏和变化。

（5）情感结合剧情。情感表达需要与剧情发展紧密结合，通过情节的设置和推进来展现角色的情感变化。编剧可以根据剧情需要，设计合理的情感冲突和转折点，使角色在特定情境下展现出独特的情感状态，进而推动故事的发展。

（6）语言精练生动。微广播剧因受时长限制，语言必须精练而有力。编剧需要运用生动的语言，通过简短的对话和描述来展现人物的个性与情感，同时，要注意语言的节奏和韵律，使之与人物的形象相符合。

（三）精心结构剧情

1. 微广播剧的结构

微广播剧的结构，与传统广播剧大致相同，但由于其微时长和微制作的特性，其结构往往更为紧凑和精练。以下是微广播剧结构的主要组成部分。

1）开头

微广播剧通常以简洁明了的开头引入剧情，包括介绍故事背景、主要人物和情节走向，同时巧妙地设置悬念。这样的开头能够帮助听众迅速进入故事情境，对即将展开的故事产生兴趣。

例如：微广播剧《脚写的血书》[①]：

解说：1929年5月19日，红四军军委委员、中共莲花县委书记刘仁堪和莲花县委妇运部部长颜清珍等人被叛徒告密而被捕后，面对敌人种种酷刑而宁死不屈，于是被五花大绑押到了莲花县城南门大洲上，准备斩首示众。土豪劣绅李成荫和国民党莲花县县长邹兆衡抱着最后一线希望来到刑场，由刘仁堪的堂兄、国民党莲花县党部头目刘启沛充当说客，企图诱降刘仁堪。

【莲花县城南门大洲上，隐隐约约的人声、风声、马嘶声构成背景音。】

李成荫（吆喝）：大家看看，赤匪头目刘仁堪、颜清珍，斩首示众！（转向身边的邹兆衡）邹县长，今天来的人不少，正好杀鸡给猴看！

邹兆衡：李财主说得对，这就是起事造反的下场……

2）发展

在剧情发展部分，通过人物对话、情节推进和场景切换等方式，展现故事的主要内容和冲突。这部分通常包括多个小高潮，通过人物的矛盾冲突，推动故事向前发展。

例如：微广播剧《命系国宝》[②]：

解说：赵忠尧教授从清华园取出镭前往长沙的途中，他装扮成乞丐，背着一个包袱，包袱里装着一个酸菜坛子，坛子里装着那50毫克镭，来到了一个沦陷区的哨卡。

【哨卡的日本兵在对路人的盘问声、马的嘶鸣声、群杂声。】

日本兵乙：（用蹩脚的汉语高声吆喝）站住！什么的干活？

赵忠尧：我要回家安葬母亲。

日本兵乙：良民证的有？

赵忠尧：有，在北平被皇军撕毁了。

日本兵乙：哟西。（用枪刺敲了敲酸菜坛子"当当当"）这里，什么的有？

赵忠尧：哦，这是我的包袱，里面装的是衣物。

日本兵乙（厉声）：打开看看！

【赵忠尧将包袱放下、打开的声音，日本兵乙搜查的声音，突然发现酸菜坛子，便惊叫。】

日本兵乙：啊！炸弹——

[①] 微广播剧剧本《脚写的血书》的作者系广州大学喻彬。

[②] 微广播剧剧本《命系国宝》的作者系广州大学喻彬、颜凯诗，该剧话剧版《火种》《命系国宝》分别获得2022年第二届"锦绣中华　大美岭南——传承岭南文化、讲好岭南故事"网络视听节目优秀舞台剧奖；第七届广东省大学生艺术展演戏剧类甲组二等奖。

【话音未落,日本兵卧倒在地上的声音。】

赵忠尧:不是炸弹,一只酸菜坛子。

3)高潮

在剧情发展的关键节点,通常会出现一个或多个高潮部分。这些高潮部分通过加强音效和背景音乐,提升人物情感表达等方式,使故事达到顶点,给听众带来强烈的情感冲击。

例如:微广播剧《命系国宝》:

解说:历经千辛万苦的赵忠尧,衣衫褴褛、蓬头垢面、摇摇晃晃地来到长沙临时大学校门口。

【远处的人声、由远及近的跟跟跄跄的脚步声、木棍在地上拖着的声音。】

门卫(吆喝):叫花子,走远点,别过来!

赵忠尧:我要找梅校长!

门卫:走走走!你个叫花子有什么资格见梅校长?

4)结尾

微广播剧的结尾通常简洁而有力,既要对故事进行总结,又要给听众留下深刻的印象。有时,结尾还会设置悬念或留下未解之谜,引发听众的想象和期待。

例如:微广播剧《命系国宝》:

赵忠尧:50毫克镭,就在这里……

梅贻琦:赵兄的家国情怀、民族大义,是我们学习的榜样啊!

林徽因:赵教授是我们中华民族的精神旗帜!

赵忠尧:岂敢岂敢!

梁思成(哽咽):从北平到长沙,徒步一千多公里。

梅贻琦:为了这五十毫克镭,吃尽了苦头啊!

林徽因:这五十毫克国宝,可是重于泰山啊!

梅贻琦:这是我们壮国强兵的火种!

梁思成:有了这火种,就有希望!

赵忠尧:就可以驱逐倭寇,重振山河,复兴中华民族!

赵忠尧、梁思成、梅贻琦(同声):复兴中华民族!

2. 微广播剧的剧情设置

基于微广播剧的"微"和"精"的特性,需要在有限的时间内呈现一个完整且精彩的故事。那么,微广播剧应该如何设置剧情呢?

(1)明确主题目标。主题是微广播剧所要表达的核心思想或主要内容,目标是希望通过微广播剧传递给听众的信息或情感体验。明确的主题与目标有助于确定情节构建的方向,保持剧情发展的连贯性。

(2)精准设定人物。人物是广播剧情节的核心驱动力,他们的动作、对话与内心世界构成了广播剧的情节线索。因此,需要明确每个人物的性格特点、目标和冲突,以及他们之间的关系,通过人物之间的冲突与合作,推动剧情的发展。

(3)情节紧凑有张力。由于微广播剧的时间限制,情节需要简洁明了,应避免冗长的铺垫和复杂的支线。此外,为了抓住听众的注意力,剧情中应加强悬念和冲突的设置,使故事更具魅力。

（4）善用配乐和音效。在微广播剧中，音乐和音效能够增强情感的表达，创造氛围和场景的转换，使听众投入到故事情节中。在情节构建过程中，需要考虑何时使用配乐和音效，以及如何选取合适的音频素材。

（5）精心设计语言。在微广播剧中，语言包括对白、旁白、独白、解说等各种人物语言形态。在剧本创作中需要精心设计语言，对白应简洁明了，富有表现力，能够体现人物个性和推动剧情发展；旁白和独白用于补充信息、揭示人物心理活动、介绍或推动剧情转折变化。

3. 微广播剧的场景切换

微广播剧中的语言、音乐、音响是用于切换场景的重要手段，其中，语言包括对白、旁白、独白、解说等。

（1）解说切换。这是最常见也是最简易的切换场景方法，它直接用解说来交代剧情中的时间、地点和情节的变化。

例如：微广播剧《英雄梦想》[①]：

解说：2021年9月19日，广州88岁的凌奶奶和儿子凌华、孙子杰仔来到殡仪馆，领取老伴凌汝材的骨灰。可是，奇怪的事情发生了……

（2）音乐切换。这种方法是采用两种不同情感节奏的音乐来表达两个不同的时间和场景，同时，结合剧中人物的台词。

例如：微广播剧《就义前的童话》[②]：

全赓靖：道不同，不相与谋！

监狱长：可惜呀！你骨头再硬也顶不住枪子儿呀！

【一串踉跄的脚步声、铁链声响出了审讯室，声音渐去渐远。隐隐响起《国际歌》："英特纳雄耐尔就一定要实现……"】

【"砰砰"两声枪响，渐渐地湮没在由弱渐强的《国际歌》的歌声里。随即传出叶元桐清脆的声音。】

叶元桐：（欣喜地）哦，枪响了，一定是妈妈把狐狸打死了，兔子兄弟安全了！（喜极而泣）妈妈也快回来喽，妈妈也快回来喽……

（3）台词切换。用剧中人物的台词对场景时空变换进行介绍，也是常用的场景切换手法，通常会结合音效的渐隐、渐显等效果一起来呈现。

例如：微广播剧《英雄梦想》：

凌汝材：这人一直东张西望，根本就没在看电影。双手一直揣在兜里，很可疑啊……

凌奶奶：说不定人家在等人呢。

凌汝材：你坐着别动，我去报警。

凌奶奶：（嗔怨地）少管闲事，你还真把自己当英雄了！？

凌汝材：嘘——不怕一万，就怕万一。我走了。

---

① 微广播剧剧本《英雄梦想》的作者系广州大学喻彬、于卓琳。
② 微广播剧剧本《就义前的童话》的作者系广州大学喻彬、黄捷、姚秘秘，2021年在广东高校大学生讲南粤红色故事音视频作品征集大赛中荣获一等奖。

【"噔噔噔"疾步踏着木板楼梯上楼的脚步声，拨打转盘电话机的声音以及等候对方接听的声音。】

凌汝材：喂——

黄流：你好，我是永汉北派出所警察黄流。

（4）音效切换。在微广播剧中，常常利用音效来表达时空的转换。

例如：微广播剧《英雄梦想》：

全赓靖：（强作镇静、抑制悲伤）咪咪，你已经十一岁了，你是妈妈最坚强的女儿！好样的！

叶元桐：（抽噎着）嗯嗯——妈妈，我等你回来……

狱卒：（不耐烦地）别磨蹭了！走吧！

【随即响起脚镣铁链在地上拖着发出的冰冷的金属碰撞声以及凌乱的脚步声，声音渐远……】

（5）综合切换。综合切换场景是指通过语言、音乐、音效三大声音元素的有机组合，来表达剧情中的时间和空间的转换。

例如：微广播剧《清官嫁女》①：

【在隐隐的群杂声中又掠过几声乌鸦苍凉的叫声。】

刘氏：官人，这乌鸦在叫，不是好兆头啊！

吴隐之：（低声）娘子，别在意这些。（高声对岸上的百姓）父老乡亲们，你们多保重，后会有期！

群杂声：吴大人保重！后会有期！一路顺风……

吴隐之：（大声）开船！

船夫：（吆喝）好嘞！开船喽——

【岸上舞狮队的锣鼓声、群杂声、百姓的祝福声、送别声渐去渐远，直到消失，换来"哗哗"的浪涛声和几声清晰的乌鸦叫声，继而狂风大作的声音。】

船夫：（高声）大人，起大风了，大家都到船舱里去，坐稳点！

吴隐之：好嘞，多谢船主，你也要当心啊！

三、微广播剧剧本范例

（一）范例一：《脚写的血书》

脚写的血书

扫码阅读

---

① 微广播剧《清官嫁女》剧本作者是广州大学喻彬，其话剧版《嫁妆》获得广东省第五届大学生艺术展演舞台剧二等奖。

（二）范例二：《命系国宝》

命系国宝

扫码阅读

（三）范例三：《英雄梦想》

英雄梦想

扫码阅读

（四）范例四：《就义前的童话》

就义前的童话

扫码阅读

（五）范例五：《清官嫁女》

清官嫁女

扫码阅读

思考与练习

1. 每人写一部微广播剧剧本并提交。

2. 同学们自行邀约 6 人一组，原创一部时长 5～10 分钟的广播剧，在自媒体平台上发布，老师将择优在课堂上点评。

第六章

网剧概述与网剧剧本写作

第一节　网剧概述

一、网剧的定义

网剧，又叫网络剧、网络自制剧，是专门为网络平台拍摄制作的、通过互联网传播的一种新型剧种。它包括单元剧和连续剧两种形式。

（一）网络单元剧

网络单元剧也被称为网络大电影，简称"网大"。它是时长在 60 分钟以上，制作比较精良，故事结构完整的纯网络平台发行的电影。

2014 年，爱奇艺正式提出了"网络大电影"的概念："时长超过 60 分钟，制作水准精良，具备完整电影的结构与容量，符合国家相关政策法规，以互联网为首发平台的电影。"这一概念的提出，标志着网络大电影这种新兴的电影形态正式进入公众视野。网络大电影主要通过付费、会员服务的方式进行变现。这与主要依赖广告盈利、观众免费观看的微电影形成了鲜明对比。

网络大电影与传统的院线电影相比，在题材、类型和内容上具有更大的自由度。院线电影有着相对严格的审查标准和要求，譬如，僵尸、灵异、志怪之类题材的电影是难以在院线上映的，而网络大电影的审查标准相对低一些。

网络大电影的制作成本相对较低，投资规模一般在几十万到几百万元，不需要大规模造景，制作和拍摄周期也相对较短。这使得更多的中小成本电影能够以网络大电影的形式找到出路。

在盈利模式上，网络大电影和院线电影不同的是，不是靠院线票房收入，而是靠观众的有效观看量获得收益。视频网站根据影片的有效付费点播量给出品方结算分成收益。近年来，随着网络的普及和移动客户端的应用推广，网络大电影发展迅猛，逐渐成为中国电影产业的一股重要的新生力量。

2011年，片长只有51分钟的《青春期》系列电影以付费形式在线播放，被视为网络大电影的开端。直到2014年，爱奇艺正式提出了"网络大电影"的概念，真正标志着网络大电影时代的开启。

这一时期，网络大电影主要以小投资、差异化需求为主，侧重于满足别样、小众的内容需求，题材以"新、奇、怪"，如僵尸、鬼怪、穿越、仙侠、玄幻等为主。这种以娱乐为导向的内容及其快餐式消费属性，吸引了大量年轻观众。譬如，2015年的《道士出山》就是一部以小搏大、获得巨大成功的网络大电影。这部电影从剧本创作到制作完成，历时不足两个月，制作成本仅为28万元，却在网络上获得了2.2亿的点击量，创造了2400万元的收入。

进入2016年以后，网络大电影的制作成本开始提升，管理政策也渐趋规范，网络大电影逐步走向精品化。与此同时，现实主义、主旋律题材的网络大电影也开始崭露头角，如《硬汉枪神》《中国飞侠》《毛驴上树》等这些电影在视听市场上的反响良好。

从题材类型来看，网络大电影在动作、奇幻、冒险等类型上占据重要比重。同时，IP系列电影也逐渐成为分账主力，譬如"西游"系列、"封神"系列、"鬼吹灯"系列等。然而，随着市场的饱和以及观众口味的多样化，网络大电影也开始寻求创新和突破，如通过原创内容和口碑的积累来吸引观众。

(二) 网络连续剧

网络连续剧，又被称为网络剧、网剧，是一种专门通过互联网平台播出的连续剧形式。网剧的制作和发布方式与传统电视剧有所不同，通常由独立制作公司或网络平台制作和发行。网剧较之传统连续剧体量较小，每部作品10～30集，每集时长20～40分钟，使用互联网技术进行在线播放或下载观看。网剧的主要受众群体是年轻人，因为他们习惯于通过移动设备或电脑观看视频内容。

网剧是随着互联网技术的发展和普及而兴起的新型剧种。与传统的电视剧相比，网剧具有更高的互动性和便捷性，观众可以随时随地通过互联网观看，并可以根据自己的喜好选择性观看。同时，网剧的制作成本相对较低，制作周期较短，因此能够更灵活地满足市场需求，适应观众口味的变化。

近年来，随着网络视频平台的快速发展和观众观看习惯的改变，网剧已逐渐在中国电视剧市场占据重要地位。许多优秀的网剧作品不仅在互联网上获得了极高的点击量和口碑，还成功引发了社会的广泛关注和话题讨论。

2000年，中国诞生了第一部网络剧《原色》，标志着网络剧在中国正式起步。2009年，优酷网推出的《嘻哈四重奏》和土豆网推出的《Mr. 雷》等网络剧开始受到广泛关注，这些作品标志着网络剧开始尝试进行专业化运作。2010年，土豆网投资制作的《欢迎爱光临》等作品的出现，进一步展示了网络剧发展的新趋势。

专业化视频网站和手机客户端的蓬勃发展，为网络剧在互联网和移动互联网时代的发展提供了及时、便利的传播条件，大量的网络剧开始涌现，它们主要关注老百姓自己的生活，具有较强的草根性。同时，随着经济社会的不断发展，人们对精神生活的追求不断提高，对网络剧的观剧和审美需求也日益增长。

2013年，网剧市场最引人注目的大都是"段子剧"，如优酷的《报告老板》等。这些剧集短小精悍、故事背景年代不固定、情节不连续，每集类似于小品，多数为棚拍和室内制作。

2014年，爱奇艺开始重点发展网络剧业务。随后，各大视频网站纷纷加大投入，自制网络剧逐渐成为主流，网络剧的制作水平和品质得到了大幅提升，出现了众多优秀的作品，如《盗墓笔记》《琅琊榜》等。

2015年以来，我国网络自制剧发展迅猛，2015年呈井喷之势，自制剧数量突破5000集，与2009年相比，增长250倍。

2023年，我国网络剧市场依然繁荣，涌现了《长月烬明》《长相思》《玉骨遥》《云之羽》《宁安如梦》《一念关山》等优秀的网剧作品。网络剧的题材和类型更加丰富和多元，古装剧的比率比现代剧高。

二、网剧的特性

较之传统的电视剧，网剧有其独特性，使其在内容、制作、传播、观看等方式上都有所不同。以下是一些网剧的主要特性。

（1）互动性。网剧通常具有更强的互动性，观众可以通过弹幕、评论、点赞等方式与剧集播出平台进行实时互动，表达自己的观点和感受。这种互动性不仅增强了观众的参与感，也使得作品的制作方能够更直接地了解观众的反馈意见和观赏需求。

（2）灵活性。网剧在制作和播放上具有更大的灵活性。制作方面，网剧在制作周期上通常没有传统电视剧那么长，在审查方面相对宽松，因此，在创作方面，可以更快地推出新的作品。播放方面，网剧和网络视频平台达成合作，作品即可上线播映，观众可以随时随地在线观看，也可以下载观看，不用像传统电视剧那样受固定播放时间的限制。

（3）多样化。网剧在题材、风格、剧情等方面都更加多样化。由于网络平台的开放性和包容性，网剧可以涵盖更广泛的内容领域，包括一些在传统电视上难以呈现的题材和故事。此外，网剧的制作方也更加注重创新和尝试，不断推出新的制作模式和艺术风格。

（4）社交性。网剧通常具有较强的社交性，观众可以通过社交媒体分享自己的观看体验、讨论剧情和角色等，形成一定的社交圈子和话题效应。这种社交性不仅增加了网剧的曝光度和影响力，也使得观众在观看过程中能够获得更多的乐趣和共鸣。

三、网剧的优势

相对于传统电视剧来说，网剧具有如下几点优势。

（1）渠道多。网剧通过互联网平台进行传播，除了主流的视频网站，如爱奇艺、腾讯视频、优酷等之外，社交媒体、短视频平台等都可以成为网剧的播放渠道。这种多渠道传播的方式使得网剧能够覆盖更广泛的受众群体，提高曝光率和影响力。

（2）传播快。互联网的传播速度非常快，网剧一旦上线，观众可以第一时间通过网络观看到最新剧集。此外，通过社交媒体、短视频平台等渠道的分享和传播，网剧的传播速度非常迅速。这种快速传播的特点使得网剧在短时间内就能积累大量观众和话题热度。

（3）题材宽。由于网络平台的开放性和包容性，网剧可以涵盖更广泛的内容领域，包括一些在传统电视剧中难以呈现的僵尸、灵异、志怪等题材和故事。这使得网剧在题材和风格上更加宽泛和多样化，能够满足不同观众的口味和需求。

（4）受众广。网剧通过互联网传播，不受地域和时间的限制，可以覆盖全球范围内的观众。同时，网剧在题材、风格等方面的多样性也更容易吸引不同年龄、性别、文化背景的观众，这使得网剧具有更广泛的受众群体，为剧集的成功打下了坚实基础。

（5）投资少。相比传统电视剧，网剧的制作成本通常更低。这主要是因为网剧通常采用更简单的拍摄手法，无须强大的演员阵容，同时也不需要承担传统电视剧高额的发行和宣传费用。这种低成本的投资模式使得更多的独立制作人和年轻导演有机会进入网剧制作领域，进而推动了网剧的创新和发展。

（6）风险低。由于网剧的制作成本较低，因此相对于传统电视剧来说，网剧的投资风险也较低。即使剧集未能获得预期的收益或观众反响平平，制作方也能在一定程度上控制损失。这种低风险的投资模式使得更多的制作方愿意尝试网剧制作，从而推动了网剧市场的繁荣。

（7）市场大。随着互联网的普及和观众观看习惯的改变，网剧市场逐渐扩大。越来越多的观众选择通过互联网观看电视剧，这使得网剧市场具有巨大的潜力。同时，随着国内外市场的不断开拓，网剧的市场空间还将进一步扩大。

（8）利润高。虽然网剧的制作成本较低，但由于其广泛的受众群体和快速的传播速度，网剧往往能够获得较高的收益。此外，网剧还可以通过多种方式进行盈利，如广告赞助、付费观看、版权销售等，网剧这种高利润的特点吸引了越来越多的制作方和投资者进入网剧领域。

四、网剧和电视剧的主要区别

网剧和电视剧在时长、篇幅、受众、传播介质等方面都有着较大的区别。通常网剧每集时长为20~30分钟，而电视剧每集时长一般是45分钟。电视剧的篇幅通常为20~60集，当然，也有上千集的电视连续剧，而网剧的篇幅相对就要短很多，一般是10~30集。网剧普遍篇幅较短的原因是体量过大不利于自媒体传播，同时也不适应当下受众碎片化的观看习惯。

网剧和电视剧的受众也有区别。电视剧的观众以家庭妇女、少年儿童和赋闲在家的老人为主；而网剧的观众群体主要是"90后""00后"的年轻网民，其中以女性居多。网剧的题材类型以喜剧、搞笑、都市、时尚、爱情、剧情、偶像、悬疑、青春、校园、古装、宫斗、科幻、仙侠、玄幻等为主，这些题材内容恰好与年轻人的喜好相契合。

归纳起来,网剧和传统电视剧主要有以下几个区别。

(1)播放平台。网剧主要在互联网视频平台上播放,如爱奇艺、腾讯视频、优酷等,而电视剧则主要是在电视台播出(近年来多数电视剧实行网台同播)。这使得网剧的观看方式更加灵活,观众可以随时随地在线观看,而电视剧如未与网络平台合作,则需要观众在特定的时间、地点通过电视进行观看。

(2)剧集时长。网剧的单集时长通常较短,一般在10~30分钟,而电视剧的单集时长则较长,一般在45分钟左右。这使得网剧在内容呈现上更加紧凑,剧情进展更快,而电视剧则有更多的时间和空间来展现故事发展过程、剧情细节和人物性格。

(3)题材内容。网剧在题材选择上更加灵活和多样,往往涵盖了某些电视剧较少涉及的领域,如悬疑、科幻、青春校园等。同时,网剧也更加注重内容的创新和个性化,以满足年轻观众的需求。而电视剧则更加注重故事的完整性和深度,以吸引更广泛的观众群体。

(4)制作风格。网剧的制作风格通常更加简洁、明快,注重快节奏和紧凑的剧情推进。同时,网剧更加注重画面效果和视觉冲击力,以吸引观众的眼球。而电视剧则更加注重细节呈现和人物塑造,追求画面的真实感和情感的细腻表达。

(5)观众群体。网剧的主要观众群体是年轻人,他们喜欢快节奏、轻松有趣的剧情和新颖的题材。而电视剧的观众群体则更加广泛,包括各个年龄段和不同文化背景的观众,他们更注重故事的完整性和思想深度,以及演员的表演水平。

思考与练习

观看网剧《回响》并写一篇千字以上的观后感,发布在自媒体平台上。

第二节 网剧剧本写作

一、网剧剧本写作要领

网剧在某种意义上来说,是小体量、高浓缩的电视连续剧,这就要求故事、人物、场景、时间高度集中,故事情节紧凑而又精彩。这和微电影剧本的创作方法相似,二者不同之处是,每一部微电影剧本都有完整的、独立的故事情节;而网剧(网络连续剧)剧本是由多集剧本组成的,每集剧本之间互相关联,人物和故事贯穿始终,需要情节机巧、悬念迭起、环环相扣,能够吸引观众看完一集后想观看下一集。

说到底,无论是网剧还是电影、电视剧,都需要一个有思想内涵的精彩的故事,这是决定作品成败的首要因素。

网剧剧本写作要领主要包括以下几个方面。

(1)确定主题卖点。在写作网剧剧本前,需要明确作品的主题和核心卖点,即故事想要表达的核心思想和吸引观众的关键点。这有助于在后续的写作过程中保持剧情的连贯性,提高网剧对观众的吸引力。

（2）设置矛盾冲突。矛盾冲突是所有叙事类文艺作品故事发展的原动力，是塑造人物形象的基础条件，也是作品的思想灵魂所在。矛盾冲突分外部冲突和内在冲突两个方面。外部矛盾冲突就是我们常说的剧情中的人物关系的纠葛、对立与抗衡；内部矛盾冲突则体现在人物内心世界的情感波折、心理挣扎和矛盾斗争等。网剧剧本创作也要设置矛盾冲突。

（3）塑造人物形象。网剧的人物形象应该鲜明、立体、亲切可感，具有独特的性格特点和行为方式。通过人物的性格冲突、情感纠葛等情节，可以推动故事的发展，并吸引观众的关注。

（4）设定精彩剧情。网剧的剧情应该精彩、紧凑且富有张力，在故事的推进过程中，注重情节的转折和高潮的设置。通过设置悬念、反转等手法，可以引发观众的好奇心和观看欲望，提高剧集的吸引力。

（5）突出网感元素。网剧作为互联网时代的产物，需要充分考虑网感元素，如热门话题、流行文化、网络热梗等。这些元素可以增加观众的共鸣和对作品价值观的认同感，提高剧集的传播度和影响力。

（6）对话简洁明了。网剧的对话应该简洁明了，符合人物性格和情境设置，避免过多的废话和冗长的描述，让观众能够轻松理解剧情和人物关系、矛盾冲突和剧情脉络。

（7）注重细节描写。网剧虽然以快节奏和简洁明快为特点，但仍需要注重细节描写。通过细节展现人物的情感、性格和环境氛围等，可以让故事更加生动、真实，提升观众的观看体验。

（8）适应市场需求。网剧作为娱乐产品，需要适应市场需求和观众口味的变化。在剧本写作过程中，需要关注观众的反馈，及时调整和优化剧本内容，以保持作品的竞争力和吸引力。

二、网剧剧本写作步骤

网剧剧本写作的步骤可以分为以下几个阶段。

（1）选题策划。首先必须明确网剧的主题、题材和风格，确定创作方向。同时，进行市场调研，了解受众喜好和市场需求，为题材的甄选、故事的构建等创作提供参考。

（2）剧本构思。对故事和剧情进行构思，确定故事背景、人物设定和剧情发展方向。在这个阶段可以通过头脑风暴、故事板等方式，梳理整个剧本的大致框架。

（3）搜集素材。可通过阅读书籍、观看电影和电视剧、浏览新闻和社会事件等来搜集素材和寻找创作灵感。这些素材可以来自真实故事、历史事件、个人经历或想象力的发挥。

（4）设置角色。角色是全剧故事的演绎者，应设置鲜活、富有个性的角色来推动故事的发展。角色的塑造应该符合故事的背景和情节，他们的目标、动机和冲突会产生戏剧性的张力。

（5）撰写大纲。在写剧本之前，要撰写总故事大纲和分集大纲。大纲是对整个故事脉络和场景进行梳理和规划的一个简要概述，包括关键场景、角色发展、情节进展等要素。

（6）创作剧本。开始写剧本时，先设定剧本的格式，如采用行动和对话的格式。剧本应包括场景描述、对话、角色心理和动作等元素，同时注重叙事节奏、情节转折和对话的质量，使观众对作品产生兴趣并持续关注。

（7）修改优化。编剧完成网剧剧本的初稿创作之后，需要进行反复修改，包括剧情、角色、台词和整体结构的调整、改进和优化。同时，可以请同行或专业人士对剧本提出修改意见，以不断提高剧本的质量。

（8）最终定稿。编剧完成剧本所有修订和优化后，整理出最终的剧本定稿，交给制片人、导演或相关人员进行评审和决定，等待他们对剧本提出修改或补充意见。

以上步骤只是网剧写作的一般流程，具体执行时可能会因项目需求和创作团队的特点而有所调整。

剧本是编剧写给导演、演员和剧务工作人员摄制作品时使用的蓝本，而不是给读者和观众看的。著名电影导演杜甫仁科曾言："电影剧本的作者是在纸上设计影片的总设计师。"因此，编剧只要将自己设置好的剧情用白描的手法清晰明了地表述出来，无须过多的文采和修饰，也不必过于细致地描述，要给导演和演员留下二度创作的空间。编剧的本分和职责就是将自己心目中未来的影视作品表述给导演，千万不能把自己当成导演，在没有和导演沟通好的情况下，把每个场景、每个镜头所有的设想都写进剧本里。

三、网剧剧本写作方法

（一）景物描写

网剧与影视剧一样，也是一种视听艺术，因此，剧本中的景物描写一定要考虑到作品画面的可视性，所有的景物首先必须是可以用画面呈现出来的。景物描写，要求具体明了，不能空灵、抽象、繁复。剧本写作不像写小说和散文，小说和散文中描绘景物的时候往往融入作者个人或者作品主人公的思想感情。譬如小说里写道："那是一个漆黑的夜晚，温柔的晚风夹杂着金秋果实的芬芳，向我拂来。"假如是网剧剧本，这里面的"温柔的晚风""果实的芬芳"纯属人物的感觉，无法在镜头中表现出来。作为视听艺术的影视作品，应确保观众能看见和听见。"漆黑的夜晚"，镜头呈现出来一片黑暗，也就失去了可视性。除非剧情需要特殊强调，一般不会设置"漆黑的夜晚"这样的场景。

（二）人物描写

1. 外貌描写

编剧在对剧中人物的外貌进行描写时，除交代特征之外，不需要过于详细，只要给导演和演员一定的提示就可以了。

2. 动作描写

网剧中的人物动作，是由演员的形体表现出来的，编剧根据剧情将有形的动作用白描的手法记录下来，供演员进行演绎。

设置人物动作，首先必须把握人物的思想情感和性格特征，这取决于编剧的社会阅历、对人性的洞察和对生活的理解能力。譬如，母亲节时，为了表现主人公对母亲的孝敬，不同的文化素质、不同的性格、不同的社会阶层各自有着不同的表达方式：有的人可能给母亲买一束康乃馨；有的人给母亲买一件厚实的棉衣；有的人可能会静静地独处一隅，面对着家乡，回忆童年时和母亲在一起的幸福情景……

编剧对人物的动作设置，只是供导演和演员了解和把握人物的个性，在表演时作为参考。实际上，现在的许多演员，尤其是大牌演员，不一定会按照编剧所设置的动作去表演，而会根据自己对角色的理解和领会再度创作角色的动作。

3. 心理描写

网剧是用闪回画面和声音来呈现人物的心理活动，通过视听效果传播给观众。它不同于小说可以直接用文字描述人物的心理活动（回忆、幻觉、想象、梦境、向往、憧憬、潜意识等），让读者通过对文字的领会产生联想，构建意境和美学空间。因此，再经典的意识流小说，诸如《喧哗与骚动》《追忆逝水年华》《尤利西斯》等，要拍成影视作品，难度都很大。

（1）用闪回画面和声音艺术地呈现人物的内心活动，展现人物的回忆、梦境、潜意识等复杂的心理活动。

例如：

90.会场后台休息室 内 日

王喜和顾刚一起进入休息室内。王喜诧异地看着休息室里面朝窗外的龙兴华的背影，待龙兴华转过身来，王喜面色大变。

王喜（惊奇地质问顾刚）："他怎么在这儿？"（说完就要往外走，被两名检警拦住）"老顾，这是怎么回事？"

顾刚："王副市长，你被拘留了！"

龙兴华："我告诉你是怎么回事——"

（闪回）

龙兴华和顾刚来到招投标大会会场。

龙兴华疯狂地冲向妻子和女儿，将蛋糕扔出去。

龙兴华母亲为儿子打听亲属买房信息，进城晕厥被送进医院，顾刚在病房外窃听龙兴华与村支书对话。

十二天前（打出字幕）：龙兴华约顾刚来到楼顶。

龙兴华："我当这个检察长，你不服，对吗？"

顾刚："不服。"

龙兴华："我需要你的帮助，我怎么相信你？"

顾刚："相信不相信，是你自己的事。我作为一个检察官，我的信念和职责，永远都不会动摇。"

龙兴华："我到底能不能相信你？"

顾刚："能！"

龙兴华："我没有看错人。顾检，说实话。第一仗我们实际上是输了。他们要杀人灭口，我们在明处，他们在暗处。而且，他们在我们身边安插了眼线。"

顾刚："那我们现在是没什么优势。"

龙兴华："有。"

顾刚："什么优势？"

龙兴华:"我们俩的不和。"

顾刚:"龙检,我再一次向你道歉。但这个时候,你千万别跟我开玩笑。"

龙兴华:"我没有开玩笑。"

顾刚:"那你我不和这是大忌呀!"

龙兴华:"大忌也可以变为优势。"

顾刚:"怎么个变法?"

龙兴华:"你听我说,巧妙地利用他们对咱俩之间的猜忌,有意地扩大咱俩的矛盾。也就是说,我们故意演一出戏给他们看。现在他们在拉拢你、排挤我,这正好给我们提供了方便。你就可以……"

顾刚(兴奋地):"好!就这么办。你这叫什么来着?"

龙兴华:"将计就计。"

两人一拍即合,双手紧握。

(闪回完)

会场后台休息室。

王喜(听完,冲着顾刚勃然大怒):"你也太卑鄙了!出卖老同学。你明明对龙兴华不服,还要委曲求全。拿我的血铺路。卑鄙!小人!"

顾刚:"刚开始时,我对龙兴华确实不服。可当我听了他全套计划之后,我告诉你,我服了!这个检察长,他比我当更合适。"

王喜(有恃无恐):"你们想怎么样?拘留我?哈哈哈,我犯了什么罪?证据呢?证据呢?!"

龙兴华:"你要证据吗?进来——"

检警开门,陆达成坐着轮椅由检警推着进来。

王喜惊恐地看着"复活"的陆达成。

王喜:"你……你怎么没死?!"

陆达成(轻蔑地盯着王喜):"你太希望我死了吧?我命大,被树挡了一下,没摔死。你还记得你的那部手机吗?那是一部再简单不过的老人手机,没有录音功能,你当时一定会想,即便是这部手机被人发现,也没法追查到你。可是这部手机却有免提功能;而我的手机却有录音功能。当我第二遍回拨给你的时候,我按下了我手机的录音键——"

(闪回)

在一个角落里,陆达成一手拿着一部智能手机,在免提功能状态下对话,一手拿着一部智能手机在录音。

陆达成:"喂,王市长……"

王喜的电话声音:"你放心,你的家人我都会照顾好的……"

(闪回完)

(节选自电影剧本《检察长》)

（2）用自言自语、内心独白或旁白的方式表达人物的心理活动。

例如：

17.时装店 外 日

时装店里摆满了各种各样的时装。翁莉正在挑选衣服，手机响起，她打开接听。

翁莉：您好，您是谁？

老大：我是医院的医生，您朋友出车祸了，我们从他手机里找到您的手机号，就给您打电话了。

翁莉：您是说吴志出车祸了？

老大：就是吴志，伤势很严重，再不动手术就有生命危险。

翁莉：那赶紧做啊！

老大：医院规定要先交费办理住院手续，才能做。您赶紧帮他交费吧，早一分钟做手术，多一份生命的希望。

翁莉：要交多少钱？

老大：十万元。

翁莉：我没这么多钱，我只能尽量想办法，我只是个学生。

老大：一个有良知的人，总不能看着朋友落难，见死不救吧？

翁莉：是的，是的。

老大：你只是帮他垫付一下，他钱包里有这么多银行卡，那辆被撞毁的车就是保时捷。看上去他经济状况应该不错，您就帮帮他吧。

翁莉（犹豫片刻）：你们是什么医院？我尽快凑钱送过来。

老大：市医院，先把住院费打过来吧，我们尽快给他做手术，争取抢救时间。

翁莉：账号是多少？

老大：我让财务给你说。（传来一个女人的声音）请记好，我们医院的账号是：6224 1014 2323……

翁莉用笔记着账号。

翁莉（内心独白）：对，应该打一下吴志的电话，核实一下。

翁莉拨手机继而听了一下。

翁莉（自言自语）：关机了，看来真的出车祸了。

（节选自电影剧本《危情电话》，刊于《中国作家》影视版2017年第6期）

（3）用蒙太奇画面组接的方式，揭示人物的思想情感。蒙太奇是电影的主要叙事手段和表现方法。蒙太奇原意为组合、装配，电影艺术上引申为镜头或画面的衔接、组织。它必须与演员的表演、电影造型以及声音有机结合。

用蒙太奇画面组接的方式展示人物的心理活动，也是一种常见的表现方式。

例如：

39.伪军营部 内 日

伪军团长何其龙逼视着刁老爷。

刁老爷冷冷地看着何其龙，手里不停地转动着两个琉璃球。

何其龙：你等着，证人马上就到了。

刁老爷没有理会，依然很镇静地转动着手中的琉璃球。

何其龙：看来你是不见棺材不落泪！

刁老爷突然冷笑着看着何其龙，依然不吱声，死寂的空间里琉璃球的碰撞声显得格外夸张。

何其龙开始面露不安，看着刁老爷手里转动的琉璃球，脸上的肌肉抽搐起来。

突然两个头破血流的伪军跌跌撞撞地跑进来。

刁老爷手掌里的琉璃球突然停住了，表情复杂地看着何其龙。

伪军甲：报告何团长，证、证人被、被杀了！

何其龙（震惊）：怎、怎么被杀了？！

伪军乙：有人先下手了。

刁老爷愤怒地站起，一言不发地走出门，手里的琉璃球又开始发出"咯吱咯吱"的碰撞声。

何其龙（连忙追上去）：刁老爷，误会了，请刁老爷包涵……

（节选自电影剧本《锄倭行动》）

（4）从剧中人物的主观视角展现其内心活动。主观视角，就是第一人称视角，即观察者的眼睛所能看到的视角。网剧常常从人物的主观视角展示其内心活动。

例如：

59.巷子角落　外　日

罗源和周勇被逼到一个角落了，他们死死地盯着那道虚掩的门。

罗源：我们出不去了，歹徒就在门外守着。

周勇：不行，我们不能在这里等死！

周勇说着捡起地上一个空纸箱，踮着脚走到门口。

罗源怔怔地看着周勇轻轻地把门拉开，将纸箱扔出去，没有任何动静。周勇跑出去，两声枪响，周勇倒在地上……（画面渐隐）

继而，周勇匆匆地跑进来。

周勇：快走，他们往南面跑了！快！

罗源如梦初醒，不明就里地跟着周勇跑了出去。

（节选自电影剧本《毒链》）

四、网剧剧本范例

回　响

第五集　突　破（节选）

编剧：东西

扫码阅读

思考与练习

1. 根据所学的网剧写作知识，每人写一部网剧故事大纲（1000～2000字）。
2. 根据自己拟写的网剧故事大纲，将其中精彩的桥段写成剧本（场数不限），在自媒体平台上发布，老师将在课堂上择优点评。

第七章

短视频概述与短视频脚本写作

第一节 短视频概述

一、短视频的发展历程

新媒体时代,百年光影艺术为短视频的发展奠定了基础。短视频沿用电影蒙太奇艺术手法再现大千世界,反映现实生活。以新媒体为传播载体的短视频已然成为移动互联网时代的新兴社交语言。

短视频的前身是微电影,微电影是短视频发展的雏形。2005年,胡戈对陈凯歌导演的电影《无极》以及一些网络视频进行大胆改编、另配台词、移花接木、重新混剪而成的网络恶搞短片《一个馒头引发的血案》;2007年,"筷子兄弟"肖央、王太利摄制的原创音乐短片《男艺伎回忆录》;2007年,宁浩导演、辛瑞娜编剧的喜剧短片《奇迹世界》等,都是我国早期的短视频。

当时的短视频,处于自发、无章、无序阶段,创作者的初衷更多的是满足自我表达欲,自娱自乐,同时满足观众的好奇心,换来一番好评或吐槽,经营意识普遍比较淡薄,即使有商业营销的念头,也没有变现的方法、途径和机制。早期短视频作品普遍存在版权意识不强的问题,譬如《一个馒头引发的血案》未经电影《无极》等著作权人许可就进行改头换面的混剪、炮制。

以下为我国短视频行业的发展历程。

1. 2011年:短视频行业的萌芽期

2011年,快手上线制作GIF功能,从此,短视频悄然兴起。然而,此时的长视频网站正处于蓬勃发展的黄金时期,大多数网络用户更倾向于观看影视剧等长视频内容。尽管如此,短视频行业依旧开始萌芽。

2. 2012年：短视频市场的初步探索

在这一年里，短视频逐步受到关注，但仍处于初步探索阶段。随着移动互联网技术的不断进步，短视频应用的雏形开始显现，一些小型短视频平台开始涌现，但尚未形成规模。同时，用户对短视频的认知和接受度也在逐渐提高，为后续短视频行业的爆发奠定了基础。

3. 2013—2014年：短视频平台爆火

自2013年起，秒拍、微拍、美拍、微视等主流短视频平台如雨后春笋般涌现，众多互联网公司纷纷涉足短视频领域。2014年，中国4G网络的正式商用为移动短视频应用提供了强有力的技术支持，传输速率的显著提升推动了移动短视频应用的快速发展。这一时期，短视频应用主要作为大型社交媒介的新增功能或为其他社交平台服务的独立剪辑软件，其工具属性较为突出。由于市场环境不够成熟等原因，短视频平台的推广进展缓慢，其内容相对单一。

4. 2015年：短视频市场的初步成熟与专业生产内容的尝试

在这一年里，短视频市场开始逐渐成熟，短视频平台的数量不断增加，用户规模也逐渐扩大。同时，专业生产内容（professional generated content，PGC）开始崭露头角，其内容品质相对更稳定，并呈现出个性化、多元化等优势。然而，由于当时的PGC生产仍处于摸索阶段，其内容生产模式与市场吻合度存在差距，导致PGC产品无法满足目标受众的审美需求。这一时期，短视频市场虽然热闹非凡，但仍处于初步成熟阶段，需要进一步的调整和完善。

5. 2016年：短视频行业的转机与井喷式发展

在政策、经济、技术、市场等大环境的推动下，2016年我国短视频行业的发展迎来转机，短视频的生产内容、传播形式、使用功能、商业模式等焕然一新。抖音、西瓜、火山等一大批短视频App相继上线，短视频行业呈现井喷式发展态势。这一时期，短视频平台和内容生产者如雨后春笋般涌现，短视频市场迎来了前所未有的发展机遇。

6. 2017—2018年：短视频行业的稳定发展与商业变现

2017年以来，我国短视频行业步入稳定发展轨道，投资商开始聚焦百度、阿里巴巴、腾讯等实力雄厚的短视频平台，并致力于探索短视频的商业变现机制。短视频市场逐渐形成了秒拍、快手和西瓜视频三足鼎立的局面。随着短视频行业的不断发展，其内容、形式、技术等都在不断迭代更新，以满足目标用户群体多样化的审美需求。2018年，短视频行业继续保持稳定发展态势，各大平台在内容创新、用户体验等方面不断发力，进一步推动了行业的繁荣。

7. 2019—2022年：短视频行业的高质量发展与电商营销体系的完善

2019年，我国互联网多频道网络（multi-channel network，MCN）机构纷纷入驻短视频平台，短视频行业进入高质量内容生产轨道。各大短视频平台对技术革新成果的应用，推动了短视频行业的艺术探索与技术创新。2020年，新型冠状病毒感染促进了短视频行业的发展，短视频直播带货成为电商营销的重要渠道。2021年，我国短视频行业进入健康有序的发展时期，抖音、快手"双雄争霸"的竞争格局逐渐形成。2022年，短视频行业发展进入快车道，形成了完善的电商营销体系，智能化运营、服务和管理以及可视化购物体验成为短视频行业的显著优势。

8. 2023—2024 年：5G、AI 技术赋能短视前景无限

进入 2023 年，我国短视频行业在政策引导、活跃用户规模稳定发展以及内容生态不断成熟的推动下，已经进入高速发展的快车道。然而，尽管短视频行业取得了显著成就，但仍面临知识产权保护、行业监管机制、同质化生产、青少年沉迷上瘾以及老年群体被虚假信息坑骗等诸多问题。

2023 年，中国政府继续加强对短视频行业的监管，出台了一系列政策以规范市场秩序，保护用户权益。这些政策不仅针对内容审核、版权保护，还涉及青少年保护、数据安全等方面，为行业的健康发展提供了法律保障。短视频用户规模持续扩大，但增速逐渐放缓。随着互联网普及率的提高，短视频已成为大众娱乐、获取信息的重要渠道。然而，用户增长的红利期已过，平台需要更加注重用户留存和活跃度提升。短视频内容生态日益丰富，涵盖了娱乐、教育、新闻、电商等多个领域。平台通过算法推荐、内容创作者激励等措施，不断推动短视频的内容创新和质量提升。5G 和 AI 技术的普及应用为短视频行业带来了更多可能性。高清视频传输、实时互动、智能剪辑等技术提升了用户体验，也催生了新的商业模式和应用场景。

2024 年，政府通过继续完善短视频行业的监管机制，加大对平台的监管力度，确保短视频内容合规、数据安全等方面得到有效保障，同时，也推动行业自律和标准化建设。随着用户需求的多样化，内容创新将成为短视频平台的核心竞争力。短视频平台需要更加注重内容的质量和多样性，以满足不同用户群体的需求。短视频平台的商业化模式将更加多元化，除了广告收入外，还将拓展电商、直播打赏、知识付费等新的盈利点。同时，短视频平台也将加强与品牌商家的合作，推动内容营销和品牌推广的融合。此外，5G、AI 等技术的融合应用将推动短视频行业的产业升级，例如，通过 AI 技术实现智能剪辑、内容推荐等功能的优化；通过 5G 技术实现高清视频传输和实时互动等功能的提升。

二、短视频的定义

短视频就是时长较短的视频，是继传统文本、图片、视频之后的一种新兴的影音结合的互联网内容传播载体。

短视频时长通常在几秒钟至几分钟之间，是适合在移动状态下的新媒体平台上播放和受众短时休闲状态下观看的影音内容。其主题包括社会热点、时尚潮流、经验分享、幽默搞怪、街头访谈、公益教育、广告创意、商业定制等。

短视频生产相对较为简单，它不同于长视频，不需要专业的技术团队、制作设备和较大的资金投入。短视频具有制作简易、成本低廉、参与性广、传播性强、主题单一、内容紧凑、即时消费等特点。在如今这个视频化阅读的自媒体时代，视频传播渐渐成为移动客户端的主要内容。浏览短视频成了广大用户主要的阅读和娱乐方式，这种普罗大众的碎片化娱乐消费的需求，自然存在强大的商业契机，这是 PGC 内容生产和经营的原动力。

三、短视频的优劣势

(一) 短视频优势

1. 内容简洁明了

短视频时长较短,一般在几分钟甚至数秒钟内就能传达完整的信息或故事情节。这种简短的形式使得观众能够迅速领会核心内容,无须花费大量时间和精力去阅读长篇文章或观看冗长的视频。

2. 易于传播与分享

短视频文件较小,便于在互联网上快速传输。借助社交媒体平台,用户可以轻松地将短视频分享给朋友、家人或更广泛的受众,实现信息的快速扩散。

3. 丰富的视觉体验

短视频结合了图像、音频和动态效果,能够创造出丰富、直观的视觉体验。相比文字和静态图像,短视频更能吸引用户的注意力。

4. 创作门槛低

随着智能手机和编辑软件的普及,越来越多的人能够轻松制作和发布短视频。这种低门槛的创作方式激发了用户的创造力,推动了短视频内容的多样性和创新性。

5. 互动性强

短视频平台通常提供点赞、评论、分享等互动功能,使得用户能够积极参与到内容的讨论和反馈中。这种互动性增强了用户的参与感和归属感,有助于形成良好的社区氛围。

6. 适应快节奏生活

在快节奏的现代生活中,人们往往没有足够的时间去阅读长篇文章或观看长视频。短视频正好解决了这一问题,为人们提供了快速获取信息的方式。

7. 营销效果显著

对于企业和品牌而言,短视频是一种高效的营销手段。通过短视频展示产品特点、品牌故事或促销活动,可以迅速吸引目标受众的注意,提高品牌知名度和销售额。

8. 文化多样性

短视频平台上的内容往往来自世界各地,展现了丰富的文化多样性。用户可以通过观看不同地区的短视频,了解世界各地的自然景观、风俗习惯、文化传统和社会现象。

9. 个性化推荐

短视频平台通常采用智能算法,根据用户的兴趣和行为习惯进行个性化推荐。这种个性化推荐机制使得用户更容易找到自己喜欢的内容,提高了用户满意度。

10. 教育教学价值

短视频在教育领域也发挥着重要作用。通过短视频可以生动形象地展示知识要点、实验操作或历史场景等,帮助学生更好地理解和掌握知识。

(二) 短视频的劣势

1. 质量参差不齐

由于短视频的创作门槛相对较低,大量内容质量不高、缺乏深度或创意的视频涌入平台，这会导致观众在观看过程中感到乏味或失望，降低整体的用户体验。

2. 信息过载

短视频平台的推荐算法往往基于用户的点击和观看行为，这可能导致用户被大量相似或重复的内容包围。长时间处于这种信息过载的环境中，可能会导致用户审美疲劳或因不堪其扰而焦虑。

3. 注意力分散

短视频的简短形式虽然便于快速获取信息，但也可能导致用户注意力分散，难以专注于长时间或复杂的学习或工作任务。这种注意力分散现象可能影响用户的生产力和创造力。

4. 版权问题

短视频平台上存在大量的用户生成内容，其中可能包含未经授权的版权材料，如音乐、电影片段或图片等。这可能导致知识产权纠纷和法律问题，对平台和创作者都构成潜在风险。

5. 隐私问题

短视频平台通常要求用户注册并提供个人信息，这些信息可能面临被滥用或泄露的风险；短视频平台传播的音视频、图片、文字等信息可能涉及个人隐私，于是也存在个人信息泄露和危害隐私安全的问题。

6. 依赖成瘾

短视频的即时满足感和社交互动可能使用户产生强烈的依赖性和成瘾性。长时间沉迷于短视频可能导致用户忽视现实生活中的重要事务，如学习、工作或家庭责任等。

7. 误导性内容

短视频平台上的内容往往经过精心策划和编辑，以吸引观众的注意力。这种精心策划的内容有时可能包含误导性或虚假信息，导致观众产生误解或做出错误的决策。

8. 影响青少年

青少年是短视频平台的主要用户群体之一，但他们的心智尚未完全成熟，更容易受到短视频中不良内容的影响。长时间观看短视频可能导致青少年缺乏足够的运动、社交、学习、思考的时间，对他们的身心健康造成负面影响。

9. 广告干扰

为了盈利，短视频平台通常会在视频中插入广告或推广内容，这些广告可能会影响用户的观看体验，降低整体的用户满意度。

10. 缺乏思考

短视频的简短形式鼓励用户追求即时满足和娱乐，而忽视对问题的深入思考和批判性思考。这种思维方式的转变，对用户的长期发展和个人成长有着一定的负面影响。

四、短视频的分类

（一）纪实类

我国出现较早的纪实类短视频是《外滩画报》前总编徐沪生于 2014 年 9 月 8 日在微信公众号上发布的一条短视频，后来称为"一条"（或一条视频、一条 TV），其内容是以超短纪录片的形式呈现的生活，通过优酷、土豆、腾讯等网站视频播放平台传播，每集时长

2~5分钟。

杭州二更网络科技有限公司从2014年11月30日开始，每天晚上20:00—21:00（"二更"时分）在微信、微博、今日头条、秒拍、美拍、网易、凤凰、腾讯、优酷等平台在线播放的一部原创短视频，每集时长3~6分钟，被称为"二更"短视频，也是纪录片类型。它将镜头对准现实生活中的人物，聚焦当下和人们生活密切相关却又被忽略的人文、温情、美食、风光、公益等内容。

"一条"和"二更"以纪录片的形式真实记录、精美呈现内容成功地开创了短视频传播变现的商业经营模式，使各大资本趋之若鹜，纪实类短视频百花竞艳。

纪实类短视频主要包括以下几种类型。

1. 纪录片型

纪录片型短视频是指专门聚焦某一具有新闻价值的人物或事件的短视频。这类时长在1~3分钟的纪录片形式的短视频，主题专一、内容完整、撷取精华、彰显旨趣。"一条"和"二更"是我国最早出现的纪录片型短视频。

纪录片型短视频往往将镜头聚焦公众所关注的事件或人物。譬如，2023年春节期间中央电视台综合频道热播电视连续剧《狂飙》之后，自媒体平台涌现大量的讲述《狂飙》中反派一号角色高启强扮演者张颂文大器晚成的艺术人生的短视频。再如，2023年1月28日，失踪106天的胡新宇遗体被发现后，自媒体平台相继涌现一系列有关对胡新宇失踪一案的质疑，以及公安机关公布胡新宇尸体鉴定结果的短视频。这些都是纪录片型的短视频。

2. 专访型

专访型短视频是指展示记者采访各行各业权威人士对相关行业热点话题或政策的解读、预测、评价、引导的短视频。譬如，玻璃大王曹德旺的《心若菩提》出版后，就涌现了大量的曹德旺接受记者专访的短视频，或讲述其糟糠之妻不下堂的故事；或分享其菩提情怀用于经商的案例；或解密为人、为商成功之道……再如，2023年春节档电影《满江红》上映后，就出现了大量的张艺谋谈《满江红》创作的专访短视频。

这类专访型的短视频相对来说关注度比较高，与粉丝的互动性也比较强。

3. Vlog型

Vlog就是英文video blog的缩写，是视频博客或视频日志的意思，就是用视频的方式来记录日常生活。2009年Vlog一词最早在美国出现时，被称为影像网络日志。2012年，美国社交商务平台YouTube上推出了第一条比较成型的Vlog。Vlog热度排名第一的是职业Vlogger（视频生活记录者）凯西·奈斯塔特，他在YouTube平台拥有逾千万粉丝，因此，奈斯塔特被誉为"Vlog之父"。

Vlog作为舶来品，2017年开始在中国流行起来。这种记录日常生活的纪实类的Vlog一般时长在1~5分钟，内容以展示自我生活方式、分享自己的人生经验、表达个人的三观为主，不需要事先撰写脚本、策划剧情、精心表演，因而显得真实感人，容易让观众产生共情和代入感。

Vlog型短视频包括以下几种类型。

（1）生活日志。短视频用户用来记录自己的日常生活趣事、劳动情景，如耕种庄稼、喂养牲畜、切菜做饭、亲子活动等。这类短视频如果内容新奇，容易引起普罗大众的关注，并产生认同感、亲切感甚至归属感。

譬如，浙江瑞安马屿镇霞岙村农民范得多因遭遇一场车祸落下抑郁症，妻子彭小英为了不让丈夫沉溺于阴郁的世界里，自创自编"曳步舞"的短视频走红网络，甚至在YouTube爆红。范得多因"曳步舞"彻底告别了抑郁，找到了生活的乐趣和人生的希望。

（2）经验分享。通过短视频来记录并分享自己某种生产技能、学习经验、生活技巧等，如钓鱼捕捞、女红编织、烹饪厨艺、倒车避障、武功绝活、魔术揭秘等。这类短视频因向观众直接传授实用的知识、技能和经验，具有一定的实用价值而广受关注。它既可以满足人们娱乐的需求，又能够满足人们学习知识或技能的需求。

（3）街头即景。短视频制作者用镜头记录自己在街头即时遇到的有趣的人和事，并将自己参与其中的事件拍摄成短视频在自媒体平台传播。这类短视频常见的主题有弘扬美德、讴歌文明、助人为乐、济困解难、揭露伪善、鞭挞丑恶等。

（4）直播带货。短视频的直播带货，是由传统电视媒体在直播相关节目时带货演化而来的。互联网的广泛应用使电商迅速崛起，电商网络直播带货这种能够提升用户消费体验的经营模式被自媒体短视频直接复制过来，农副产品、日用百货、服装鞋帽、图书文具等成了Vlog直播带货时销售的产品。

（二）剧情类

剧情类短视频，是短视频制作团队事先精心策划，由编剧撰写剧本、构建故事、设定人物、布置悬念、安排巧合、设置反转等，由导演指导演员根据剧本进行表演，摄制而成的短视频。通常剧情类短视频较纪实类短视频，在制作上较为精美，注重电影美学呈现，时长在3分钟左右，并且有明确的主题、独立的故事、完整的剧情。

剧情类短视频包括以下几种类型。

1. 情景剧型

情景剧型的短视频，依靠悬念、冲突、巧合、反转的故事或幽默搞笑的情节吸引观众，其内容包括夫妻感情、婆媳关系、亲子故事、社会问题、针砭时弊、颂扬真善美等。这类短视频在满足观众娱乐休闲需求的同时，也能引发某些思考和启迪。

陈翔六点半、莫邪、姜十七、叶公子、田小野等短视频制作团队制作的内容，大都采用情景剧形式。2023年3月29日，抖音平台公布了2023年抖音情感剧情类网红排行榜Top100，表7-1是位居前十的主播排名表。

表7-1 抖音情感剧情类主播排行榜前十

排名	主播昵称	粉丝量/万人
1	陈翔六点半	6811.1
2	莫邪	3226.5
3	姜十七	3138.5
4	叶公子	2949.1
5	田小野	2948.6

续表

排名	主播昵称	粉丝量/万人
6	懂车侦探	2809.9
7	wuli 哥哥	2488.7
8	车委小寒	2461.1
9	七舅脑爷	2301.4
10	章鱼呆呆	2279.0

2. 经验分享型

经验分享型短视频，通过某个精心设置的具体事件，进行剧情化演绎，使观众在娱乐中获得某种经验，学习到某种技能。这类短视频通常具有一定的故事情节，因其观赏性和经验、知识相结合而广受青睐，譬如郑云工作室、套路砖家、报告老板、万万没想到等团队制作的短视频大多数是经验分享型。

(三) 网红 IP 类

网红 IP 类短视频是指利用具有较大影响力和知名度的网络红人（简称"网红"）作为核心元素和品牌形象制作的短视频内容。这里的"IP"指的是知识产权（intellectual property）或品牌形象。

网红 IP 类短视频通常围绕网红的日常生活、工作、兴趣爱好、才艺展示等方面展开，通过精心策划和制作，呈现出生动、有趣、富有感染力的短视频作品。这些短视频不仅能够吸引和维持网红的粉丝群体，还能够通过分享、转发等社交方式提高网红的知名度和影响力。

网红 IP 类短视频的成功之处在于它能够巧妙地结合网红的个人特点和短视频的传播优势，创造出独特的品牌形象和粉丝文化。这种短视频形式不仅能够满足观众对于娱乐、休闲和信息获取的需求，还能够为网红带来商业合作、广告代言等商业机会，实现其个人价值的最大化。

网红 IP 类短视频主要具有以下几个特点。

(1) 高人气基础。网红 IP 类短视频依托的网红本身已经拥有广泛的粉丝基础和较高的关注度，这为短视频的推广和传播提供了坚实的基础。粉丝对网红的喜爱和关注使得他们更愿意观看、分享和讨论相关的短视频内容。

(2) 个性化内容。网红 IP 类短视频通常具有鲜明的个性特点，反映了网红独特的风格、兴趣和生活方式。这种个性化内容能够吸引具有相似兴趣或喜好的观众，形成特定的受众群体。

(3) 多样化题材。网红 IP 类短视频的题材广泛，涵盖美食、服饰、文化、娱乐等多个领域，这种多样化的题材能够满足不同观众的需求，提高观众的参与度。

(4) 情感共鸣。网红 IP 类短视频通过展示网红的生活片段、情感体验和成长历程，触动观众的心弦，拉近与观众之间的距离，增强观众的归属感和认同感。

(5) 商业潜力。由于网红拥有庞大的粉丝基础和数量可观的潜在消费者，因此，这类短视频蕴藏着巨大的商机。网红可以通过短视频推广产品、品牌或服务，实现商业变现，同时也为品牌商提供了有效的营销渠道。

（四）直播类

直播类短视频，尤其是短视频直播带货，已成为近年来电商市场的重要组成部分。直播类短视频是指网络主播利用短视频平台、电商平台或社交平台进行直播活动，同时向观众展示、推荐、介绍和销售相关产品或服务的经营形式。

直播类短视频具有以下几个特点。

（1）即时互动性。直播形式使得消费者能够即时与主播互动，通过提问、评论和分享，增强了购物的参与感和乐趣。

（2）直观展示性。通过直播，消费者可以直观地看到产品的外观、功能、使用方法等，比传统的文字或图片描述更加真实和详细。

（3）高效营销性。直播带货往往能够迅速吸引大量观众，通过主播的推荐和演示，实现产品的快速销售，提高转化率。

（4）网红效应。顶流的网红主播拥有庞大的粉丝群体和强大的影响力，能够带动大量消费者购买其推荐的产品。

然而，直播短视频带货行业也存在诸多亟待整顿和改善的问题，这些问题的存在损害了消费者的权益，影响了行业的健康发展。因此，规范直播带货市场，加强行业监管和自律，为消费者创造一个公平、诚信的线上购物环境，是短视频直播带货行业发展的当务之急。

直播带货主要存在以下几个方面的问题。

（1）产品质量问题，包括假冒伪劣、以次充好以及"三无"（无生产日期、无质量合格证以及无生产厂家）产品等问题。这些问题直接损害消费者的权益，降低了直播带货的可信度。

（2）虚假宣传问题，个别主播或商家为了吸引消费者，夸大商品功效、制造虚假流量等，进行不实宣传。这种行为不仅会误导消费者，还破坏了市场的公平竞争环境。

（3）不文明带货问题，一些主播在直播过程中可能会使用低俗、夸张或冒犯性的语言进行低俗营销，这种不文明带货行为不仅损害了消费者的观看体验，还可能对社会风气产生负面影响。

（4）价格误导问题，虚标原价、夸张优惠力度等价格误导行为也是直播带货中常见的问题。

（5）发货问题，包括发货慢、不发货等。这些问题可能由于库存管理不善、物流效率低下或商家故意拖延等原因导致，严重影响了消费者的购物体验和信任度。

（6）销售违禁商品问题，一些主播或商家可能会销售野生动物、无资质的处方药等违禁商品。这些行为不仅违反了相关法律法规，还可能对消费者的健康和安全造成威胁。

（7）诱导场外交易问题，一些主播可能会直接或间接引导消费者转入原直播电商平台以外的社交平台或与个人进行交易。这种行为不仅绕过了平台的监管和保障措施，还可能给消费者带来交易风险。

(五) 文艺类

文艺类短视频是近年来兴起的一种短视频形式，它充分利用视频作为综合性传播介质的声画同步功能，具有文字、图片、声音等难以比拟的优势。通过短视频传播文艺作品，成为当今新媒体环境下文艺作品最理想的传播方式之一，它能够最大限度地满足网民强烈的、个性化的审美需求，同时，呈现了创作者的个体表达诉求、生存策略和生活景象。

文艺类短视频从传统的语言艺术、表演艺术、造型艺术和综合艺术中吸取精华，利用短视频影像和声音来呈现作品。创作者们充分发挥主观能动性，创造出融媒体时代令人耳目一新的、短小精悍的文艺作品。

在文艺类短视频中，涌现出了许多优秀的创作者和作品。例如，"意公子"吴敏婕以其恬淡知性的形象和深入浅出的讲解，将苏轼、李白等历史先贤的故事和艺术成就娓娓道来，其视频兼具知识性与情感共鸣。守艺人贰强作为陕西省米脂县非物质文化遗产传承人，通过短视频平台展示陕北说书的魅力，其原生态的艺术表达和深情的演绎给观众留下深刻的印象。手舞兄弟则通过在手上绘制彩色头像并进行舞蹈的方式，借助唱词和画外音表达人间百态、世事万象，其妙趣横生的魔性手舞在短视频市场上独树一帜。

文艺类短视频融合了文艺创作与传播媒介的特性，还展现出以下几个显著特点。

（1）艺术性与审美性。文艺类短视频的核心在于其艺术性，它通过对传统艺术形式（如文学、音乐、舞蹈、绘画等）的创新性转化和再创作，呈现出较高的审美价值。这些视频往往注重画面的构图、色彩的运用、音乐的搭配以及情感的传达，旨在给观众带来美的享受和心灵的触动。

（2）短小精悍、易于传播。文艺类短视频在几分钟甚至几十秒内就能讲述一个故事或传达一种情感。这种短小精悍的形式使得其内容更加集中，从而加快了信息的传播速度。

（3）个性化与多元化。文艺类短视频鼓励创作者发挥个人创意，展现独特的艺术风格和视角。因此，这类视频内容多样、风格各异，既有对传统艺术的致敬和再现，也有对现代生活、社会现象的反思和表达。这种个性化和多元化的特点满足了不同观众群体的审美需求。

（4）互动性与参与感。短视频平台通常具备强大的社交功能，观众可以通过点赞、评论、转发等方式与创作者和其他观众进行互动。这种互动性不仅增强了观众的参与感，也为创作者提供了即时反馈，有助于他们不断优化创作内容。

（5）技术与创意融合。文艺类短视频往往结合了最新的视频制作技术和创意手法，如特效、动画、剪辑技巧等，使得视频内容更加丰富多样，视觉效果更加震撼。这种技术与创意的融合不仅提升了视频的品质，也推动了文艺创作的创新和发展。

（6）文化传承与创新。文艺类短视频在传播传统文化的同时，也注重对其进行创新性转化和发展。通过现代技术手段和创意表达，传统艺术形式得以在短视频平台上焕发新的生机和活力，从而吸引更多年轻观众的关注。

(六) 广告类

广告类短视频已成为商家投放广告的重要载体，它们以多种形式出现在用户的视野中，最常见的类型有以下五种。

1. 开屏型短视频广告

开屏型短视频广告通常出现在用户打开短视频应用时的启动界面，以全屏的形式展示。它主要具有以下特点：一是曝光率高。作为用户进入应用的"第一印象"，开屏广告的曝光率非常高，几乎每位用户都会看到。二是定向精准。开屏广告可基于用户的地理位置、兴趣偏好等数据进行精准定向，确保广告内容对目标用户具有吸引力。三是创意空间大。虽然展示时间有限（通常5秒以内），但开屏广告可以通过动画、色彩、音乐等元素创造强烈的视觉冲击，激发用户的兴趣。该类短视频广告适合品牌推广、新品发布、重大节日活动宣传等，能够快速吸引用户注意并传达核心信息。

2. 信息流型短视频广告

信息流型短视频广告是穿插在短视频平台内容流中的广告，它们与用户自发上传的视频在形式上保持一致，使得广告短视频与其他短视频难以区分。它主要具有以下特点：一是融入自然。信息流广告能够自然地融入用户浏览的内容流中，防止用户反感。二是投放精准。信息流广告基于用户行为、兴趣、地理位置等多维度数据实现精准的广告投放，提高广告的转化效率。三是内容丰富。信息流广告可以包含丰富的故事情节、产品展示、用户评价等元素，提升广告的吸引力。该类短视频广告适用于电商推广、品牌宣传、产品试用等多种场景，通过创意内容和精准投放，有效触达目标用户。

3. 植入型短视频广告

植入型短视频广告是将产品或品牌信息以某种方式融入短视频内容中，如剧情、道具、台词、背景等，使观众在观看视频的过程中潜移默化地接收广告信息。它主要具有以下特点：一是隐蔽性强。植入广告通常以非直接的方式出现，不易被观众察觉为广告，降低用户的抵触心理。二是创意多样。植入广告的植入方式多样，可以是剧情植入、道具植入、台词植入等，为品牌提供丰富的创意空间。三是情感共鸣。通过故事情节的引导，植入广告能够激发观众的情感共鸣，提升品牌的认知度和好感度。该类短视频广告适用于品牌宣传、产品介绍等多种场景，通过创意植入实现品牌与内容的深度融合。

4. 网红型短视频广告

网红型短视频广告是利用短视频平台上的网红或关键意见领袖进行产品推广的广告形式。网红通常拥有大量的粉丝和高度的影响力，他们的推荐能够迅速提升产品的销量和知名度。该类广告的特点前文已有介绍，这里不再赘述。该类短视频广告适用于美妆、服装、食品、电子产品等消费类产品，通过网红的真实体验和推荐，提升用户对产品的信任度和购买意愿。

5. 贴纸型短视频广告

贴纸型短视频广告是短视频平台提供的一种广告形式，品牌可以定制专属的贴纸供用户使用。用户在使用这些贴纸拍摄视频时，品牌信息就会以贴纸的形式出现在视频中，实现广告植入。它主要具有以下特点：一是趣味性强。贴纸通常具有趣味性和互动性，能够吸引用户主动使用并分享到社交平台，增加广告的曝光机会。二是创意多样。贴纸可以设计成各种形状、颜色和风格，满足品牌的不同需求。三是传播效果好。贴纸上的品牌信息能够在用户拍摄和分享视频的过程中得到广泛传播，提高品牌的知名度和美誉度。该类短视频广告适用于节日活动、品牌推广、新品发布等多种场景，实现品牌的广泛传播。

总之，上述五种类型的广告类短视频各具特色，它们通过不同的方式进行品牌曝光和产品推广，满足广告主和用户的不同需求。在实际应用中，广告主可以根据品牌特点、目标用户、营销目标等因素选择合适的广告类型，并结合创意内容和精准投放策略，实现最佳的营销效果。

（七）政务类

政务类短视频是近年来随着移动互联网、社交媒体和视频平台的快速发展而兴起的一种新型政务信息传播方式。这类短视频通常由政府机构、政府部门或其官方媒体账号制作和发布，旨在通过更加直观、生动、易于接受的形式向公众传递政策信息、公共服务内容、政务活动动态以及社会治理成果等，增强政府与人民群众之间的互动与沟通。

政务类短视频主要具有以下几个特点。

（1）内容多样性。政务短视频内容涵盖广泛，包括但不限于政策解读（如减税降费、教育医疗改革等）、公共服务指南（如证件办理流程、疫苗接种安排）、政府工作汇报（如年度总结、重点项目进展）、社会热点问题回应（如突发事件通报、谣言澄清）以及正能量宣传（如好人好事、文明城市建设）等。

（2）形式创新。政务短视频充分利用短视频平台的特性，通过使用配乐、动画、特效、字幕等元素，使信息传达更加生动、有趣，易于理解和记忆。一些政务短视频还采用 Vlog（视频博客）、情景剧、访谈对话等形式，增加观看的趣味性和互动性。

（3）平台多元化。政务短视频不仅发布在政府的官方网站和 App 上，还广泛传播于抖音、快手、微博、微信视频号等主流社交媒体平台。这些平台拥有庞大的用户基础，有助于扩大政务信息的覆盖面和影响力。

（4）互动性强。通过短视频下方的评论、点赞、转发、私信等功能，政府可以直接接收大众的意见反馈，及时回答问题，实现双向沟通。这种即时互动性有助于建立更加开放、透明的政府形象，增强大众对政府的信任感。

（5）教育引导功能。政务短视频也是普及法律知识、提升公民素质、弘扬社会主义核心价值观的重要渠道。它可以通过生动的案例、专家解读等方式，增强公众的法律意识、道德观念和社会责任感。

总之，政务类短视频作为数字时代政府传播的新形态，正在逐步成为连接政府与大众的重要桥梁，对于提升政府治理能力的现代化水平、促进公民参与社会公共服务具有重要意义。

------ 思考与练习 ------

选一条优秀的短视频，在下节课的课堂上分享。

第二节 短视频脚本写作

短视频脚本写作是短视频创作的关键环节，它决定了短视频的内容、结构、节奏和表现力。无论是纪实类短视频还是剧情类短视频，都需要遵循一定的写作方法来确保脚本的质量和效果。

一、短视频脚本写作方法

（一）明确主题与受众

主题是短视频的灵魂，必须明确且具有吸引力，应根据短视频的类型（纪实或剧情），选择能够引起观众共鸣的主题，如社会问题、人生哲理、情感故事等。此外，还需明确短视频目标受众的特征，包括他们的年龄、性别、兴趣爱好等，这有助于确定的主题更符合受众的口味和需求。

明确短视频的主题对于创作一个吸引人的视频非常重要，可通过以下步骤来确定短视频的主题。

（1）明确目标受众。确定你的目标观众是谁，了解他们的需求、喜好和痛点。

（2）分析视频目的。思考你制作这个短视频是为了娱乐、教育、推广还是其他目的，即确定短视频传达的核心信息或价值。

（3）进行市场调研。查找与你的主题相关的热门话题、趋势，以及竞争对手制作的内容，分析哪些内容受欢迎，哪些不受欢迎。

（4）确定核心信息。提取你想要通过视频传达的关键点或信息，并确保这些信息与你的目标受众和目的紧密相关。

（5）选择具体主题。基于以上分析，选择一个具体、有吸引力的主题。主题应该具有独特性，能够引起目标受众的兴趣。

（6）考虑视频风格。确定短视频的风格，如幽默、严肃等。风格应与主题和目标受众相匹配。

（7）制定大纲。拟定一个视频大纲，列出短视频中需要呈现的关键点，并确保大纲逻辑清晰。

（8）收集素材和灵感。查找与主题相关的图片、视频片段、音乐等素材，并从其他优秀的短视频中汲取灵感。

（9）测试和调整。在制作过程中，不断测试和调整视频内容和风格，确保视频内容与主题保持一致。

明确短视频的目标受众也是创作过程中重要的一步，它有助于更好地定位内容、选择传播渠道以及评估效果。以下为明确短视频目标受众的步骤。

（1）设定受众特征。基于市场研究和产品定义，设定目标受众的具体特征，包括年龄范围、性别比例、收入水平、受教育程度、职业领域、兴趣爱好、生活方式等。

（2）了解受众需求。通过问卷调查、社交媒体互动、客户反馈等方式深入研究目标受众的信息，包括其需求、痛点、偏好和行为模式。

（3）确定受众动机。分析目标受众观看短视频的可能动机，如娱乐、学习、获取信息、解决问题等，以便确保短视频内容能够触发这些动机，吸引受众关注。

（4）分析受众行为。研究目标受众在社交媒体上的行为模式，如浏览习惯、分享偏好、互动频率等。研究这些行为模式有助于优化短视频的发布时间、内容和形式。

（5）创建受众画像。根据以上信息进行受众画像，包括受众的生理特征、心理特征、社会特征和行为特征。受众画像将作为创作短视频时的重要参考。

（6）测试和调整。在短视频发布后，密切关注受众反馈和互动数据，根据反馈调整短视频的内容和受众的定位策略。

（7）持续学习和优化。不断学习市场新的趋势和受众行为的变化，持续优化短视频的内容和受众定位的策略，以适应不断变化的市场环境。

（二）选题策划与构思

1. 精心策划选题

根据主题和目标受众，选择具有新颖性、趣味性和吸引力的选题，并确保选题能够揭示社会矛盾、展现时代精神或引发观众的思考。

2. 甄选对象与场景

对于纪实类短视频，要选择契合主题、有故事性、观赏性强且具有社会价值的拍摄对象。对于剧情类短视频，需创造有特点的人物形象和生动的场景。同时，考虑拍摄场景的可视性、地域特色和安全合法性。

3. 设计镜头语言与声音

根据短视频的内容和风格，设计镜头的运用（角度、景别、运动方式等）和声音的设计（对白、旁白、音效、音乐等），确保镜头语言和声音能够增强短视频的表现力和感染力。

（三）写作要点

1. 开头引人入胜

精心设置开头，确保开头能够迅速吸引观众的兴趣，引导他们继续观看。写作短视频脚本的开头时可采用悬念法、看点展示法、幽默搞笑法或提问互动法等方法。

（1）悬念法。通过提出一个令人震惊或好奇的问题或事实，设置悬念，吸引观众继续观看以获取更多信息。

假设你正在制作一个关于"揭秘网络诈骗新手段"的短视频，开头可以这样写："你知道吗？最近有一种新型的网络诈骗手段，让无数人在不知不觉中损失了巨额财产。而更令人震惊的是，这种诈骗手段竟然隐藏在我们日常使用的社交媒体中！你想知道这种诈骗手段是如何运作的吗？接下来，让我们一起揭开它的神秘面纱。"

（2）看点展示法。通过展示视频中的精彩看点或亮点，引起观众对视频内容的兴趣，并激发他们的好奇心。

假设你正在制作一个关于"极限运动精彩瞬间"的短视频,开头可以这样写:"在极限运动的世界里,每一次跳跃、每一次翻转都充满了未知和危险。但正是这些挑战,让极限运动爱好者们不断突破自我,创造了一个又一个令人惊叹的瞬间。接下来,让我们一起回顾那些让人热血沸腾的极限运动精彩瞬间!"

(3)幽默搞笑法。通过幽默搞笑的方式开头,营造轻松愉快而又神秘的氛围,吸引观众放松心情并继续观看。

假设你正在制作一个关于"办公室趣事"的短视频,开头可以这样写:"在办公室里,除了忙碌的工作,还有许多让人捧腹大笑的趣事。比如,同事A的零食总是神秘失踪,直到有一天我们发现了这个'幕后黑手'……你想知道是谁吗?快来看看这个视频,让我们一起笑出腹肌吧!"

(4)提问互动法。通过提问与观众进行互动,让他们产生参与感和代入感,从而更愿意继续观看视频。

假设你正在制作一个关于"美食制作"的短视频,开头可以这样写:"你喜欢吃甜品吗?你最喜欢哪种甜品呢?今天,我要教大家制作一款简单易学、美味可口的甜品——芒果布丁。你想不想学呢?那就赶紧准备好材料,跟我一起动手做起来吧!"

2. 内容精彩有趣

写作短视频脚本时要确保短视频的内容具有主题情节新奇、角色个性独特、语言风趣幽默、融入情感元素和巧妙设置转折和高潮等特点,通过精彩的内容吸引观众的眼球,使他们产生强烈的共鸣和认同感。

(1)新奇的主题情节。选择一个新颖且富有创意的主题,通过巧妙的情节设计,让观众在观看过程短视频的中感到新鲜和惊喜。

假设你正在制作一个关于"时间旅行"的短视频,你可以设计一个情节,讲述主角意外穿越到过去或未来,并在这个过程中经历一系列有趣而新奇的事件。比如,主角在古代与现代文化的碰撞中闹出笑话,或者在未来世界中见识到超乎想象的高科技产品。

(2)独特的角色个性。通过角色的言行举止、外貌特征以及与其他角色的互动,展现出他们独特的个性和魅力,让观众对角色产生深刻的印象。

在短视频中,你可以塑造一个或多个具有鲜明个性的角色。比如,一个总是说反话但心地善良的"毒舌"朋友,或者一个看似笨拙但关键时刻总能化险为夷的"幸运星"。

(3)风趣幽默的语言。幽默的语言能够打破沉闷的氛围,让观众在观看过程中感到轻松和愉悦。同时,幽默也是拉近观众与角色之间距离的有效手段。

在短视频中,你可以运用幽默风趣的语言来增强内容的趣味性。比如,通过夸张的表情和语调,或者运用双关语、谐音梗、俏皮话等幽默手法,让角色之间的对话更加生动有趣。

(4)融入情感元素。真挚的情感元素能够让观众在观看过程中产生共鸣和认同感,从而更加投入地观看视频内容。

在短视频中,你可以通过角色的情感变化来展现真挚的情感元素。比如,讲述一个关于亲情、友情或爱情的故事,通过角色的喜怒哀乐来引起观众的情感共鸣。

(5)巧妙设置转折和高潮。转折和高潮是短视频中不可或缺的元素,它们能够让观众在观看过程中保持高度的紧张感和期待感,从而更加投入地关注视频内容。

在短视频中，你可以通过设置巧妙的情节转折和高潮来增强内容的吸引力。比如，在故事发展的关键时刻，突然插入一个意想不到的转折，让剧情变得更加扑朔迷离；或者在故事的高潮部分，通过紧张的情节和激烈的冲突来激发观众的情绪。

3. 叙事节奏紧凑

在写作短视频脚本时要确保短视频的节奏感强，从而吸引观众的注意力并引导他们持续关注，可通过明确故事核心、控制镜头时长、使用短句台词和明快音乐来营造紧凑的叙事节奏。

（1）明确故事核心。在撰写脚本之前，先确定视频的核心主题和故事情节，确保所有镜头和情节都紧密围绕核心主题展开，避免偏离主线。

假设你要制作一个关于"友情"的短视频，核心主题是"真正的朋友会在你需要时伸出援手"。故事情节可以围绕一个主角在遇到困难时，他的朋友们如何团结一心帮助他克服困难展开。

（2）控制镜头时长。根据情节发展的需要，合理分配每个镜头的时长。重要的情节和转折点可以给予较长的镜头时间，而次要的情节则可以适当缩短。

在上述"友情"短视频中，主角遇到困难时的镜头可以稍微长一些，以突出他的无助和困惑。而当朋友们出现并帮助他时，可以通过快速切换的镜头来展现他们团结一致的氛围，每个镜头的时长可以相对较短。

（3）使用短句台词。在对话中尽量使用短句和精练的台词，避免冗长和复杂的句子，并确保台词能够直接推动情节发展或展现角色性格。

在上述"友情"短视频中，当主角遇到困难时，他可能会说："我真的不知道该怎么办了。"而当朋友们出现时，他们可能会简短而有力地回应："别怕，有我们在！"这样的台词既简洁又直接，能够迅速传达情感和信息。

（4）选择明快的音乐。根据视频的内容和氛围，选择一首节奏明快、能够烘托气氛的音乐。音乐可以在关键情节和转折点处加强情感表达，引导观众的情绪。

在上述"友情"短视频中，当主角遇到困难时，可以选择一段稍微低沉但又不失希望的音乐。而当朋友们团结一致对他伸出援手时，可以切换为节奏明快、充满力量的音乐，以烘托出团结和胜利的氛围。

（5）综合运用。为了做到叙事节奏紧凑，需要综合运用以上技法，以下是一个综合运用以上技法的具体示例。

镜头1（时长5秒）：主角独自坐在桌前，眉头紧锁，背景音乐低沉。

台词："我已经是走投无路了。"

镜头2（时长3秒）：快速切换至朋友们在远处讨论的画面，背景音乐逐渐转为轻快。

镜头3（时长7秒）：朋友们陆续走到主角身边，背景音乐加强，节奏明快。

台词："别怕，有我们在！"（每个朋友都说一句简短的鼓励语）

镜头4（时长5秒）：主角与朋友们一起讨论解决方案，镜头快速切换，展现他们抱团取暖、众志成城的氛围。

镜头5（时长4秒）：问题得到解决，主角和朋友们一起欢呼庆祝，背景音乐达到高潮。

4. 注重情感共鸣

在写作短视频脚本时要通过情感共鸣来增强短视频的感染力，使观众产生共鸣并愿意分享和传播，可通过深入了解受众需求、精准展现场景与道具、传递永恒价值和创造情感连接来实现这一目标。

（1）深入了解受众需求。通过市场调研、数据分析或社交媒体洞察，了解目标受众的兴趣、痛点和期望，确定受众在情感上的需求，如寻找认同感、归属感、激励或安慰等。

假设目标受众是职场新人，他们可能面临工作压力、社交焦虑等挑战，短视频可以围绕职场新人的这些痛点展开，通过故事或角色表达他们的困惑和挣扎。

（2）精准展现场景与道具。利用场景和道具来营造氛围，使观众能够迅速进入故事情境。应选择与主题和情感共鸣点紧密相关的场景和道具，以增强故事的真实感和感染力。

在职场新人的故事中，可以展现主角在办公室加班、与同事交流、面对领导批评等场景，道具如咖啡杯、文件堆、电脑屏幕上的工作邮件等，都能让观众联想到自己的职场经历，从而更容易产生共鸣。

（3）传递永恒价值。挖掘故事中的深层意义，传递具有普遍性的永恒价值，如勇气、坚持、仁爱、友谊等，确保这些价值能够跨越时空和文化界限，引起广泛共鸣。

在职场新人的故事中，可以强调主角在面对困难时不放弃、努力提升自己的精神。这种坚持和努力的价值观是普遍适用的，能够激励观众在面对类似挑战时保持积极态度。

（4）创造情感连接。通过角色的情感表达、情节的发展以及音乐、画面等元素的配合，创造与观众之间的情感连接，确保故事中的情感点能够触动观众的心弦，引发他们的共鸣和反思。

在职场新人的故事中，可以设计一段主角与同事共同解决问题的情节，展现团队合作和友谊的力量。当主角最终克服困难并取得成功时，可以配以欢快的音乐和感人的画面，让观众感受到成就感和喜悦。

（5）综合运用。以下是一个综合运用以上技法的短视频脚本例子。

标题：《职场新人的蜕变》
场景：办公室、会议室、咖啡厅等
角色：主角（职场新人）、同事A、同事B、领导
故事情节：
开端：主角在办公室加班，面对堆积如山的工作感到无助和焦虑。
发展：主角与同事A、B交流，分享彼此的工作压力和困惑。他们一起努力解决问题，共同成长。
高潮：主角在会议上提出创新方案，得到领导的认可和同事的赞赏，掌声雷动。
结尾：主角与同事一起庆祝成功，展现团队合作和友谊的力量。
情感共鸣点：
认同感：观众能够认同主角作为职场新人的困惑和挣扎。
归属感：通过主角与同事的交流与合作，观众感受到团队合作和友谊的温暖。
激励：主角的成功故事激励观众在面对困难时保持积极态度，努力提升自己。

5. 结尾巧妙留白

结尾巧妙留白是一种在短视频脚本写作中常用的技法，旨在通过巧妙的结尾设计，留给观众无限的想象空间，激发他们的好奇心和讨论欲望，通常采用悬念式、开放式、互动式、煽情式、预告式、解密式、搞笑式、音效式或广告式等结尾方式。

（1）悬念式结尾。在视频结尾处提出一个未解决的问题或悬念，让观众自己去猜测和想象后续的发展。

例如，一个侦探故事短视频，在结尾处侦探突然收到了一封匿名信，信中透露了下一个案件的线索，但并未完全揭示真相，观众会好奇这封信的来源和后续案情的发展。

（2）开放式结尾。提供一个开放式的结局，让观众自己去解读和想象故事发展的可能趋势和走向。

例如，一个关于爱情的故事，结尾处两个恋人因为误会而分开，但并未明确表示他们是否会和解，观众可以自己去想象他们未来的关系发展。

（3）互动式结尾。通过提问、设置选择题或邀请观众留言等方式，让观众参与到故事中来，形成互动。

例如，一个美食制作短视频，结尾处主持人问观众："你更喜欢这个菜品的哪种口味？甜的还是咸的？"观众可以在评论区留言互动。

（4）煽情式结尾。通过情感共鸣的方式，让观众在感动中留下深刻印象，并引发他们对自己生活的思考。

例如，一个关于被拐多年的女孩终于回家与亲人团聚的亲情故事，结尾处展示了女主角与家人团聚时，她默默地站在母亲的遗像前，同时配上感伤的音乐与思念的内心独白，让观众在感动中联想或思考自己的亲情。

（5）预告式结尾。在结尾处透露下一期或下一个故事的主题或片段，吸引观众持续关注。

例如，一个系列短视频的结尾，主持人说："下一期我们将带大家探索神秘的古墓，敬请期待！"观众会期待下一期的内容。

（6）解密式结尾。在结尾处揭示部分真相，但留下关键信息未解，让观众自己去寻找答案。

例如，一个解谜类短视频，结尾处展示了主角解开了一部分谜题，但关键的线索仍然隐藏在未展示的部分中，观众可以自己去寻找和解读。

（7）搞笑式结尾。以幽默或搞笑的方式结束视频，让观众在笑声中留下深刻印象。

例如，一个搞笑短视频的结尾，主角在经历了一系列啼笑皆非的事件后，突然做出一个出人意料的搞笑动作或表情，让观众在笑声中结束观看。

（8）音效式结尾。通过特定的音效或音乐来营造氛围，让观众在听觉上留下深刻印象。

例如，一个恐怖短视频的结尾，突然响起一声惊悚的音效，但并未展示任何画面，让观众在紧张的氛围中结束观看。

（9）广告式结尾。在结尾处以一种有趣或吸引人的方式呈现广告或推广信息，让观众在接收信息的同时留下深刻印象。

例如，一个时尚类短视频的结尾，主持人突然拿出一款新上市的化妆品并说："这款新品让你瞬间变美，快来购买吧！"同时展示购买链接或二维码。

6. 经营细节

在短视频脚本写作中，细节经营关乎短视频能否吸引观众、传达深刻信息以及塑造生动的角色形象。经营细节主要涉及对视频内容中的各个元素进行细致入微的规划和雕琢，通过细节描写来增强短视频的真实感和感染力，使人物形象更加丰满和立体。细节具体包括外貌细节和心理细节。

（1）外貌细节的经营。外貌细节是观众首先注意到的，它们能够迅速构建角色的初步印象。经营外貌细节包括描述角色的衣着、发型、配饰、面部表情以及身体语言等。

在一个讲述年轻创业者奋斗故事的短视频中，主角的衣着可以从一开始的休闲装（象征初创时期的轻松氛围）逐渐过渡到正式的商务装（象征事业的成功与成长），这种变化不仅展示了主角身份的转变，也暗示了时间的流逝和剧情的发展。

在一个关于家庭温馨的短视频中，通过细致描绘餐桌上摆放的菜肴（如家乡的特色菜）、餐具的摆放方式（整齐或略显杂乱，反映家庭成员的性格和生活习惯）以及家人间的眼神交流（温柔、期待或略带责备），来增强视频的感染力和真实感。

（2）心理细节的经营。心理细节涉及角色的内心世界、情感波动和思维过程，是塑造角色性格和推动剧情发展的关键。

在一个讲述失恋故事的短视频中，主角的心理细节可以通过独白、回忆片段或梦境来展现。例如，主角在夜深人静时独自坐在窗前，凝视着远方，内心独白道："我曾以为你是我的全部，但现在我明白了，失去你，我还有自己。"这样的细节描写深刻揭示了主角从依赖到自我觉醒的心路历程。

在一个关于团队合作的短视频中，可以通过团队成员间的对话、表情和动作来展现他们面对困难时的不同心态。比如，面对项目的失败，有人沮丧地低下头，有人则坚定地握紧拳头，这些心理细节不仅丰富了角色形象，也推动了团队从分歧走向团结的剧情发展。

在实际操作中，外貌细节和心理细节往往是相互交织、共同作用的，通过精心经营这些细节，可以使短视频更加生动、感人，让观众在短暂的观看过程中获得深刻的情感体验和认知共鸣。

7. 打磨台词

台词包括开场白、自我介绍、引导语、解说词、总结语和结束语等。打磨台词是短视频脚本写作中的关键环节，它的目的是确保台词能够清晰表达人物的观点、情感和意图，并引导观众更好地理解短视频的主题和情节。打磨台词时应做到以下几点。

（1）精简和精练。台词要尽可能精简和精练，避免冗长和啰嗦，每个句子都要有明确的意义，能够迅速传达信息。

精简前："这款产品的功能非常强大，它不仅可以满足你的日常需求，还可以给你带来前所未有的使用体验。"

精简后："这款产品功能强大，满足日常需求，带来全新体验。"

（2）突出情感意图。台词要能够清晰表达人物的情感和意图，让观众能够感受到角色的内心世界。

在一个讲述亲情的短视频中，主角对母亲说："妈，谢谢你一直以来的支持和陪伴，我会努力让你过上好日子的。"这句话表达了主角对母亲的感激之情和未来的决心。

（3）引导观众理解。台词要能够引导观众更好地理解短视频的主题和情节，可以通过提问、解释或总结等方式来实现。

在一个科普类的短视频中，解说词可以这样写："你知道吗？地球是一个椭圆形的球体，它的自转和公转带来了昼夜和四季的变化。"这句话既解释了地球的形状，又引导观众理解地球运动对气候的影响。

（4）使用生动的语言和比喻。生动的语言和比喻，可以使台词更加有趣和易于理解，但要注意避免使用过于复杂或晦涩的词汇。

在一个讲述团队合作的短视频中，可以使用比喻："团队就像一艘船，只有大家齐心协力，才能乘风破浪，驶向成功的彼岸。"

（5）反复修改和润色。打磨台词是一个反复修改和润色的过程，可以邀请他人观看视频并提供反馈，根据反馈进行调整和优化。

初始台词："这款手机的性能非常出色，拍照效果也很好。"

修改后："这款手机性能卓越，拍照效果如同专业相机，让你轻松捕捉生活中的每一个精彩瞬间。"

通过以上步骤和技巧，可以打磨出更加精彩、生动的台词，使短视频更加具有吸引力和感染力。

二、短视频脚本范例

星海精神　薪火相传

扫码阅读

守望黎明

扫码阅读

百年对话

扫码阅读

思考与练习

1. 根据所学的短视频脚本写作知识，每人写一部时长 3 分钟以上的短视频脚本。

2. 根据短视频脚本摄制一个时长 3 分钟以上的短视频，在自媒体平台上发布，老师将择优在课堂上点评。

第八章

微短剧概述与微短剧剧本写作

第一节 微短剧概述

微短剧是一种新兴的影视作品形态，是网络文化发展的产物。近年来，随着网络视听市场的快速发展，微短剧创作越来越火爆，成为短视频平台和网络视频平台新的内容增长点。微短剧涵盖古装甜宠剧、都市爱情剧、乡土喜剧、青春剧、烧脑剧等多种类型，既满足了视听市场不同观众的观影需求，又弥补了短视频平台由于缺乏中长篇剧集所带来的用户流失的缺陷，成为短视频在中长篇连续叙事领域的新生力量。

2013年8月6日，优酷首播的优酷与万合天宜联合出品的《万万没想到》是微短剧的雏形。该剧因其精短的剧集制式和主题明确、故事完整的特点，引起了社会的广泛关注，为微短剧的生产和发展提供了一个崭新的范式。2020年8月，国家广播电视总局在"重点网络影视剧信息备案系统"中增设了"网络微短剧快速登记备案模块"，将网络微短剧正式纳入影视作品分类之中。

一、微短剧的定义

2020年12月8日，国家广播电视总局发布的《关于网络影视剧中微短剧内容审核有关问题的通知》中，将网络微短剧定义为单集时长10分钟以内的剧集作品。2022年11月14日，国家广播电视总局发布的《国家广播电视总局办公厅关于进一步加强网络微短剧管理实施创作提升计划有关工作的通知》中，将网络微短剧的定义改为："单集时长从几十秒到15分钟左右、有着相对明确的主题和主线、较为连续和完整的故事情节的网络微短剧。"这使微短剧成为继网络影视剧、网络电影、网络动画片之后，第四种被国家广播电视总局认可的网络影视作品形态。

二、微短剧的特征

当前的微短剧单集时长从几十秒到 15 分钟不等,每一部微短剧通常在 20~40 集。微短剧的内容通常比较精练,多为单线叙事,主题单一、故事完整,剧集之间以悬念相互勾连,人物少、台词少、场景少、事件的起承转合节奏迅速,大多数是以一个匪夷所思的事件开场,先声夺人,剧情发展迅速,过程简短而精彩,矛盾冲突激烈,常有误会、巧合和反转,高潮和结局尽力博人眼球、赢得观众共鸣。

微短剧是将短视频娱乐化和长剧剧情丰富有机结合起来的新型剧集形式,它在短时间内演绎一个完整、新颖的故事,极大程度地迎合了现代人在快节奏生活中工作压力大、闲暇时间少,渴望短平快娱乐内容的需求。

微短剧有以下几个主要特征。

(1)时长短。当前的微短剧单集时长通常在 10 分钟左右,以适应现代人碎片化的娱乐方式。

(2)人物少。微短剧人物少,使得所有剧情的主要矛盾冲突都集中在少数几个人物身上,有助于人物形象的塑造,同时可以降低制作成本。

(3)场景少。场景少使得微短剧在拍摄时不用频繁转场,节省人力、物力和开支。

(4)节奏快。微短剧的剧情发展通常十分简洁、不拖沓,或者在剧情发展过程中加入一些令观众开怀或不可思议的元素,以抵消观众的审美疲劳。

(5)故事精。微短剧的故事通常紧凑而精致,剧情起伏跌宕,不断反转,在短时间内实现对人物的塑造和对剧情的完整叙述。

(6)反转多。微短剧常用误会和反转的手法,不断颠覆观众的预判和认知,使观众获得峰回路转的观影快感。

(7)重悬念。微短剧通常采用大悬念套小悬念的叙事手法。开场就给观众留下一个大悬念,每一集的结尾又抛出小悬念,从而使每集之间紧密勾连。

(8)完整性。微短剧通常是一个完整的故事单元,事件的发生、发展、高潮、结局高度集中在一个独立的故事之中。

(9)创意性。创意是微短剧的制胜秘诀。创作者需要发挥创意和想象力,提炼出具有差异化优势的卖点,精准冲击目标用户的感官,在短时间内呈现完整的故事情节和情感体验。

(10)黏性强。较之短视频而言,微短剧的剧情中糅合了悬念、反转等叙事手段,每集之间紧紧勾连、前后呼应,吸引观众持续关注,增强了观众与剧集的黏合度。

(11)周期短。微短剧具有单集时长短、场景少、人物少等特点,使得创作周期也较短,剧集更新快。

(12)投资小。微短剧体量小、周期短等特点,使得剧集生产的成本较低。

(13)门槛低。相对于长篇网剧创作而言,微短剧创作所需要的投资、设备、技术以及编、导、演、摄、制等要求更低。

(14）自主性。由于微短剧有着周期短、投资小、门槛低等特点，人们只要拥有一部好的脚本，一台高像素的手机或相机，有相应的演员，借助基本的剪辑软件，就可以创作微短剧。

（15）形式多。微短剧形式多样，有横屏、竖屏、互动微短剧等。横屏微短剧与常规的剧集类似，只是单集时长一般在10分钟以内；竖屏微短剧是专为手机竖屏观看而设计的短剧，内容通常以轻松、搞笑为主；互动微短剧，通过互动方式，使观众参与演员甄选、故事构建、剧情走向、人物命运等创作，增强观众的参与度和沉浸感。

三、微短剧的优势

较之传统电视剧和电影，微短剧是新媒体视听市场一支活跃的"轻骑兵"，腾讯视频、爱奇艺、优酷等长视频平台和抖音、快手等短视频平台都有微短剧的传播渠道。

微短剧主要有以下几个优势。

（1）短小精悍。微短剧单集时长比较短，内容高度浓缩，迎合了快节奏生活的现代人的碎片化娱乐需求，使观众从传统地追剧中解放出来，较大程度地降低了时间成本。

（2）观赏性强。微短剧快节奏推进高密度的剧情，悬念和反转频现，使故事情节峰回路转，强烈地吸引着观众的注意力并在短时间内满足娱乐需求。

（3）成本低廉。由于微短剧体量小、周期短、投资小、门槛低等特点，使得生产成本低，性价比高，降低了投资风险，使得许多自媒体创作者有机会投入微短剧的制作和传播。

（4）传播迅速。微短剧的传播渠道多样，使得创作者可以在各平台上快速分享自己创作的作品。

（5）互动性强。观众观看微短剧作品后可以发表观点和看法，与其他观众交流和讨论，获得更多参与感和满足感。

（6）受众年轻。微短剧的观众以年轻人为主，其中以职场年轻女性居多，她们是一个具有较强消费能力的受众群体，因此，微短剧为广告主提供了精准植入广告的商机。

四、微短剧的分类

微短剧作为网络视听市场的一种新兴剧种形态，其产生和发展与各种因素密切相关。微短剧的分类可以从其呈现形式、平台种类、题材类型等几个方面来进行。

（一）按呈现形式分类

1. 互动微短剧

互动微短剧是一种由观众参与剧情创作的新颖、有趣、充满创意的剧集形式。它融合了短剧高密度剧情全程爆点的叙事特点和游戏的互动元素，使观众在观看的过程中能够通过自己的选择影响剧情的走向、人物命运的发展变化和结局。与传统一剧到底的短剧类型相比，互动微短剧具有参与度高、剧情多变、结局多样等特点。

互动微短剧较之常规的微短剧，面临着生产成本高、制作难度大、观众需求平衡难等挑战。

互动微短剧主要有以下几个特点。

（1）互动性强。互动微短剧的核心特点是观众的深度参与。它通过选择、投票、答题等特定的互动方式，让观众参与剧集创作，影响剧情走向，使观众有更深的参与感和投入感。

（2）剧情紧凑。互动微短剧因经过观众参与"集体创作"，精心设计故事情节，常常十分紧凑、环环相扣、爆点频频。

（3）多种结局。由于观众的参与影响剧情的走向，因此互动微短剧常常有多种结局。这种设计使得每个观众都有机会体验到不同的剧情和结局，提高了剧集的复看率。

（4）题材丰富。互动微短剧涵盖都市情感、古装甜宠、悬疑烧脑、青春校园、奇幻穿越、农村题材、动作冒险、喜剧幽默、科幻未来、历史传奇等各种题材，满足了不同观众的观影需求，使每个观众都能在互动微短剧中找到自己喜欢的题材。

（5）社交性强。互动微短剧因使观众具有高度的参与性，往往能够在观众中引发广泛的讨论和分享。观众会通过社交媒体分享自己的观看心得、讨论剧情的走向，甚至预测故事的结局，这就增强了微短剧的社交性和话题性。

2. 情景微短剧

情景微短剧是一种在特定情景下创作的短小精悍的剧集形式，通常由几个人物和简单的场景组成。这种剧集通常具有紧凑的剧情、精练的对白和独特的视角，能给观众带来一种不同于传统长篇电视剧的观感。

较之长篇电视剧，情景微短剧更注重对人物性格和情感的刻画，通过独特的故事情节和人物塑造对社会问题进行讽刺与思考。

情景微短剧主要有以下几个特点。

（1）情境性强。情景微短剧通常以某个特定的情境或背景为基础，通过场景、道具等元素营造出特定的剧情氛围，让观众能够快速进入情境中，感受人物的思想情感和行动目标。

（2）情节简明。情景微短剧的情节通常简单明了、精练紧凑，剧情发展也比较直接，使观众易于理解和接受。

（3）生动幽默。情景微短剧通常以轻松幽默的方式展现故事情节和人物关系，通过幽默的语言、滑稽的表演和搞笑的情节来吸引观众的注意力，让人在娱乐中感受到情感的传递和思想的共鸣。

（4）形象鲜明。情景微短剧注重人物形象的塑造和个性的刻画，通常通过台词、动作、表情等手段来展现人物的性格、情感和行为，使观众更加容易理解和感受人物的内心世界。

（5）制作精良。情景微短剧在较短的时间内、在某个特定的情境里讲述一个完整的故事，制作上需要精良，才能吸引更多观众。其对于场景布置、服装道具、音乐音效都需要精心设计，还需要有优秀的演员、高水平的摄影和剪辑技术等，以保证剧集的质量。

3. 泡面番

泡面番是源自日本动漫文化的一个二次元词汇，是指单集长度在3～6分钟的动画片，因观看一集动画刚够泡好一碗方便面而得名。泡面番的集数由动画作品的内容和类型而定，从数集到数百集不等。

泡面番的剧情常以温情、搞笑、欢乐向为主，制作成本比较低，很受观众喜爱。

泡面番有以下几个主要特点。

（1）短小精悍。泡面番每集只有几分钟，篇幅短小且内容精悍，非常适合给忙碌生活中的人们快速欣赏。泡面番这种在网络平台上播放的简短而精彩的叙事形态，正好填补了电视台的空档时间。

（2）轻松幽默。泡面番的主题通常比较轻松、幽默，能使观众在短时间内放松身心，享受动画带来的乐趣。泡面番的目标受众以青少年为主。

（3）题材多样。泡面番题材涵盖了搞笑、日常、恋爱和奇幻等。题材的多样化使观众可以各取所需。

（4）更新迅速。由于泡面番的作品体量小，生产周期短，内容更新快，所以观众常观常新，乐此不疲。

（5）易于共鸣。泡面番通过轻松幽默的动画叙事来展现人物的生活状态和思想情感，容易让观众产生共鸣。

（二）按平台种类分类

按照传播平台来分类，微短剧主要包括以下三种。

1. 横屏微短剧

这类短剧以爱奇艺、腾讯视频、优酷、芒果 TV 为传播平台，单集时长 10 分钟左右，邀请专业人员创作。横屏微短剧通常制作比较精良，譬如腾讯视频播出的《招惹》，优酷播出的《锁爱三生》，爱奇艺播出的《偏偏宠爱》，芒果 TV 与搜狐视频联播的《风月变》等。

2. 网红微短剧

这类短剧是以快手、抖音等短视频平台为传播渠道，单集时长 3 分钟以内的竖屏微短剧。这类微短剧在创作之前，往往招募一些拥有百万粉丝的网络达人饰演主要角色。这是个两全其美之策，对于网络达人来说，涉足微短剧摄制，不仅圆了自己的明星梦，更重要的是多了一个演员的头衔，在流量分账、品牌招商、电商直播等方面更有优势。而对于制作方来说，网络达人自带的粉丝群就是作品上线后的忠实观众，大大降低了投资风险，提高了作品剧集盈利变现的概率，譬如抖音播出的《二十九》，快手播出的《东栏雪》等。

3. 小程序微短剧

这类微短剧是以 App 小程序（如微信端、抖音、快手等）为载体进行传播，单集时长为 1~2 分钟，每部作品往往上百集。小程序微短剧通常剧集上线后 10~15 集免费给观众观看，在高燃处或悬念处戛然而止，观众要想继续观看就得付费，每集费用在 0.8~1 元之间。因此，小程序微短剧通常被称为"一元剧"。小程序有充值优惠服务，一般情况下，看完一部微短剧需要付费几十元至上百元不等。

小程序微短剧可以通过小程序的投票、弹幕等功能，实现与观众互动。这类微短剧因剧情诱人、付费便捷、观众群体庞大，上线的作品播放量动辄数千万甚至上亿，譬如《哎呀！皇后娘娘来打工》《闪婚后，傅先生马甲藏不住了》《无双》等。

（三）按题材类型分类

微短剧的题材十分丰富，主要包括如下几种类型。

（1）甜宠、总裁、言情类。这类微短剧以爱情为主题，剧情多以甜蜜、浪漫为主，主要面向女性观众。

（2）青春、校园、成长类。这类微短剧以校园生活、青春、成长为主题，讲述学生时代的故事，剧情通常充满轻松、温馨、朝气蓬勃的气氛。

（3）战神、逆袭、重生类。这类微短剧以男性观众为主要受众，剧情多涉及战争、武打、逆袭等元素，主线明确，情节紧凑。

（4）搞笑、幽默、喜剧类。这类微短剧主要以幽默、搞笑的情节为主，以轻松、愉悦的方式吸引观众，主要面向年轻观众。

（5）悬疑、推理、恐怖类。这类微短剧以探案、推理、悬疑、惊悚、恐怖元素为主，剧情多涉及犯罪、侦探等情节，主要面向喜欢紧张、追求刺激的观众，以男性居多。

（6）古装、穿越、奇幻类。这类微短剧以古代、奇幻、玄幻为主题，剧情多涉及穿越、重生、魔法等元素，主要面向喜欢奇幻、探险和浪漫的观众。

思考与练习

谈谈你对当下网络微短剧创作中存在的题材同质化、故事雷同、跟风模仿、无脑爽剧甚至"三俗"等问题的看法，并写成800字以上的评论发布在自媒体平台上。老师将择优在课堂上点评。

第二节 微短剧剧本写作

一、微短剧剧本与传统影视剧剧本的异同

基于网络微短剧独特的属性，其剧本写作和传统影视剧剧本写作有着较大的区别。要掌握微短剧剧本写作的方法和要领，首先要了解微短剧与传统影视剧剧本创作之间的异同。

（一）时长与节奏

微短剧和传统影视剧一样，都属于时间和空间的艺术，都是在既定的时长内进行影像化叙事的艺术形态。微短剧通常单集时长只有几分钟到十几分钟；而传统影视剧时长较长，电影单片时长常常超过一百分钟，电视剧每集时长一般是四十五分钟。

因此，微短剧的剧本写作需要在极短的时间内完成故事情节的叙述、人物命运的展示、艺术形象的塑造，这就需要加快叙事节奏，压缩事件发展过程中不重要的情节或细节，将所有笔力放在故事推进、人物刻画和主题表达上。

而传统电视剧为了更好地表达主题、展示剧情、刻画人物，则更加注重节奏的把握和

调节，通过节奏的变化和有机调整，更好地展现作品的故事情节和人物形象。

（二）人物与情节

微短剧和传统影视剧一样，都是造型艺术、音画艺术和时空艺术的有机结合，其剧本都是将主题、故事、人物等元素具体造型于音画空间的叙事文体，都需要进行叙事、塑人、状物、写景、抒情等艺术创作。微短剧通常只有几个主要人物，单线叙事讲述一个主题，故事情节相对简单，主要突出核心人物和重点情节。在微短剧剧本创作时，要在有限的时长里展示高密度剧情，往往需要不断设置悬念、误会、巧合、反转和高潮，以频繁制造矛盾冲突激烈的高燃情节。

微短剧的叙事策略是大悬念套小悬念，其情节发展基本上靠悬念来维系，每集的结尾处必须设置一个小悬念，以吸引观众持续关注。微短剧囿于时长，无法做到对过程的详细交代，只能直接呈现出人意料甚至匪夷所思的结果，以满足观众的爽感和快感的娱乐需求。因此，微短剧也被称为"爽剧""雷剧""擦边剧""工业糖精""数字咸菜"。

在剧本创作过程中，传统影视剧在人物与情节的处理上相对来说比较理性，注重生活常理和行为逻辑的合理性，因为它有较为充裕的时间通过足够的细节来进行铺垫。传统的影视剧通常角色比较丰富多样，情节更加复杂，注重人物成长和剧情的纵深发展，尤其是电视剧，人物众多、剧情繁复，通常采用复线或非线性叙事手法娓娓道来，这是微短剧望尘莫及的。

（三）语言与表达

作为声画艺术，微短剧和传统影视剧一样，都需要通过人物的语言、行动来演绎故事、塑造形象、传达主题。在剧本写作中，微短剧缘于其体量之微，人物台词要求高度凝练、简洁明快，强调情感和核心信息的传达，需要夸张的台词和动作表达而传统影视剧则更加注重语言的丰富性、表现力和个性化，通过丰富而细腻的对白和肢体语言来展现人物的内心活动和精神世界。

（四）重点与结构

作为叙事类文艺体裁的微短剧，和传统影视剧一样，都注重作品表达重点和核心，讲究叙事的结构机理。

在剧本创作上，微短剧的重点在于在短时间内快速吸引观众的注意力，着力表达核心情节和人物关系，不追求细节的描绘和背景的完整性交代，而是通过紧凑、精练的剧情来展现故事情节和人物形象。而传统影视剧则更加注重剧情的完整性、细节的刻画和背景的展示，更加注重剧情的深度和广度开拓，人物内心世界的挖掘，通过详尽的剧情发展和细致入微的角色塑造来吸引观众的长期关注。

在剧本的结构上，微短剧通常采用单线叙事，根据事件的开端、发展、高潮、结局起承转合的时间线顺序进行叙事，在有限的时间内将短小精悍的故事快节奏展示给观众。而传统影视剧一般会用复线叙事的手法来解构剧情，更加注重剧情结构的复杂性和层次性，通过多个线索和情节的发展来构建更为全面而完整的故事世界，使用倒叙、插叙、补叙等非线性叙事手法来讲述较为繁复的剧情内容。

总而言之，微短剧和传统影视剧在剧本创作上有很多异同，这些异同正好反映了两种艺术形式各自的特点和优劣。当今微短剧正处于成长和发展时期，不少上线的微短剧或多或少存在主题媚俗化、内容同质化、故事套路化、人设脸谱化、情节离奇化、台词夸张化、表演儿戏化等"无脑""无厘头"现象。究其原因，就是创作者为眼前利益所驱动，缺乏创新意识，沿袭别人的窠臼炮制草根逆袭、重生暴富、穿越重爱、绝地复仇、灰姑娘嫁入豪门等套路性的剧情，让一些乐此不疲的观众在这些虚拟人生中望梅止渴。因此，微短剧要向精品化、专业化方向发展，首先要提高剧本创作水平。

二、微短剧剧本写作要领

米兰·昆德拉曾言："在这个艺术领域里没有人掌握绝对真理，人人都有被了解的权利。"艺术的真理涵盖着天地大美之奥秘，每个人都可以探究、认知、发现。每个人的笔下都可以呈现与众不同的艺术世界，每个编剧都可以尽情描绘自己的梦里乾坤。

在本书第四章和第六章详细讲述过微电影和网剧的剧本写作知识，微短剧作为一种新兴的影视作品形态，其剧本写作的基本原理和影视剧本大同小异。但由于微短剧自身的特殊属性及其传播环境因素，决定了其剧本创作除了具有影视剧本创作的共性之外，还有其独特的个性特点，这就需要有独特的剧本创作方法。

（一）加快叙事节奏

微短剧剧本在叙事上需要加快节奏主要是由三方面的原因决定的，这就需要由特殊的叙事手段来实现。

（1）微短剧的时长相对于传统电视剧来说十分有限，在短短的几分钟或十几分钟之内要讲完事件的开端、发展、高潮、结局的全过程，完成剧情的叙述、命运的展示、人物形象的刻画等任务。这就不得不在剧本创作上加快叙事节奏，尽可能地削去与主题无关的枝蔓，压缩或省略事件发展过程中不甚重要的情节和细节的铺垫及冗余，将所有的精力都集中在剧情的推进、矛盾的演化、主题的表达上。

（2）观众碎片化的观影习惯，促使微短剧剧本的节奏必须加快，才能实现短、平、快地满足观众的"快餐"需求。在快节奏的现代社会里，人们的休闲娱乐更倾向于选择简短、精练的内容，以获得碎片化的娱乐。这就要求剧本创作时，在讲述故事发展和情节推进的过程中，必须使剧情矛盾冲突加剧、节奏加快、反转频现，以在短时间内吸引观众的注意力和兴趣，不使其产生审美疲劳。

（3）微短剧的主要目标受众群体是年轻人，他们的审美情趣倾向于新鲜、刺激、有趣、开心，这就需要编剧在剧本中设置快节奏、强冲突、高密度、紧张刺激的剧情内容，让他们能在短时间内入戏、共情甚至共鸣。编剧应在事件推进的过程中频繁使用悬念、误会、巧合和反转的叙事手法，添加幽默、搞笑、轻松、开怀甚至匪夷所思的元素，以尽可能满足观众的好奇心和娱乐消遣的心理。

（二）强化戏剧冲突

18世纪法国启蒙运动领袖、戏剧理论家狄德罗在其《论戏剧体诗》中指出："情境要有力地激动人心，并使之与人物的性格发生冲突，同时使人物的利害互相冲突。应该使一个人不破坏别人的意图就不能达到自己的目的；或者使大家关心同一件事，然而每个人希望这件事按照他的打算进展。"

从某种意义上来说，戏剧冲突就是给予观众的兴奋剂、惊堂木，是影响微短剧成败的重要因素。

1. 微短剧强化戏剧冲突的意义

（1）引起观众注意。强化戏剧冲突可以使剧情更加紧张激烈、扣人心弦，吸引观众的注意力、好奇心和探究欲望，使他们集中精力关注剧情的发展态势和人物命运的最终结局。

（2）增强剧情张力。戏剧冲突能使剧情更加紧张、刺激、诡谲，在双方角力的过程中，结局的不确定性增强了剧情的张力以及观众心里对博弈双方胜负预判的期待。

（3）人物形象立体。通过强化戏剧冲突，可以更加深入地展现人物的性格特点、起心动念、行为逻辑、善恶美丑，使人物形象更加真实、立体、鲜明。语言、行为的冲突，可以让剧中角色在应对困境和挑战、伦理和道德的底线面前，展现出不同的精神面貌，便于观众更深入地了解和认识剧中人物。

（4）提升作品深度。戏剧冲突，不仅仅是个体和个体之间的矛盾，也可以是个体与社会环境和自然环境、个体与自我、理想与现实之间的矛盾。通过这些冲突，可以使故事传达出更深层次的思考和启示，使作品更加丰富、有深度，从而提升作品的价值和意义。

（5）满足多元需求。新媒体时代的观众，对于影视作品的审美需求日益多元化，大多数观众都喜欢展现复杂、多元的人性及人物关系的剧情冲突，从而在紧张、刺激甚至不可思议的剧情中获得审美或娱乐需求。

2. 微短剧强化戏剧冲突的要领

（1）矛盾设置合理。要想剧情矛盾冲突真实、自然，就必须在剧情中设置合理的矛盾点。

首先，矛盾点的设置需要符合剧情的逻辑并具备合理性，不能出现突兀或者牵强的情节，譬如不符合常理、失去生活的真实、有悖公序良俗等。矛盾点的产生和发展需要有一定的铺垫和依据，要让观众能够理解和接受。

其次，剧情中的矛盾点需要有多样性和丰富性，不能过于单一或者重复。不同的矛盾点可以展现剧中人物之间不同的关系和冲突，展现人性的复杂和多维，也可以使得剧情更加富有层次和深度。

再次，矛盾点的设置必须与人物的性格和行为逻辑相契合，不能出现与人物性格不符的矛盾点。这样可以让人物更加立体和真实地树立在观众的心目中，也可以让观众更加深入地理解和感受人物的内心世界。

最后，矛盾点的设置要对剧情的发展起到推动作用。矛盾点的解决和转化不能突兀，需要相应的逻辑依据，以使剧情的发展和人物命运的变化显得真切自然。

矛盾点可以是性格差异、利益冲突、立场不同、价值观对立等。通过人物之间的矛盾冲突，可引发观众的关注、探究和共鸣。

（2）加强剧情转折。在叙述剧情发展的过程中，要加强情节转折，让剧情发展更加跌宕起伏、峰回路转，以提高观众的观影兴趣。

首先，在剧情发展中可以巧妙地设置一些悬念，引发观众的好奇和猜测，同时设置一些误会和巧合，为剧情的转折提供一定的铺垫和逻辑基础。这些悬念可以是人物的真实身世、隐藏的秘密、突发的危机等；这些误会和巧合可以是偶然的事件、不期而遇的机缘等。随着剧情向前推进，误会和巧合次第展现，悬念也逐渐浮出水面，让观众在剧情的转折中感受意外和惊喜。

其次，要善于在剧情中注入反转元素。反转是促使剧情转折的常用手法之一。通过在剧情中设置一些与观众预期相反的发展结果，打破观众的固有思维定式，从而带来强烈的剧情转折效果。这些反转可以是人物思想观念的转变、行为计划的改变、剧情意外的发展等，让观众在剧情的反转中感受到震撼和冲击。

最后，在剧本创作中要强化情感变化。情感的变化是导致剧情转折的重要因素之一。人的喜、怒、忧、思、悲、恐、惊七情的变化，会直接影响或改变其世界观以及行动计划等。因此，通过加强对剧中人物情感变化的描述，可以让剧情的转折显得更加自然和令人信服。当人物经历一些重要的情感事件之后，他们的情感状态会发生变化，进而引发剧情的转折。这种情感变化可以是愤怒、喜悦、悲恸、忧伤等；其情感变化带来的转折可能是坚守、执着、放弃、妥协等。通过突如其来的剧情转折和变化，可以让人物之间的矛盾和冲突更加激烈和紧张，从而强化戏剧冲突。

（3）突出人物个性。在微短剧剧本创作中，突出人物个性是强化戏剧冲突的重要手段之一。通过突出人物的个性特点，可以激化人物之间的矛盾和纠葛，从而使作品的戏剧冲突更加强烈，更具有吸引力。

首先，要深入了解并挖掘剧中人物的原生家庭、学业背景、成长经历、职业特点等，这些都是人物性格形成的重要条件，也是塑造人物个性的关键因素。通过背景故事，可以赋予人物独特的情感色彩和行为动机。譬如，可以强化人物的言谈举止，通过人物的对话、行动以及他们的习惯、喜好等细节，展现其独特的个性。

其次，为剧中人物设置一些独特的激励事件所带来的挑战和难以逾越的困境，让他们在面对这些挑战和困境时，表现出不同的应对方式和解决办法。这些挑战和困境可以是情感上的、生活和工作中的，也可以是伦理道德上的，通过人物选择解决的办法和采取的行动来凸显其独特的个性。通过激励事件，可以展现人物的成长和变化，人物在经历一系列挑战和困境之后，随着心理及行为的转变，彰显个性的深度和复杂性。

最后，要突出人物个性，可以为人物设计一些标志性的元素，诸如独特的服装、配饰、道具、口头禅、小动作等（如济公的帽子和扇子，哈利波特的飞天扫帚等），这些元素可以成为人物的标识，能够使观众快速识别和记住人物。这样，既可以塑造出独特而鲜明的人物形象，又可以提高作品的吸引力和观赏价值。

（4）强化情感表达。情感是戏剧冲突的核心因素。在剧本创作中加强情感戏份的描写，让人物之间的情感纠葛更加复杂和深刻。通过强化剧中人物的情感表达，使人物之间的矛盾冲突更加生动和鲜明，从而使微短剧的戏剧冲突得以强化。

首先，要深入挖掘剧中人物内心世界的情感内核，理解他们的喜怒哀乐、情感诉求、目标动机等,这样可以使人物的情感表达得更加真实、深刻。

其次,要精心设计剧中人物的对话。因为言由心生,语言是心灵的镜像,是情感传达的媒介。编剧在表达人物情感时,语言是最好的工具之一,可通过个性化的语言和行动来展现人物的情感世界。语言个性化指的是人物的语言与其身份、职业、学养、品性等高度契合。

再次,要在剧情中合理地设计情感的高潮和转折点,从而展现人物的情感起伏变化。这些高潮和转折点可以是人物的重大决定、意外的变故、情感的爆发、生死抉择时刻等。

最后,要注重细节的表现。通过人物的细微动作、表情等细节来表达人物的情感变化。这些细节往往能够让观众更加深入地理解和感受人物的内心世界。

(三) 设置悬念反转

1. 悬念

文艺作品中的悬念是维持受众对作品持续期待的重要元素,而故事情节的反转往往会给受众意想不到的惊喜。微短剧剧本创作,在故事情节推进过程中,采用悬念、误会、巧合等手法不断设置反转,可以增强剧情的精彩度和观赏性以及观众的观看黏性。

微短剧剧本创作,如何设置悬念?

悬念,就是悬着的念想。微短剧中的悬念,就是观众对剧情中人物命运的发展变化以及不可知的结局所表现的一种紧张、疑问和急切期待的心理。悬念一词最早见于亚里士多德的《诗学》悲剧理论中。悬念在中国戏曲理论著作中,叫作"结扣子""卖关子"。它能够更好地塑造人物形象、阐述主题思想,使观众的注意力高度集中于作品的剧情发展和人物命运的结局。

微短剧中的悬念主要有以下几种情形。

(1) 抛出问题谜团。通常在第一集开始或中间的剧情中,抛出一个令人感到不可思议的问题或一个令人不解的谜团,譬如剧中人物的真实身份、隐藏的秘密、突如其来的奇迹、未解之谜等,来引发观众的好奇心和求解欲。

悬念成功设置的前提是,必须交代清楚造成悬念的情境和人物关系,同时,人物和事件必须赢得观众的同情。

(2) 逐步揭示信息。剧中的问题和谜团的核心信息只能随着剧情步步推进,观众逐步推理、猜测和预判,一点点地向观众展示出来,直到结尾才真相大白。切忌一开始就透露所有信息,这样就构成不了悬念。

《一千零一夜》中的山鲁佐德在新婚之夜给国王讲故事,每讲到关键处就对国王说"且听明天分解"。山鲁佐德就是靠在讲故事的过程中不断地扣押信息、逐步揭示信息、设置悬念,连续讲了一千零一夜,国王为了听故事忘记了屠杀天下年轻姑娘的复仇计划,使得山鲁佐德免于被杀,还与国王白头偕老。

(3) 利用人物冲突。在剧本创作中,要善于利用人物之间的矛盾冲突、双方角力、互相残杀、不共戴天的关系,使观众急于了解你死我活地较量的双方最终谁是赢家,或者想知道双方是如何解决冲突的,结局如何。

微短剧作品要想博得更多的观众喜爱,必须精心设置悬念。除了有一个贯穿全剧始终的大悬念之外,还要在故事推进的过程中适当设置一些小悬念(不宜过度使用悬念,以免使观众感到疲惫或失望），使剧情峰回路转、诡谲多变、环环相扣，使作品在有限的时长内紧紧抓住观众的注意力，使他们始终保持紧张感和好奇心。每一集的即将结尾处需要设置剧情的小高潮和小悬念，以吸引观众继续关注下一集。在设置悬念时，要向观众交代清楚造成悬念的前提（情境和人物关系），要确保情节合理、自然，并且与故事的主题和整体风格相协调。

微短剧设置悬念的要领。

（1）抛出谜团。在故事开头或第一集的剧情中，抛出一个与故事的主题和情节密切相关的引人入胜的谜团或匪夷所思的问题，让观众去揣测真相、思考答案、预判结局，直到问题解决、谜团揭晓。

（2）营造气氛。在剧本创作时，要善于在故事的关键时刻营造惊险、紧张的气氛，让观众产生紧迫感，为剧中主人公正面临重大困境、危险甚至是灭顶之灾而担忧。这种充满紧迫感的气氛往往会激发观众的好奇心和了解欲，使其特别想知道主人公如何应对困境甚至灾难。

（3）暗示观众。在剧情中适当地向观众暗示接下来要发生的事件，但不要透露太多细节。这样可以引发观众对事件的发展态势和人物命运的最终结局产生好奇。

（4）紧张关系。通过制造剧中人物之间的紧张关系，展示事件的某些疑问或秘密的端倪，来增强故事的悬念。使观众想要了解这些紧张关系是如何演变的，问题是如何解决的，秘密的真相是什么。

（5）续集伏笔。作品采用开放式结尾，在故事的结尾处留下一个悬念，不完全解决所有问题或对部分情节线索的谜团不予揭示。这样可以引发观众的好奇，促使观众对接下来的剧情或续集内容的关注，给续集创作埋下伏笔。

（6）扣押信息。在故事叙述过程中要善于扣押信息，控制对观众透露信息的尺度，只能巧妙地透露部分情节或线索，保留一些关键信息作为悬念，使得处于雾中观花、水中望月状态中的观众产生对谜底或真相的了解欲。

2. 反转

反转是指叙事类文艺作品通过设置剧情的突然反转或因意外事件导致的逆向发展，而改变故事的发展趋势，为剧情带来意想不到的转折，打破观众的预期，使观众感到意外和惊讶之余，激起对事件后续发展的好奇心和探究欲。反转能增强作品的戏剧性和人物的艺术魅力，丰富故事的情感层次，提升作品的影响力。

微短剧常见的反转形式包括以下几种。

（1）身份反转。身份反转通常涉及剧中人物的身份或背景发生突变。譬如，一位草根人物突然反转成一位超级富豪、高级官员或者具有某种特殊能力的超级英雄。这种反转可以打破观众对人物的刻板印象，增强剧情的复杂性和趣味性。

（2）预期反转。预期反转就是与观众的预期正好相反的二元对立式的反转。譬如，观众可能一致认为某个人物是好人，但随着剧情推进突然反转成一个十恶不赦的恶人，并怀有不可告人的秘密或险恶动机；或者观众一致预期某个情节会按照某种方式发展，但剧情以出人意料的方式发生转折。

（3）情境反转。这种反转涉及人物所处的环境或情境发生突变。譬如，一个看似喜气祥和的婚礼现场，可能突然暴露出亲眷之间的深仇大恨；或者一个看似安全的藏身之所，可能突然变成杀机四伏的战场。

（4）情感反转。这种反转通常涉及人物之间的情感关系发生变化。譬如，一对看似恩爱的情侣，可能突然分手；或者一对看似不共戴天的仇人，可能突然和解。这种反转可以深刻揭示人性的复杂性和情感的脆弱性。

（5）胜负反转。这种反转涉及相互对立的两种力量的较量或交恶，最终胜负、强弱发生变化。譬如，观众可能一致认为在此次较量中，其中一方稳操胜券，可是，局势发生反转，另一方取得胜利。这种反转可以颠覆观众的认知，使观众感到震惊和好奇。

（6）结局反转。这种反转涉及整个故事的结局发生突变。譬如，观众可能认为故事会以一种方式结束，但结局却以另一种完全出乎意料的方式呈现。这种反转可以给观众带来强烈的震撼和满足感。

微短剧剧本创作，如何设置反转呢？

传统的剧情设计往往遵循着"开端—发展—高潮—结局"线性叙事模式，但微短剧可以通过反转剧情设计，打破这种模式，让观众在剧情的反转中感受到惊喜和新鲜感。譬如，在剧情的高潮部分出现意想不到的反转情节，或者在故事的结尾处留下多义性的结局，让观众自己去猜测和想象。

（1）预期与现实的反差。编剧在剧本中要设置与观众预期正好相反的情节发展，彻底颠覆观众的预判、打破观众的预期，眼前的剧情与观众心中的猜测截然相反或形成二元对立。譬如，交恶双方在善恶、正邪、胜负、输赢、生死、吉凶等方面发生反转或倒置，从而给观众带来反转后的强烈的震撼效果。在这里，编剧应该充当一个"骗子"的角色，在叙事过程中对观众进行一些善意的"误导"或"欺骗"。

（2）人物行为转变。设置剧中人物在关键时刻做出与平时性格或行为相反的决定，这种转变可以带来意想不到的反转效果。在反转之前不能让观众看出任何蛛丝马迹，反转之后再向观众交代归因。

（3）揭露隐藏信息。编剧在剧情发展的关键时刻揭露之前隐藏的重要信息，这些信息可以改变观众对剧情的理解和判断，譬如关键道具、相貌特征、重要场景和细节等。

（4）情节突然反转。编剧可以在剧情发展的某个节点上，突然改变情节的发展方向，让观众出乎意料，产生强烈的反转冲击，接着采用闪回的方式补叙反转的因果。

微短剧巧妙设置悬念和反转，可以吸引观众的注意力，增强剧情的吸引力和观赏性，提升观众的观剧体验，但是需要注意以下几个问题。

（1）合理性。在微短剧剧本创作中，无论是悬念还是反转，都需要符合剧情的逻辑且具备合理性，不能一味取悦观众而使故事的悬念或反转失去了合理性，变得过于牵强或突兀，从而失去了艺术的真实性。

（2）节奏控制。微短剧有时长限制，因此需要精确地控制悬念和反转的节奏，不能影响全剧的发展节奏和主题的表达，确保悬念和反转在有限的时间内达到最佳的效果。

(3) 人物塑造。所有叙事类的文艺作品，讲故事只是手段，塑造人物形象、彰显主题思想才是最终目的。悬念和反转应该为塑造人物形象服务，应该与人物的性格、行为和情感变化相吻合。

微短剧剧本创作反转设置的几个要领。

（1）熟悉内容。编剧在设置反转之前，首先要对剧情和人物了然于心，熟悉作品的主题内容、情节发展走向以及人物的性格特点、行为动机等。这将有助于编剧确定何时、何地实施反转，如何设置反转才符合剧情和人物的逻辑。

（2）选择时机。设置微短剧反转，时机非常重要。它应该出现在剧情发展的关键节点上，以产生最大的戏剧效果，譬如，在剧情的高潮部分或转折点处实施反转，这样就能够给观众带来更大的惊喜和冲击力。

（3）创造冲突。编剧设置剧情反转，目的是颠覆观众的预期或预判，增强作品的戏剧张力。因此，设置反转时应注重创造戏剧性冲突，譬如，让剧中人物面临困境、挑战、危机或意外情况，引发观众好奇并关注剧情的发展。

（4）符合逻辑。尽管剧情的反转需要打破观众的预期，但它仍然需要保持逻辑的合理性。设置反转时，要确保其符合剧情和人物的逻辑规律，避免出现突兀或不合逻辑的情况。合理的反转不仅能够提升剧情的吸引力和精彩度，还能够给观众带来意外的惊喜，增强观众对作品的认同感。

（5）注重表达。反转不仅是剧情的转折，也是情感表达的契机。在设置剧情反转时，要注重人物的情感变化和表达。通过人物的喜怒哀乐、内心挣扎等情感元素，来增强反转的情感冲击力，使观众更加深入地理解和感受人物的情感世界。

（6）手法多样。设置剧情反转时可以采用多种手法，譬如，身份反转、预期反转、情境反转、情感反转、胜负反转、结局反转等。采用不同的反转手法，可以丰富剧情的层次和变化，给观众带来更多的惊喜和新鲜感。

（四）题材元素叠加

微短剧的观众大都是年轻人，普遍喜欢"鸡尾酒"似的多元文化交汇的作品，因此，在微短剧中常常出现融合多种题材或多种元素的题材元素叠加现象。微短剧打破了传统类型的限制，通过不同题材和元素的碰撞和融合，产生更多的创意灵感，让剧情更加丰富多彩，给观众创造出全新的观剧体验，如都市+爱情+科幻题材、校园+玄幻题材，喜剧+悬疑+惊悚题材等。

譬如，微短剧《逆袭打工人》，讲述普通打工青年江飞的逆袭传奇人生，这就是个基于现实主义创作风格的爱情题材+奇幻元素。该剧一开始就向观众交代了主人公江飞在等公交车时，因奋不顾身救一个被诬告用手机偷拍女子裙底的大叔而被打晕在地，他身上的玉佩激发了他的黄金神眼——被一位白衣仙翁传授了古医金瞳术，具有CT、X光、超声波等功能，能准确地判断人体的疾病症状和吉凶祸福。此后，江飞给一些富贵显达之人治病除蛊，每每妙手回春。再譬如，《风月变》第一集就讲述主人公长风和千月在除夕夜的街市上，天空突降大雪，一群撑着红伞的红裙女子将伞一抛，变成双目血红、面刺诡纹、快如疾风、力如猛虎的妖魔，而千月也因鸢婆婆给她针灸三年，也变成目闪神火、徒手杀妖的超人。

微短剧为什么要进行题材和元素的叠加？

（1）丰富剧情内容。题材和元素的叠加能让微短剧的内容更加丰富多彩，包含更多的故事情节和叠加之后可能产生意想不到的冲突点。不同的题材和元素融合与碰撞，可以相互补充和丰富，形成更加新颖、完整和有趣的故事脉络，从而更加吸引观众的注意力。

（2）拓宽观众群体。不同的题材和元素有着不同的受众群体，微短剧多种题材和元素叠加能够拓宽目标受众范围，满足不同观众的喜好和需求，有助于提升微短剧的影响力和传播效果。

（3）创新表达方式。微短剧题材和元素的叠加，是表达方式上的一种创新。通过融合不同的题材和元素，微短剧可以创造出新颖、独特的故事情节和视觉效果，从而博得观众的喜爱。这种创新也有助于提升微短剧的艺术价值。

（4）提升观看体验。微短剧因时长较短，需要在有限的时间内传达尽可能多的内容信息和思想情感。通过叠加多种题材和元素，微短剧可以在有限的时间内呈现更加丰富的内容和情节，提升观众的观看体验。

（5）适应市场变化。视听市场的不断变化和观众需求的升级，促使微短剧不断创新求变。题材和元素的叠加是一种灵活有效的方式，创作者可以根据市场变化和观众反馈进行调整和优化，以提高微短剧的竞争力和吸引力。

以下是微短剧进行题材和元素的叠加主要方法和步骤。

（1）确定核心题材。在创作剧本时，首先要明确微短剧的核心题材，应由一个主要的故事贯穿全剧始终。核心题材应该具有较高的关注度和吸引力，这样才能够引起观众的观剧兴趣。

（2）筛选相关元素。确定了剧本的核心题材后，根据剧情需要，筛选出与核心题材相关的元素。这些元素可以是两性情感、创业奋斗、人生奇遇、社会问题、理想追求等，它们将与核心题材共同构成微短剧的基本框架。

（3）元素有机融合。将筛选出的元素巧妙地融合到剧本的核心题材中，形成有机的整体。在融合元素时，要注重元素的相互补充与协调，避免出现突兀或矛盾的情况，同时，要保持剧情的连贯性和逻辑性，确保观众能够顺畅地理解和接受故事。

（4）创新表达方式。在题材和元素的叠加过程中，要注重表达方式的创新。可以尝试将不同题材和元素以新颖、独特的方式进行融会组合再呈现给观众。譬如，可以运用非线性叙事、时空跳跃等手法打破传统的故事结构，创造出更具张力和吸引力的剧情。

（5）考虑受众需求。在微短剧剧本创作进行题材和元素的叠加时，要充分考虑受众的需求和喜好。只有了解目标观众群体的特点和喜好，选择能够引起观众共鸣的题材和元素进行叠加，才能够提升微短剧的观赏性和影响力。

（6）不断调整优化。在微短剧剧本创作过程中，要根据观众的反馈和市场变化，不断地优化和调整题材和元素的叠加方式。只有通过不断地尝试和改进，才能找到最合适的叠加方式，打造出更加丰富、有趣和有吸引力的微短剧作品。

（五）创新人物设定

创新人物设定对微短剧创作来说至关重要。传统的人物设定往往比较单一和刻板，但微短剧可以通过创新人物设定为作者提供更多的创作灵感和空间。通过探索不同的人物设定，作者可以发掘出更多的故事线和情节点、更多的叙事角度和层次，使剧情变得更加多元、丰富，赋予人物独特的性格、技能、背景等，使人物形象多维、丰满、鲜明、独特甚至令人难忘。创新人物设定能凸显作品的艺术个性，丰富观众的观剧体验，提升作品的关注度、曝光度和影响力。

微短剧创新人物设定的主要方法包括以下几种。

（1）人物设定反常。微短剧创新人物设定的关键在于打破常规，尝试对传统人物（性别、年龄、职业、性格等）设定进行非常规的反转或颠覆，赋予人物独特、新颖、有趣的个性和魅力，让观众能够产生共鸣和情感投射，同时，深度挖掘人物内心世界的欲望、诉求、喜恶爱憎等。

譬如，根据弗洛伊德的"本我，自我，超我"的理论，将传统的英雄人物设定为有着明显缺陷和弱点的普通人，或者将反派人物设定为有着复杂情感和动机的人物，增加人物的复杂性、立体感和深度；同时，也能为剧情的发展提供更多可能性。

（2）强化个性特征。通过强化人物的个性特征，让人物更加鲜明和突出。可以通过独特的外貌、语言、行为等方面来突出人物的个性，使它成为人物的标志性的符号，让观众一眼就能识别出人物的特点。在剧情发展中，强调人物的成长和变化，这种成长可以体现在性格、能力、思想观念等各个方面。通过角色的成长变化，可以展现出人物的精神弧光，使观众更加容易了解、接纳、认同并支持剧中人物。

譬如，设置人物胆小怕事，说起话来就结巴，这不仅能够体现人物个性，还具有一定的喜剧元素。但是，经过了人生沉浮磨难历练之后，该人物成长为一个有勇有谋、有担当的人，常常侃侃而谈、妙语连珠。

（3）赋予特殊能力。给人物赋予一些特殊的能力或技能，这些能力可以是祖传秘籍、绝活、特殊技能、独特的知识储备，也可以是超能力、特异功能等。这些特殊能力可以让人物在剧情中发挥出独特的作用，增加剧情的趣味性、神秘感和观赏性。

（4）多重身份背景。为人物设置多重身份、复杂的背景和成长经历，让人物在不同的场合、不同的关系中展现出不同的面貌。这样可以增加剧情的复杂性和趣味性，同时为人物之间的互动和矛盾提供更多的可能性，丰富了人物的内心世界和思想情感，增强了作品的深度和广度。

（5）巧设人物关系。在微短剧剧本创作中，人物关系的设置往往决定着作品的成败。因为人物关系直接影响矛盾冲突、故事走向、人物命运。因此，设置人物关系时，可以跳出传统的思维窠臼进行大胆尝试。

譬如，设置成敌对关系、恩怨关系、竞争关系、合作关系等，通过人物之间的互动、纠葛、对立、碰撞来增强戏剧张力，展示故事的丰富性和复杂性以及人性的多面性。

（6）融入现实问题。将现实生活中存在的社会矛盾、现实问题、人物类型等元素融入微短剧的人物设定中，让剧中人物更加贴近观众的生活和情感体验，从而使观众产生共鸣和情感投射，增强微短剧的吸引力。譬如，草根逆袭的人生传奇，网络诈骗当事人背后的辛酸与无奈，等等。

三、微短剧剧本写作注意事项

微短剧剧本创作必须注意以下几个问题。

1. 抓住卖点

在微短剧创作中,抓住了卖点就是抓住了市场,卖点直接关系到作品上线后能否受到观众的喜爱,收到较好的经济收益。以下是抓住微短剧卖点的几点建议。

(1) 了解受众。首先必须了解作品的目标受众。不同的观众群体有不同的观剧喜好和需求,需要明确你的作品是符合哪一类观众的需求。通过市场调研和数据分析,了解目标受众的喜好、年龄、性别、地域等信息,了解当前微短剧的流行趋势、观众喜欢的内容类型及观影习惯等,有助于更好地定位作品题材类型,创作出更符合目标受众口味的微短剧。

(2) 突出特色。在创作微短剧时,要突出作品独有的特色,体现差异化的优势。这里的差异化可以是新奇的故事、独特的角色、创新的手法等。通过突出作品的特色,吸引观众的注意力并激发他们的观看欲望,使作品在视听市场众多微短剧中脱颖而出,获取良好的市场效应和社会效应。

(3) 情感冲击。情感是观众与作品之间的桥梁。在微短剧中,要善于运用情感元素编织剧情,感人至深的故事易使观众产生强烈的情感冲击和思想共鸣。这可以通过描绘真实、细腻的人物情感,呈现贴近生活的场景等方式来实现。当观众在作品中找到自己的影子或产生共情时,就会持续关注并将作品分享给身边的人。

2. 写好对话

由于微短剧时长较短,人物对话必须注重简洁、明了、精准和逻辑性。人物对话需要符合其性格、身份、场景氛围等,同时要反映剧情的主题和情感。微短剧创作,写好人物对话具有十分重要的意义,具体表现在以下几个方面。

(1) 塑造人物形象。对话是展现剧中人物性格、价值观、情感状态以及社会地位等方面的关键手段。通过对话,观众可以更加直观地了解人物的内心世界,并对人物产生深刻的印象。

(2) 推动剧情发展。对话不仅是人物之间交流的方式,更是剧情发展的重要推手。通过对话,人物可以传递信息、揭示线索、制造冲突、解决问题,从而推动故事向前发展。

(3) 增强观众代入感。贴近生活的人物对话、富有感染力的语言表达,在提升观众的观赏体验的同时,能引起观众的共鸣,增强对作品的代入感。

(4) 营造氛围和情绪。人物对话的语气、节奏和内容都可以营造出不同的氛围和情绪,为观众带来更加丰富的视听体验。譬如,紧张的对话可以营造悬疑氛围,幽默的对话可以带来轻松愉快的感受,风趣的对话可以化解紧张的情绪和氛围。

(5) 提升艺术品位。优秀的人物对话不仅可以增强作品的观赏性,还可以提升作品的艺术价值和品位。通过深入挖掘人物的内心世界和情感体验,对话可以成为展现人物复杂性和多面性的重要手段,使作品更加具有深度和内涵。

编剧在创作微短剧过程中,要充分重视人物对话的设计和运用,写出引人入胜、符合人物特性和推动剧情发展的人物对话,从而打造精品。

如何设计人物对话?

(1)设定人物。首先要设定剧中人物,深入了解并掌握人物的背景、性格、动机、情感状态以及他们在故事中的人物定位,确定人物的语言习惯,譬如,他们是否使用行业术语、俚语、正式用语,或者他们是否谈吐风雅、言辞犀利、拙嘴笨舌或口若悬河等。这是设计人物对话的前提和基础。

(2)真实自然。人物对话应该听起来真实自然,富有生活气息,避免过于复杂或生硬的措辞,确保语言简洁明了且富有表达力。此外,应尽可能让对话反映人物的真情实感和人物独特的思维方式,而不是编剧自己的观点。

(3)服务剧情。人物对话应该服务于整体剧情,推动故事向前发展。在对话内容中嵌入关键信息、故事线索或转折点等,对观众来说有着说明、传达、暗示、预告、启发等作用,以增强剧情的紧张感和悬念感。

(4)塑造形象。人物对话不是单纯的人物之间的语言交流,而应该是通过不同人的对话体现其独特的职业特点、性格特征、人品修养、兴趣爱好等情况。

(5)人物关系。人物对话应该体现出人与人之间的关系,譬如恋人、同事、朋友、仇人等关系。可利用对话中的语气、措辞和互动来揭示人物之间的现场动态和复杂性。

(6)情感表达。对话是表达人物情感的重要工具。编剧要善于使用情感词汇和修辞手法来增强情感表达的效果,通过对话来表达喜怒哀乐、欲望与诉求等人物的情感状态。

(7)言简意赅。微短剧囿于时间所限,人物对话切忌冗长、空洞,力求言简意赅、精准凝练。

(8)新颖丰富。微短剧人物对话力求内容的新颖和个性化,尽量避免人物重复相同的观点或信息。人物对话应该具有多样性和丰富性,包括不同的主题、观点和情绪。

编剧要写好人物对话,必须深入生活,在现实生活中观察人们的交流方式,倾听他们的日常对话,汲取创作灵感,只有这样,才能写出引人入胜、符合人物特性和推动剧情发展的微短剧人物对话。

四、微短剧剧本范例

总统的女保镖①

扫码阅读

---

① 根据喻彬同名长篇小说改编的 100 集网剧节选前 3 集,每集时长 3 分钟。《总统的女保镖》2016 年由花城出版社出版。

思考与练习

1. 每人写一部 5 集的微短剧脚本大纲。
2. 6 位同学一组，依照微短剧创作要领，用手机拍摄 3 集以上的微短剧（每集时长 2 分钟）在自媒体平台上发布。

第九章

微文学概述与微文学写作

第一节 微文学概述

一、微文学的定义及特征

(一) 微文学的定义

微文学,又叫微型文学、短文学、精短文学,是一种用短小的篇幅展示文学作品内容的文学形式。它是在新媒体迅速发展,文学日益繁荣的背景下所产生的一种新的文学形式,包括微小说、微诗歌、微散文、微杂文、微评论等。

(二) 微文学的特征

文学即人学,是作家对社会与人生的观察和体悟,对复杂人性的洞悉和诠释,对人类生存状态和生命意义的探究与思索。微文学存在于互联网环境中的智能手机、平板电脑等自媒体上,它短小精悍、以小见大、微中显著、微言大义。微文学作品表现的是微主题、微思想、微观念、微价值,更多的是聚焦于小人物的微生活、微情感、微故事、微世界,以滴水见海、撷叶知林、窥斑见豹的微方式,折射人物的精神面貌、社会状况、人间百态、时代变迁。

微文学主要有以下几个特征。

1. 篇幅短小

微文学以简短化、凝练化著称,通常以较短的篇幅展示文学作品,字数一般在几十到几百字之间。这种短小精悍的特点使得微文学作品能够迅速传达作者的思想和情感。

2. 内容精练

微文学的内容高度凝结,要求作者在有限的篇幅内表达清晰、准确、生动的意思。这种精练的特点使得微文学作品更加具有吸引力和感染力。

3. 传播性强

微文学借助微信、微博等网络社交平台进行传播，具有广泛的传播性和互动性。这种传播方式使得微文学作品能够迅速传播到各个角落，吸引更多的读者关注。

4. 形式多样

微文学涵盖了多种文学形式，如微小说、微诗歌、微散文、微杂文等。这种多样性使得微文学作品能够满足不同读者的需求和口味。

5. 主题单一

微文学由于篇幅短小决定了其内容必须精练，一篇作品只能采用单线叙事讲述一个主题事件，表达一个中心思想。

6. 视觉微小

微文学的视觉和主题思想通常较为微小，着重关注生活中的点滴细节和情感体验。这种微小化的特点使得微文学作品更加贴近读者的生活和情感，容易引起读者的共鸣。

二、微文学的优势

微文学的优势是创作便捷、发表容易、传播迅速、受众面广。

新媒体为微文学的创作、发表和传播提供了无限广阔的空间，作者可以在微博、微信、博客等自媒体平台发表自己的微文学作品。它不像传统的文学作品，发表时受到纸质报刊版面的严格限制。由于刊登文学作品的纸质报刊远远不能满足中国庞大的文学创作队伍的发表需求，绝大多数作者创作的文学作品都难以发表，文学思想无处表达。新媒体平台为广大文学创作者的微文学写作提供了极为便捷的条件。

微文学写作有着便捷、快速、高效的优势，作者只要有一台手机，在碎片化的闲暇时光里，就可以写微小说、微诗歌、微散文、微评论、微剧本等。作品写好之后，通过微博、微信等自媒体平台，立即发表、快速传播，以满足碎片化阅读时代受众的多元化需求。这是传统文学写作无法企及的优势。

归纳起来，微文学的优势主要体现在以下几个方面。

1. 适应现代人的阅读习惯

微文学的篇幅短小、内容精练，非常符合现代人快节奏、碎片化的阅读习惯。在忙碌的生活中，人们往往只能利用短暂的空闲时间进行阅读，微文学正好满足了这种需求，让读者在短时间内获得阅读的满足感和愉悦感。

2. 便于传播和分享

微文学的传播性强，可以借助微信、微博等社交媒体平台迅速传播，方便读者分享和推荐。这种传播方式不仅能扩大微文学的影响力，也让更多的人有机会接触到优秀的微文学作品。

3. 文学形式多样化

微文学涵盖了多种文学形式，如微小说、微诗歌、微散文等，为作者提供了更多的创作空间和表达方式。同时，这种多样化的文学形式也满足了不同读者的需求和口味，让更多的人能够找到自己喜欢的微文学作品。

4. 促进文学创新

微文学的短小精悍要求作者在有限的篇幅内表达清晰、准确、生动的文学内容和主题思想，这无疑促进了文学的创新和发展。

5. 便于互动和交流

微文学具有很强的互动性和交流性，读者可以通过社交媒体平台对作品进行点评、分享、转发等操作，与作者和其他读者进行交流和互动。这种互动和交流不仅增强了读者的参与感和归属感，也为作者提供了更多的反馈和建议，促进了文学创作的进步和发展。

思考与练习

新媒体微文学与传统文学相比有哪些优势？在课堂上分享你的看法。

第二节　微文学写作

一、微文学写作要领

网络时代的读者审美情趣和阅读需求都在发生变化，这也使得微文学写作在主题选择、叙述语言和文字表达上都与传统的文学写作有所不同。

微文学写作要领主要包括以下几个方面。

（1）**精准选题**。微文学篇幅短小，因此选题要精准、具体，才能够迅速吸引读者的注意力。选题可以从生活中的点滴细节、情感体验、社会现象等方面入手，以小见大，反映深刻的人生道理和社会主题。

（2）**简洁明了**。微文学要求语言简洁明了，能够用最简短的文字清晰地传达精彩的内容。在写作过程中，尽力避免冗长、拖沓的语句和无关紧要的修饰词，力求言简意赅。

（3）**突出主题**。微文学篇幅有限，需在有限的篇幅内突出主题，让读者一目了然。在写作过程中，要紧扣主题展开，切忌离题或偏离主题。

（4）**准确表达**。微文学创作，可以采用各种不同的表达方式，如叙述、描写、议论、抒情等。在写作过程中，应该根据需要灵活运用不同的表达方式，以达到更好的表达效果。

（5）**写好细节**。微文学虽篇幅短小，但不能忽略细节描写，因为细节描写能够增强作品的可读性和感染力。在写作过程中，要注重对人物、环境、情感等方面的细节描写。

（6）**锤炼语言**。微文学的语言要锤炼得精准得当，既要简洁明了，又要富有感染力，使作品更具艺术性和感染力。

微文学创作需要突出的几个要点。

（1）**有趣的主题**。随着社会竞争日益加剧，人们的生活压力和精神压力越来越大，微文学作品在主题选择上也应该考虑读者的阅读需求，应选择富有情趣的，具有实用价值的，能带来愉悦的，可读性、趣味性、知识性、引导性、借鉴性较强的主题。

（2）灵动的文字。微文学作品是新媒体时代适应人们碎片化阅读习惯的文化"零食"，不需要深沉晦涩、老辣犀利的言辞，只需要言简意赅、清新灵动的文字。一篇微文学作品只要有一两句谈霏玉屑的语言文字让读者怦然心动就足够了。

（3）机智的语言。快节奏生活的当代人，需要茶余饭后或工作间隙的片刻娱乐，微文学就正得其所，因此，微文学作品的语言风格必须机智幽默、轻松活泼，使读者开怀之间能体悟微言大义。

二、不同类型微文学的写作方法

（一）微小说

1. 微小说的定义

微小说就是超短篇小说，最初是以微博为发布平台，限于140字以内。它是新媒体时代产生的一种新型小说形态。

微小说具有严格的字数上限，以短小精悍为特点，并且可以随时与读者进行互动。它是微博客价值延伸的一种生动表现形式，也是微文化诞生的基础。微小说最显著的特征在于其贴近真实生活、反映社会现实、体现时代精神，短小精悍、情节紧凑、情感真挚，往往通过微小的细节来表达深刻的主题。微小说起源于网络，渐渐成为文学的一种新兴形式，受到了越来越多读者的喜爱。

微小说通常采用第一人称或第三人称的叙述方式，让读者能够更深入地参与到故事中。微小说的故事情节通常由一些简短的描述性语句和细节构成，通过这些细节来展现人物的性格、情感和经历。其内容可以是喜剧、悲剧、科幻、魔幻等，也可以是一些日常生活中的小故事，如家庭矛盾、友情、爱情等。

2. 微小说的特征

微小说通常短小精悍、贴近当下生活、聚焦社会现实、折射时代精神。微小说作为一种新兴的小说形态，主要包括以下几个特征。

（1）字数限制严格。微小说的篇幅通常在140字以内，这要求作者在极短的篇幅内表达出完整的故事情节和主题，因此，微小说往往语言简洁、情节紧凑。

（2）情节简单且有张力。微小说的情节通常比较简单，但要求情节富有张力，能够在极短的篇幅内完成叙事、塑人、绘景、表达主题的任务。

（3）突出情感表达。微小说往往通过微小的细节来表达人物的情感和内心世界，让读者能够更深入地了解人物的性格和经历。

（4）主题多样化。微小说的主题丰富多样，可以讲述生活中的小故事，也可以是反映社会现实、探讨人性等深刻主题。这些主题往往贴近读者的生活，容易引起读者的共鸣。

（5）互动性强。由于微小说主要发表在微博等社交媒体平台上，因此读者可以随时参与讨论、发表自己的看法，与作者和其他读者进行互动。这种互动性不仅增强了读者的参与感，也为作者提供了许多的反馈和建议。

3. 微小说的写作要领

微小说因篇幅短小，要求故事单一、情节精练、人物不多、描述精到、语言简约、内涵深刻、风格单纯、结构机巧、选材精致、结局意外。

微小说的写作要领主要包括以下几个方面。

（1）选题精准。由于微小说的篇幅极短，因此选题要精准且能够迅速吸引读者的注意。选题最好与读者的日常生活相关，以便于引起读者的共鸣。

（2）情节紧凑。微小说的情节要尽可能地紧凑和集中，能够在极短的篇幅内完整地表达出故事情节和主题。情节要有张力，能够吸引读者的兴趣并引发读者的思考。

（3）塑造人物。在微小说中，人物形象的塑造至关重要。通过简短的描述，要让读者对人物有深入的认识和理解。人物的性格、情感等要素要突出，能够使读者产生共鸣。

（4）语言简练。微小说的语言要尽可能地简练，避免冗长和啰嗦。每个字、每个词都要精心甄选，让读者能够一目了然地理解故事情节和人物性格。

（5）情感真挚。微小说要通过微小的细节来表达人物的情感和内心世界，因此情感要真挚、自然。只有让读者感受到作者的真挚情感，才能感动读者。

（6）结尾新奇。微小说的结尾要使读者感到出乎意料，使读者印象深刻甚至难忘。因此，在结尾的处理上，作者要尽可能地出奇制胜，给读者留下深刻的印象。

4. 创作微小说的注意事项

（1）选择节点。微小说因其"微"，适合反映生活的某个横断面，这个横断面就是小说的节点。作者通过这个"点"来表达主题内容，塑造人物形象，折射社会生活的本质，反映人们对社会的认知和评价，从而以瞬间的精彩、点滴的思想亮光来感动读者、温暖读者、启迪读者。

（2）强化焦点。要提炼微小说的闪光点，也就是强化焦点。这是照亮小说主题、点亮读者心灵之灯的"灵光"，因此，焦点是文章的内核、全局的枢纽，是微小说的精神和灵魂所在。切勿将焦点淹没在平平淡淡的叙述之中，要运用夸张、渲染、对比、突转、巧合、悬念、重复、照应等表现手法，把焦点的美展示出来。

（3）言简意赅。微小说因篇幅小，不容有多余的文字，所以常常用白描的手法进行叙述，将一些与主题无关的描述忍痛割舍。通过人物的行动、语言展示人物的外貌、心理、性格，不宜单纯地描写人物的外貌、心理、性格；描写环境也应在叙述故事情节发展时顺带完成，不必另费笔墨去描述。

（4）弦外之音。微小说不仅仅要有一个吸引读者眼球的精彩开头，以及意蕴深长的结束语，还要能含蓄地表达主题的思想内涵，最忌像一杯白开水寡淡无味，要虚实结合地给读者留下一些想象、补缺和再创作的空间，让读者去感悟弦外之音、体察境外之景。

5. 微小说范例

床①

扫码阅读

---

① 该文章刊于《微型小说选刊》2022年第4期，作者于卓琳系广州大学2021级广播电视硕士研究生。

（二）微散文

1. 微散文的定义

微散文，就是微型散文，是最初以微博为载体，通过互联网传播的一种新型的文学体裁。

微散文篇幅短小，立意于以微见著或以小见大，有着小说的情节和诗歌的意境，用简洁的语言表达深刻的思想和情感，表达力强烈，意境丰富。微散文既可以是作者对生活、社会、人生等话题的思考和感悟，也可以是作者对自然、人文景观等的描绘和赞美。它要求作者具有较好的文字功底和较强的审美能力，能够用简明生动的语言表达丰富的内涵和情感。微散文与散文一样，具有"语言优美、形散神聚、意境深邃"三个特点。

2. 微散文的类型

微散文的分类和散文的分类是相同的。

散文是一种抒发作者真情实感、写作方式灵活的记叙类文学体裁。根据不同的分类标准，散文可分为多种类型。

1）按照表达方式和内容划分

（1）叙事散文。以写人记事为主，通过对具体事件的叙述和描写，表现作品的思想内涵和人物的精神面貌。叙事散文可以分为记人散文和记事散文。记人散文以人物为中心，抓住人物的性格特征进行描摹；而记事散文则以事件的发展为线索展开叙事，所叙述的内容可以是一个有头有尾的故事，也可以是几个事件片段的连缀。

（2）抒情散文。这类散文注重表现作者的体验感受和抒发作者的思想感情，有对具体事物的记叙和描绘，通常不会有贯穿全篇的情节，强烈的抒情性是其突出的特点。它或直抒胸臆，或触景生情，洋溢着浓烈的诗情画意。

（3）议论散文。议论散文也称为说理散文，以散文的形式阐述道理、启迪人生。作者往往以记叙、抒情、说理等方式来表达自己的观点，一般都会阐述一个道理，理中含情、情中有理、情理交融、意蕴深广，给人以哲理启示和情感熏陶。议论散文包括杂文、随笔、小品文等。

2）按照内容性质划分

（1）写人叙事散文。这类散文以写人叙事为主，又洋溢着浓厚抒情气氛，往往选取一个或者几个侧面、片段来写人叙事，侧重于从叙述人物和事件的发展变化过程中反映事物的本质，它包括时间、地点、人物、事件等要素，通过写人叙事来表现作者对人物和事件的认识和感受。

（2）写景状物散文。这类散文通过描写特定的景或物的形态、色彩、神韵等特点，来表现作者内心情感、人生理想和生活情趣。

3）按照表达意图划分

（1）记叙散文。记叙散文，就是记人叙事的散文。它是以描写人物和记叙事件为主的一种文体，常常在叙述事件的过程中穿插议论或抒情，所谓夹叙夹议。

记人，常选取人物的某个侧面或几个生活片段来讲述人物故事，描绘人物的个性特征；叙事，常聚焦于几个典型的生活场景叙述事件，借助具象，写景状物抒发主观情感。

记叙散文的开头常用感情化的语言概括叙述作者"我"和某人的关系,介绍该人时多采用肖像描写、外貌描写等,继而是对其精神气质的议论。

文章的中间部分,围绕着某件事的发生、发展和结局进行详细描述;或者围绕着几件事展开叙述,通过某件事对某人的精神气质产生议论;或将几件事连贯起来对某人的感情体验进行议论。

(2)抒情散文。抒情散文以抒发作者的主观情感为主,多运用比兴、象征、拟人等表现手法,即景生情、托物言志,所有的景和物都是作者抒发感情的载体。

抒情散文的开头,或讲述作者与景物的关系,或议论景物与作者自身的渊源。

中间部分,写景状物,触景生情,感物咏志。

结尾部分,引发联想、发表感慨、深化主题。

(3)议论散文。议论散文,通常围绕着一个富有哲理意味的中心思想,用抒情、记叙、议论等手法,融会个人感悟、情感智慧、学养才情,阐明一个深刻道理。行文可以精骛八极、心游万仞、包罗大千、涵盖万象,给人以哲思与启悟。

总而言之,散文因不同的分类标准,会有不同的类型。无论哪种类型的散文,都是一种具有灵活性和多样性的文学体裁,其共同特点是用优美的语言、深邃的意境和真挚的情感来表达作者对人生、社会、自然等话题的思考和感悟。

3. 微散文的写作要领

散文是作者记叙亲身经历、所见所闻和感情体悟的一种文学体裁,通常采用第一人称手法来书写真实的"我"。

微散文写作,首先注重语言的运用,用飘逸隽永、亲切自然的语言娓娓道来,长短句错落有致,体现音韵之美、旋律之美;其次多用比喻、形容等修辞手法,使情景描绘得更加生动形象。散文形散而神不散,其中的神就是感情体验、主题思想。

微散文写作要领主要包括以下几个方面。

(1)立意深远。微散文虽然篇幅短小,但立意要深远,能够表达出作者对人生、社会、自然等话题的深刻思考和感悟,能够在有限的篇幅内传达出作者独特的思想和情感。

(2)语言简练。微散文的语言要简练、生动,避免冗长和啰嗦,每个字、每个词都要用得恰到好处,让读者能够一目了然地理解作者想要表达的意思。同时,语言要具有艺术性和感染力,要让读者喜爱并产生共鸣。

(3)意境深远。微散文要具有诗歌的意境,通过简洁的语言表达出深刻的思想感情,让读者在阅读过程中感受到作者的情感世界。同时,要注重细节描写,以增强作品的感染力和可读性。

(4)结构紧凑。微散文的结构要紧凑,要合理安排句子和段落,让整篇文章层次井然,具有节奏感。

(5)情感真挚。微散文重在表达作者的真实情感和内心世界,因此情感要真挚、自然,要让读者感受到作者的真挚情感。

4. 微散文范例

英雄的背影[①]

扫码阅读

（三）微诗歌

1. 微诗歌的定义

微诗歌，就是微型诗歌，是一种短小的诗歌形式，通常只有几行，古诗五绝、七绝就属于微诗歌，现代微诗歌一般是四行以内，以便与古代的绝句对应。其特点是诗句精短、修辞精到、滴水见海、内容深刻、意境深远、内涵博大。

顾城的小诗《一代人》："黑夜给了我黑色的眼睛/我却用它寻找光明。"

卞之琳的《断章》："你站在桥上看风景，看风景的人在楼上看你。明月装饰了你的窗子，你装饰了别人的梦。"

这些都是微诗歌的经典之作。

2. 微诗歌的写作要领

微诗歌的写作要领主要包括以下几点。

（1）立意精准。由于篇幅短小，微诗歌的立意要精准而深刻，可以是对生活、自然、情感等各方面的独特感悟。

（2）语言简练。微诗歌的语言要尽可能简练，每个字、每个词都要精心甄选，力求言简意赅，避免冗长和繁复，尽量使用生动、形象的词汇和短句。

（3）创设意境。微诗歌虽然字数有限，但要通过精准的描述和形象的比喻来创设深远的意境。意境的营造是诗歌的灵魂，能够让读者在阅读过程中产生丰富的想象和联想。

（4）巧妙构思。在有限的篇幅内，微诗歌需要通过巧妙的构思来展现独特的艺术魅力，可以通过对比、夸张、拟人等修辞手法来增强表达效果，给读者留下深刻的印象。

（5）抒发真情。微诗歌要表达作者真挚的思想感情，情感流露要真切自然，不矫揉造作，只有真挚的情感才能够打动读者的心灵。

（6）灵感迸发。精美的诗句往往源自灵感的迸发。灵感是指人们在从事文艺、科技活动中，逻辑思维、形象思维和审美直觉瞬间融会产生富有创造力的突发思维状态，是人们对生活的感悟，是长期的积累和瞬间的迸发，是从抽象到具象的转化过程。

（7）遣词造句。微诗歌是遣词造句的艺术，好的诗句就是文字和词汇精妙的排列组合。这种组合富有创新意义和诗意的无限张力，蕴含无限乾坤。唐代诗人卢延让在其《苦吟》中写道："吟安一个字，捻断数茎须。"可见，妙语佳句来之不易。

（8）提炼主题。寥寥数句诗，使人念念不忘、余韵绕梁或令人深受感染、获得启悟，

[①] 该作品入选作品集《青春的记忆》（华中师范大学出版社 2020 年 1 月出版），作者系广州大学人文学院汉语言文学 175 班蔡嘉洋。

这就是作品主题思想产生的作用。好的主题使微诗歌熠熠生辉。

（9）营造意象。经典的微诗歌犹如电光石火，以奇诡而又锦绣的意象和意境来点燃读者情感世界的烛光。意象，就是寓意的对象，它是作者对客观物象产生独特的情感，进而所创造出来的一种具有某种特殊含义和文学意蕴的具体艺术形象。

（10）描绘意境。意境，就是意蕴境界，它是诗人的主观感情与诗中描绘的理想图景高度融合而成的一种艺术境界。优秀的诗歌作品大都通过美妙的意境呈现一种瑰丽的艺术境界。意是境的灵魂，境是意的依托。诗人借境生情，情景交融，虚实辉映，浮想联翩，锦句华章自然而生。

（11）巧用手法。微诗歌要写得出彩、写出创意和深刻内涵，还要巧于运用比拟、夸张、比喻、借代、对偶、排比、设问、反问等各种修辞手法，以及写景抒情、伏笔照应、托物言志、借古讽今、寄景寓意、衬托象征、反衬烘托等表现手法。

（12）寓情于理。微诗歌的最高境界是情景交融中蕴含哲理，这不仅仅是对于哲理诗而言，一首微诗歌，在诗情画意的字里行间，蕴含着深刻的哲学道理，它能让读者读过之后，引发一些对人生、命运和社会的思考，这就使作品更具思想的深度和人文的厚度。

（四）微评论

1. 微评论的定义

微评论，是篇幅短小的评论，就是运用相关理论和方法，以简练的语言，对各种文艺作品和文艺现象进行分析、体会、探究、评价的一种新型文学体裁。

微评论包括论点、论据和论证三个基本要素。尽管篇幅短小，但它同样具备评论的基本要素和特点。

微评论具有以微言著、新颖尖锐、评之有理、简短有力的特点。其篇幅短小，甚至只有一两百字，但它能够很好地表达独到的观点。

微评论是新媒体时代的产物，它发源于微博，继而在微信、微视频、移动客户端"三微一端"等载体中被普遍运用，并获得广大受众的青睐。

2. 微评论的宗旨

微评论作为新媒体时代的一种新兴文艺种类，旨在揭示文艺作品和文艺现象中的审美价值和思想内涵，探讨文艺创作的方法和规律，从而提高文艺创作水平；同时，引导和帮助观众正确理解文艺作品和文艺现象及思潮，从而提高艺术修养和文艺鉴赏能力。

微评论针对特定事件或现象，以简洁明了的语言，迅速表达作者的观点和态度，旨在引发读者的思考和讨论。微评论作为一种短小的评论形式，其宗旨归纳起来主要包括以下几个方面。

（1）迅速传达观点。微评论要求作者在有限的篇幅内迅速传达自己的观点，对特定事件或现象进行简洁明了的评述。它追求的是快速、直接和有力的表达，以引起读者的关注和共鸣。

（2）引发思考和讨论。微评论旨在激发读者的思考和讨论，通过提出具有争议性或启发性的问题，引导读者对事件或现象进行深入分析和探讨，从而促进社会舆论的形成和发展。

（3）传递价值观念。微评论作为一种舆论工具，可以传递作者的价值观念和道德判断。作者通过对事件或现象的评述，表达自己的立场和态度，引导读者对社会现象形成正确的价值判断。

（4）监督社会现象。微评论还具有监督社会现象的作用，通过对不良现象或社会问题的批评和揭露，唤起社会对相关问题的关注和反思，促使有关部门或个体采取积极的行动来解决问题。

3. 微评论的写作要领

微评论的写作要领主要体现在以下几个方面。

（1）观点明确。微评论篇幅短小，因此必须迅速亮出自己的观点，最好在开头部分就明确提出独到的见解，确保读者能够迅速理解你的立场。

（2）论证有力。虽然微评论篇幅有限，但仍需确保论证过程逻辑缜密、严谨有力。作者可以通过列举事实、引用权威数据或合理推理等方式来支持自己的观点，增强说服力。

（3）语言精练。微评论要求语言简洁明了，避免冗长和复杂的句子，应尽量使用生动、形象的语言来表达观点。

（4）针对性强。微评论通常是针对某个具体事件或现象进行评述，因此要确保评论内容与所评论对象紧密相关，避免偏离主题。

（5）情感适度。在表达观点时，要保持情感适度，既不过于激烈也不过于冷淡。过于激烈的情感可能会影响读者对观点的接受度，而过于冷淡则可能使评论显得乏味无趣。

（6）结尾收束。微评论的结尾部分要简洁明了地收束全文，可以重申观点、提出希望或建议等，确保读者能够明确理解你的立场和态度。

总之，微评论写作要注重锤炼语言、提炼思想，力求在有限的篇幅内表达出深刻的见解和态度。同时，要不断学习和借鉴优秀的微评论作品，提高自己的写作水平。

4. 写作微评论的注意事项

（1）精读作品。写好微评论，首先要精读（包括视、听）原作，只有透彻理解和全面掌握原作的内容和思想，才有权发表评论。在深入且精细地研读原作的同时，要广泛地阅读作者的其他作品和生平信息，从而对作品和作者的创作风格有完整系统的了解，对其思想内涵有本质的洞悉并产生共鸣，从而引发自己的独到见解。

（2）确定主题。在写作微评论时，选择和确立主题是成功的关键。广泛而深入地阅读作品后，应选择并确定评论的中心议题，明确评论的方向和目标，从而有针对性地对评论对象进行品鉴和论证。

在确定评论主题之前，首先要准确选定有评论价值的作品，不是任何作品都可以拿来评论的，作品本身的思想性、艺术性以及美学价值直接决定了评论的价值，它可以帮助和引导读者提高文艺鉴赏力，同时得到美的享受和熏陶。

当然，某些代表另类的、小众的甚至有争议的作品也是值得评论的。评论这类作品，可以帮助读者从中更为透彻地分辨美丑、真伪与善恶。

在选择评论作品的时候，首先要衡量作品的现实价值，对当下社会、对广大受众是否有着积极的意义。同时，注意选取与自己的兴趣、专长、学术背景、研究方向相吻合的，选择自己能够把握得住、有所感悟和见解的作品来进行评论。

（3）展开评论。文艺评论通常围绕着以下几个问题进行。

① 作品的基本内容，就是向受众陈述作品的具体内容，同时将作品的创作者的经验与自己的感悟相联系，帮助受众更好地理解作品所表达的内涵。

② 作品的主题思想，是在深入阅读（视、听）作品之后，概括出作品的主题思想。

③ 作品的创作手法，是作者为了准确地呈现作品内容、实现自己的表达目的所运用的创作技巧，应分析作者的创作技巧，帮助受众更好地理解作品。

④ 作品的创作风格，是文艺作品体现的鲜明而又独特的风貌和格调。这是作者在作品不同的题材、体裁、艺术手法、表达方式、时代、民族、地域等客观因素影响下的主观呈现。要客观公正地评价一部作品，首先要正确地分析作品的创作风格，从而与受众产生共鸣。

⑤ 作品的美学价值，指的是文艺作品对受众形成的一定的价值定向。优秀的文艺作品能够使受众产生美的感受，获取艺术美的熏陶。好的文艺评论往往都能正确地指出作品的认识价值和艺术价值，积极地引导受众正确认识和理解作品的主题意义和思想内涵。

微评论写作，首先要求写作者要有鲜明而又正确的观点，对作品的优劣与成败得失有一个正确、鲜明的判断和评价，这是微评论的中心论点。此外，必须具备充分而有说服力的论据，对作品的故事情节、人物形象、艺术手法、语言风格、细节表现等做细致入微的分析，引用准确可靠的具有说服力的论据材料来论述自己的论点。其次是要善于运用科学的、符合逻辑推理的论证方法（演绎法、例证法、对比法、类比法）进行论证。最后，要与时俱进，文艺观念和思潮是随着社会的进步和时代的变化而不断更新的，文艺评论的理论和术语也随之不断更新，因此要不断学习新的文艺理论、语言学、修辞学和美学等相关知识，使评论紧跟时代步伐，并且富有文学性和时代感。

5. 微评论范例

喻彬：丹青里的乡愁[①]

扫码阅读

思考与练习

1. 每人写一篇微文学作品（1000字以内），题材不限，在自媒体平台发表，老师将择优在课堂上点评。

2. 根据所学的微评论写作知识，每人写一篇电影《检察长》的微评论（1000字左右）。

---

① 该作品刊于《井冈山报》2022年5月13日文艺副刊，作者系广州大学新闻与传播学院2021级广播电视专业研究生。

第十章

自媒体概述与自媒体文本写作

第一节 自媒体概述

一、自媒体的定义

自媒体又称"公民媒体""个人媒体",是指私人化、平民化、普泛化、自主化的传播载体。它是通过现代化、电子化的手段,向公众或个体传递信息的新媒体的总称。自媒体就是公民用来发布自己所见所闻、所想所思的信息传播平台。

自媒体时代,每个人都拥有摄像设备、发布平台、传播载体等,每个人都可以交互性、自主性地向自媒体平台发布新闻事件,每个人都可以是记者、新闻传播者和受众。从此,报道新闻不再是报社、电视台、电台等媒体的专利。

自媒体平台包括但不限于博客、微博、微信、抖音、百度官方贴吧、论坛/BBS等网络社区。自媒体的出现得益于网络技术,特别是Web2.0环境下的博客、共享协作平台与社交网络的兴起,它使得每个人都具有媒体、传播的功能。自媒体有别于由专业媒体机构主导的信息传播,它是由普通大众主导的信息传播活动,由传统的"点到面"的传播转化为"点到点"的一种对等的传播。同时,它也是为个体提供信息生产、积累、共享、传播内容兼具私密性和公开性的信息传播方式。

自媒体的典型特点是自主化、平民化和个性化。自媒体使得每个人都可以成为信息的发布者和传播者,改变了传统媒体的信息传播方式和传播格局。同时,自媒体也带来了信息真实性、可信度等问题,需要用户在接收信息时进行辨别和筛选。

二、自媒体的特性

自媒体的特性体现在以下几个方面。

1. 普遍性

在全民皆媒时代，人人都可以拥有自己的媒体——"网络报纸"（博客）、"网络广播"或"网络电视"（播客），人人都是"记者""总编""台长"。无论你是平民百姓还是社会显达者，只要拥有一部智能手机，就可随时随地发表自己的见闻趣事、奇思妙想。

2. 简易性

自媒体操作十分简易，用户只要在腾讯、网易、新浪、优酷等提供自媒体平台服务的网站上注册成功，就可以发表文字、图片、短视频、音频等信息，而不像传统媒体（报纸、电视、广播等）需要一个庞大的专业人才队伍进行日常运营和维护。例如，中国的新闻出版实行三审制，一篇报道要经过严格的初审、复审、终审之后，才能见诸报纸或杂志。

3. 迅捷性

自媒体从信息采集到发布，都是私人化、自主化的行为，随时随地都可以发表。信息一旦通过自媒体平台发表，能迅速传播给世界各地的网友，而不像传统纸质媒体经过三审三校、排版印刷、运输发行这些必经的程序，受众才能获知信息。

4. 交互性

自媒体信息传播给受众，受众可以与作者互动，对信息中存在的问题提出看法、发表评论，指出文本错漏之处，作者可以及时纠错，对文稿进行修改、替换或更新。传统纸质媒体的内容如存在错漏，则必须在第二天的媒体上发布"更正启事"进行勘误。

5. 无限性

自媒体是虚拟空间，无论何时何地都可以自由地、无限量地发布自己的信息，不像传统媒体那样存在发稿时间限制、媒体版面或栏目限制、传播区域限制等各种客观局限。传统媒体，如果稿件不是在规定的截稿时间内完成，那么只能等到第二天发布，第二天如果时效性较强的稿件充足，这篇稿件就可能因失去时效而不再发表了。

三、自媒体的优势

自媒体的优势主要包括以下几个方面。

1. 低门槛与易操作

自媒体的入门门槛相对比较低，只需要一部智能手机和网络连接，任何人都可以成为自媒体人。这种低门槛使得更多的人有机会参与到信息创作和传播中来，实现了信息的多元化和民主化。此外，自媒体的运作也相对简单，不像传统媒体那样耗费大量的人力、物力和时间。

2. 内容与形式多样

自媒体平台上可呈现丰富的内容形式，如文章、视频、音频等。自媒体人可以根据自己的特长和兴趣选择合适的形式进行创作。这种多样性使得自媒体内容更加丰富和多彩，可满足不同受众的需求。

3. 交互性与传播速度

自媒体平台具有很强的交互性，自媒体人可以与读者进行实时互动和交流。这种互动性可以增强读者的参与感和忠诚度。另外，自媒体的内容形成之后通过互联网可迅速传播到世界各地。

4. 灵活性与适应性

自媒体人可以根据市场需求和读者反馈及时调整内容和策略，灵活应对各种情况。相比传统媒体的刚性结构，自媒体更具有适应性和灵活性，更容易适应市场变化和读者需求。

5. 个性化与品牌化

自媒体人可以自主选择内容和形式，不受传统媒体的编辑和审查限制，能够更加自由地表达个人观点和创意。这种自主性使得自媒体更具有个性化和独特性，有助于建立个人品牌，提升个人影响力。

6. 数据化运营与精准定位

自媒体平台提供了丰富的数据分析工具，自媒体人可以通过数据分析了解读者的喜好和行为习惯，优化自身内容和选择合适的营销策略。同时，自媒体人还可以根据自己的兴趣和专长选择内容领域和受众群体，实现精准定位和精细化运营。

7. 信息多元与细分受众

自媒体传播日渐成为全民获取资讯的主要信息源，传统媒体的声音由绝对主流渐渐变弱。公众不再通过一个"统一的声音"获知事物的真相，人人都可以通过自媒体海量的、多元的、全景式的信息，对事物进行甄别、思考和认知。自媒体信息在互联网传播过程中产生渗透效应，使受众细分和过滤，特定的内容和风格吸引着潜在的目标客户群体。

8. 自主地盘与共鸣效应

自媒体写作者在自己的平台上，撰写什么内容、何时发表，都是自己做主，而不像传统媒体要经过三审三校、逐级申报。自媒体受众的聚合是源于某些共同的喜好和关注，他们有着相近的年龄和相似的人生经历，一旦某个热点话题在自媒体上传播，自然会引起这些受众产生共同的想法和观点，在互动过程中形成"蝴蝶效应"，产生一定的影响力。如果融合商业元素，自然会产生较好的经济效应，创造理想的商业价值。

四、自媒体的劣势

尽管自媒体与传统媒体相比具有许多优势和长处，但是依然存在诸多劣势、弱点和短板。由于自媒体传播门槛低、鱼龙混杂、自主性强、传播迅速、影响面大，自媒体写作者综合素质良莠不齐，自然存在一些隐患，这给政府的监管工作增加了一定的难度。自媒体在传播过程中，自媒体人出于博取"粉丝"眼球或利欲等种种原因，会杜撰或转发虚假信息，造成社会恐慌、侵害个人或群体利益，破坏社会和谐与安宁，损害新闻传播的正常秩序。自媒体偶有虚假新闻信息的传播，造谣惑众、混淆是非、颠倒黑白，使不明真相的网民盲目跟风、以讹传讹，破坏了社会的公序良俗，误导了公众的认知和评价，助长了社会的歪风邪气，严重影响了社会主义精神文明建设。

归纳起来，自媒体的劣势主要体现在以下几个方面。

1. 信息真实性难以保证

由于自媒体平台上发布的信息大多没有经过权威机构的审核和证实,信息的真实性往往难以得到保证。有些自媒体人为了追求点击率、关注度或追逐利益,可能会发布虚假信息或夸大事实,导致错误信息和谣言的传播。

2. 内容质量良莠不齐

自媒体平台上的内容质量参差不齐,有些自媒体人缺乏专业素养和创作能力,发布的内容质量低下、缺乏思想深度和独特性。这样的内容往往难以吸引读者。

3. 竞争激烈

随着自媒体平台的不断发展和用户数量的增加,自媒体竞争也越来越激烈。大量的自媒体账号和内容的存在使得读者很难集中注意力去关注和阅读某一个自媒体账号的内容,导致自媒体人的影响力难以提升。

4. 广告与商业利益冲突

自媒体人需要通过广告和商业合作来获得收益,但过多的广告和商业利益可能会与自媒体人的创作理念和读者利益产生冲突。一些自媒体人可能会因为商业利益而牺牲内容质量和客观性,影响读者的体验。

5. 法律与道德风险

自媒体人在发布内容时需要遵守法律和道德规范,避免侵犯他人的知识产权、隐私权和名誉权等,但有些自媒体人可能由于自身的综合素质或其他原因,忽视了法律和道德规范,发布违法或不良内容,导致法律纠纷和道德争议。

五、社交自媒体平台

社交自媒体平台是一类集社交与自媒体属性于一体的在线平台,它们允许用户创建、分享和互动内容,同时建立和维护社交关系,比如微信、微博、头条号等。每一种社交自媒体平台都有其各自特点和优势,这些平台通过不同的内容形式和社交功能,满足了用户多样化的需求,促进了信息的传播和交流。同时,随着技术的不断发展和用户需求的不断变化,社交自媒体平台的形态也在不断演变和创新,未来还将出现更多新的形态和模式。

(一)社交自媒体平台的主要形态

1. 博客

博客,音译自英文单词 blogger,正式名称为网络日记,又音译为部落格或部落阁等,是使用特定的软件,在网络上出版、发表和张贴个人文章的人,或者是一种通常由个人管理、不定期张贴新的文章的网站。

博客上的文章通常以网页形式出现,并根据张贴时间,以倒序方式由新到旧排列。博客是网络时代的个人"读者文摘",是以超链接为入口的网络日记。

许多博客专注在特定的话题上提供评论或新闻、资讯,其他则被作为个人性的日记。典型的博客常常结合文字、图像、其他博客或网站的超链接,以及其他与主题相关的网络媒体。读者可以通过留言的方式与作者(博主)交流互动。

博客内容通常是以文字为主，也有少数博客主打摄影、音乐等艺术主题。博客网站通常提供图片、短视频、音频等上传发布的模块功能，人们可以借助这些功能软件，在网络上张贴、发表自己的帖子或文章。

博客按用户性质来分，可分为个人博客和企业博客；按功能来分，可分为基本博客和微型博客；按存在方式来分，可分为托管博客、附属博客和独立博客。

博客的发展可以追溯到20世纪90年代初期。最初，博客是一种由个人管理的网站，用于分享个人的思想和观点，这些早期的博客被称为"在线日记"或"个人网页"，并没有统一的命名。

1997年，Jorn Barger 创造了"weblog"这个词，用来描述这些个人网站。这个词是由"web"和 log"（日志）两个词组合而成的。随着博客数量的不断增加，人们开始认识到这种新型的网络交流方式的价值，博客也逐渐成为一种独立的网络文化现象。

1999年，Peter Merholz 首次将"weblog"缩写为"blog"，以这个缩略词来命名博客。同年，出现了几个重要的博客平台，如 Blogger、Xanga 和 LiveJournal 等。这些平台让更多的人可以轻松地创建和发布自己的博客，博客的数量和影响力也逐渐扩大。

2000年10月14日，Dave Winer 暗示他的 Scripting News 是最早的博客网站，然后他优雅地将这项荣誉归于他很尊重的前辈——WWW（万维网）的发明者蒂姆·伯纳斯·李（Tim Berners-Lee）。2000年11月，Dave Winer 将其网站 Scripting News 的口号变为：互联网上持续运行时间最长的博客网站，开始于1997年4月1日。

21世纪初，博客已经成为一种非常流行的网络交流方式。随着博客数量的增加，人们开始使用博客来进行新闻报道、知识分享、商业宣传等多种活动。博客也逐渐成为一种重要的社交媒体形式，为人们提供了一个新的交流和互动的平台。

通常较有影响力的博客都在内容上进行类型化，譬如新闻、娱乐、时评、美食、旅游、时尚、情感、两性、文学、专业、学术等。除此之外，还有一些比较个性化地记录个人生活、情感经历之类的日志性的博客。

博客可以将文字与图片、短视频、音频融合在一起，与广大读者交流互动，读者可以收藏、转发和发表评论，还可以通过博客的"加好友""发纸条""写留言""加关注"等功能与博主进行联谊和一对一的交流。因此，博客还有着一定的社交平台的功能。

2. 微博

微博，就是微型博客的简称，是一种通过关注机制分享简短实时信息的广播式的社交网络平台。微博用户以文字、图片、视频等多媒体形式，实现信息的即时分享、传播互动。

微博改变了以往信息发布依赖于传统专业媒体的情况，使得人人都有机会成为热点信息的发布者和评论者，实现了信息传播的去中心化和平民化。同时，微博也带来了信息真实性、可信度、侵权等问题，需要用户在接收信息时进行辨别和筛选。

微博的历史可以追溯到2006年，美国的埃文·威廉姆斯推出 Twitter。Twitter 是微博的鼻祖，排在全球十大微博之首。

2009年8月，中国的门户网站新浪网推出"新浪微博"内测版，微博正式成为中文主流网民的热门社交平台，新浪微博也是中国最早的微博平台之一。

2015年1月开始，微博解除140字的发布权限，字数放宽到2000字以内。从2015年开始，微博通过引入广告等商业模式开始盈利。在这个阶段，微博开始注重用户体验，通过算法推荐、内容筛选等方式优化内容质量，让用户更加满意。

近年来，微博逐渐成为娱乐八卦的重要平台。越来越多的用户开始在微博上分享明星八卦、绯闻爆料等内容，这些内容成为微博的热门话题。微博也推出了明星专区、话题榜单等功能，以满足用户需求。

此外，微博也积极参与社会公益事业，推动社会进步。譬如，微博曾经推出过"微公益"项目，鼓励用户通过微博平台参与公益活动，为社会做出贡献。

微博的特性主要表现在以下几个方面。

（1）关注机制。用户可以关注自己感兴趣的人或机构，获取其发布的最新信息。这种关注机制可以是单向的，也可以是双向的。

（2）内容简短。微博的内容通常为140字左右，这使得信息更加简洁、直接，易于传播和阅读。

（3）实时信息。微博上的信息是实时更新的，用户可以随时查看最新的动态和消息。

（4）广播式。微博是一种公开的信息平台，谁都可以浏览和发布信息，这使得信息传播更加迅速和广泛。

（5）社交平台。微博不仅是一个信息发布平台，也是一个社交网络平台。用户可以在微博上关注朋友、发表评论、转发分享等，进行互动和交流。

（6）平民性。微博的注册和使用门槛非常低，任何用户都可以轻松注册并使用微博。这种平民性使得微博上的内容更加多样化和丰富化，也促进了信息的去中心化和平民化。微博让每一个使用者成为新闻信息的传播者，可随时即兴地向世界倾诉和表达。美国Twitter创始人埃文·威廉姆斯称：Twitter为世界带来了一个"人人都能发声，人人都可能被关注的时代"，"即使再庞大的新闻媒体，也不会像Twitter一样在世界各地拥有众多新闻记者"。

（7）便捷性。微博允许用户通过手机、网络等多种方式随时随地发布和接收信息，可用简短的文字和影像随性表达、迅速传播信息给他人。

（8）互动性。微博具有很强的互动性，用户可以通过关注、评论、转发等方式与其他用户进行互动。这种互动性不仅增强了用户之间的社交联系，也促进了信息的广泛传播和深入讨论。

（9）裂变性。微博的传播方式具有裂变性，即一条信息在微博上发布后，可以通过用户的转发和评论迅速传播开来，形成一条裂变式的传播路径。这种裂变性使得微博上的信息传播迅速、影响较大。

（10）原创性。微博鼓励用户发布原创内容，发布时可使用文字、图片、视频等多种形式。这种原创性不仅体现了用户的个性、才华和创意，也丰富了微博平台的内容生态。

随着微博在全世界迅猛发展，我国成为全球微博用户数量第一大国。微博作为公众的社交平台，具有新闻传播、舆论引导、参与政治、意识形态斗争等多种功能，微博渐渐成为不同利益群体表达诉求的重要平台，也容易产生负面或不良的舆论导向。互联网在我国普及应用之初，微博实行用户匿名注册制，由于部分微博用户的道德、法律意识淡薄，在言论自由的幌子下散布谣言，致使微博侵权事件频频发生。2011年12月16日，北京市正式颁布并施行了《北京市微博客发展管理若干规定》，规定微博用户在注册时必须使用真实身份信息，但用户昵称可自愿选择。新浪、搜狐、网易、海内网等各大网站的微博都在2012年3月16日全部实行实名制，用户一律采取前台自愿、后台实名的方式进行注册。

3. 微信

微信，是腾讯公司于2011年1月21日推出的一个为智能终端提供即时通信服务的免费应用程序。

微信支持跨通信运营商、跨操作系统平台通过网络快速发送免费（需消耗少量网络流量）语音短信、视频、图片和文字。同时，微信也提供了一系列社交功能，如朋友圈、公众号、摇一摇、漂流瓶等，以及支付、购物、预订等生活服务功能。

1）微信个人用户

微信用户可以通过微信与朋友、家人、同事等联系交流，分享个人生活，获取各类信息和服务。同时，微信也成为企业和机构进行营销推广的重要平台之一。

微信的功能非常广泛，主要包括以下几个方面。

（1）聊天通信。微信支持发送文字、语音、视频、图片等类型的消息，用户可以一对一聊天，也可以创建群聊，进行多人沟通。微信还提供了实时语音通话和视频通话功能，方便用户在不同场景下进行沟通。

（2）社交分享。微信的朋友圈功能允许用户分享文字、图片、视频等动态，好友可以点赞、评论，实现社交互动。同时，微信还支持通过摇一摇、附近的人等功能结识新朋友。

（3）公众号服务。微信提供了公众号平台，用户可以关注感兴趣的公众号，获取各类资讯和服务。公众号包括订阅号和服务号两种类型，订阅号主要用于信息发布，服务号则提供更多的交互功能和服务。

（4）微信支付。微信内置了支付功能，用户可以通过微信支付购物、转账、缴纳各种费用等。微信支付方便快捷，已经成为中国主流的移动支付方式之一。

（5）小程序。微信小程序是一种轻量级的应用程序，用户无须下载安装即可在微信内直接打开使用。小程序提供了丰富的功能和服务，如购物、预订、查询等，方便用户快速获取所需信息和服务。

（6）读书、游戏等功能。微信还提供了读书、游戏等娱乐功能，用户可以在微信内阅读电子书、玩小游戏等，丰富了用户的娱乐生活。

（7）企业微信。企业微信是微信为企业用户提供的专属版本，支持企业内部的通信、管理、协同等功能，方便企业进行高效的沟通和协作。

（8）其他功能。除上述功能之外，微信还提供了许多其他功能，譬如卡包、收藏、表情商店等，这些功能都极大地丰富了微信的使用体验。随着技术的不断发展和用户需求的不断变化，微信也在不断更新和扩展其功能，以满足用户需求的多样化。

2）微信公众平台

微信公众平台是腾讯公司在微信的基础上新增的功能模块，通过这一平台，个人和企业都可以打造微信公众号，并实现与特定群体的文字、图片、语音的全方位沟通、互动。

微信公众平台拥有以下几个主要特点。

（1）群发功能。微信公众号可以向关注者群发文字、图片、语音等类型的消息，实现信息的快速传播。

（2）自动回复。微信公众号可以设置自动回复规则，根据用户发送的消息自动回复相应的内容，提升用户体验。

（3）自定义菜单。微信公众号可以自定义菜单，提供更加丰富的功能和服务，方便用户快速找到所需内容。

（4）数据分析。微信公众平台提供了数据分析工具，公众号可以查看关注者数量、阅读量、转发量等数据，帮助公众号运营者更好地了解用户需求，优化内容。

（5）开发接口。微信公众平台提供了开发接口，开发者可以通过接口开发更加丰富的功能和服务，实现公众号的个性化定制和扩展。

微信公众平台已经成为企业和个人进行品牌推广、营销、客户服务等的重要工具之一。通过微信公众平台，企业和个人可以更好地与用户进行互动和沟通，提高用户黏性和忠诚度。同时，微信公众平台也为企业和个人提供了更加广阔的商业机会和发展空间。

4. 头条号

头条号，曾用名为"今日头条媒体平台"，是北京字节跳动科技有限公司于 2013 年上线的自媒体平台，它是便于媒体、机构、企业以及自媒体在移动端获得更多曝光和关注，持续扩大影响力，同时实现品牌传播和内容变现而推出的一个专业信息发布平台。

头条号具有以下几个特点。

（1）用户基数大。头条号拥有庞大的用户群体，这意味着发布的内容有更高的曝光率和传播潜力。

（2）智能推荐算法。头条号采用先进的智能推荐算法，能够根据用户的兴趣、行为和位置等多维度信息，精准地推送相关内容。这使得内容分发更加高效，同时也为创作者提供了更广阔的受众基础。

（3）内容形式多样。头条号支持多种内容形式，包括文章、图集、短视频、问答等。这为创作者提供了丰富的表达手段，创作者可以根据自身特长和受众需求选择合适的内容形式。

（4）变现方式多样。头条号提供了多种变现方式，如广告分成、平台补贴、知识付费、圈子付费、打赏、带货销售、自营广告等。这使得创作者可以通过多种方式获得收益，提高了创作的积极性和可持续性。

（5）重视原创和内容质量。头条号对原创内容和高质量内容给予了更高的推荐权重，这有助于鼓励创作者产出优质、原创的内容，提升整个平台的内容质量。

（6）社交功能较弱。相比于其他社交媒体平台，头条号的社交功能相对较弱。它更注重内容的传播和消费，而非社交互动，因此，在头条号上建立社交关系和与粉丝进行互动相对较难。

5. 抖音

抖音是由北京抖音信息服务有限公司开发并于 2016 年 9 月上线的，专注 15 秒视频的短视频分享社区。它是一个面向全年龄段的短视频社区平台，用户可以通过抖音选择歌曲，拍摄音乐短视频，形成自己的作品，并分享给朋友和广大网友。抖音的内容以年轻人的音乐短视频为主，具有节奏感和创意性，分为舞蹈派和创意派两大类。抖音的算法和推荐系统也非常智能，可以根据用户的兴趣和行为，推荐相应的内容给用户。同时，抖音也提供了多种社交功能，如关注和评论等，让用户可以与喜欢的创作者进行互动和交流。

抖音具有以下几个主要功能。

（1）观赏与发布功能。抖音为用户提供了免费观看和发布短视频的平台。用户可以浏览平台内其他用户发布的丰富多样的短视频内容，同时，用户也可以利用平台提供的工具和特效，自己制作并发布短视频，展示自己的才艺和创意。

（2）音乐共享。抖音以音乐为切入点，用户可以选择和分享自己喜欢的音乐作为短视频的背景音乐。

（3）社交互动。抖音也是一个社交平台，用户可以关注他人的视频内容，分享自己的喜好和看法。同时，抖音也设置了私信、评论等功能，方便用户之间的交流和互动。

（4）直播功能。抖音还提供了直播功能，用户可以进行视频直播，与观众进行互动和交流。该功能为用户提供了更多的展示自己才艺和分享生活的机会。

除此之外，抖音还不断推出新的功能和活动，如挑战赛、话题讨论、滤镜特效等，以吸引更多用户参与和互动。同时，抖音致力于保护用户隐私和数据安全，通过采取多种措施来保障用户的权益。

抖音具有以下几个特点。

（1）活跃用户众多。抖音平台的用户数量庞大且用户边界不断拓展，用户群体丰富而且活跃度高、多元化、使用频次高，对抖音平台的使用黏性也比较强。

（2）以短视频为核心。抖音以短视频为主要内容形式，视频时长一般在 15 秒至 5 分钟之间，符合新媒体时代公众快餐化的娱乐需求。短视频的生产流程简单且制作门槛低，用户可以轻松制作并分享自己的短视频内容。

（3）社交属性强。抖音不仅是一个供人观看和分享视频的平台，也是一个社交平台。用户可以关注和点评他人的视频内容，分享自己的喜好和看法，与其他用户建立联系和互动。

（4）有创意和具备多样性。抖音鼓励用户发挥创意，制作有趣、独特的短视频内容。平台上有各种各样的视频主题和风格，满足不同用户的兴趣和需求。

（5）传播性强。由于抖音的制作门槛低，发布渠道多样，用户可以轻松实现视频的分享和传播，这使得抖音上的内容具有很强的裂变式传播能力，容易在熟人之间传播。

（6）精准营销。与其他营销方式相比，抖音短视频营销可以准确地找到目标用户，实现精准营销。这使得品牌和产品能够更好地触达潜在消费者，提高营销效果。

6. 快手

快手诞生于 2011 年，前身叫"GIF 快手"，最初是一款用于制作和分享 GIF 图片的手机应用。2012 年 11 月，快手转型为短视频社区，致力于为用户提供一个记录和分享生产、生活的平台。随着智能手机、平板电脑的普及和移动流量成本的下降，快手在 2015 年以后逐渐发展壮大。

快手以其独特的内容调性、强大的用户生成内容（user generated content，UGC）和运营能力在众多短视频平台中脱颖而出。快手的特色包括多元化、更新速度快，以及依托算法打通推荐和关注的协同关系。其用户群体主要集中在三、四线城市，以热爱分享的群众为主。

快手提供了多种变现渠道，如广告、电商、平台活动、关键意见领袖（key opinion

leader，KOL）和关键意见消费者（key opinion consumer，KOC）等。同时，快手也积极与各大品牌、电商和公司合作，实现平台经济的增长。此外，快手还致力于做好监察机制与算法机制，以便为用户提供更好的使用体验。

快手具有以下几个功能。

（1）拍摄功能。快手提供了强大的拍摄功能，用户可以直接在拍摄短视频时使用各种特效、滤镜和场景。此外，用户还可以编辑照片或短视频，将其制作成有趣的作品。

（2）短视频制作与分享。快手鼓励用户创作和分享短视频，这些视频可以是用户的日常生活、才艺展示、搞笑片段等。用户可以轻松地将自己的作品分享到快手平台上。

（3）社交互动。快手也是一个社交平台，用户之间可以互相关注、点赞、评论和私信。用户还可以关注自己感兴趣的主播，同时平台也会用特定的算法给用户推荐其感兴趣的视频和主播。

（4）直播功能。快手还提供直播功能，用户可以在平台上进行直播，分享自己的生活、才艺或进行产品销售等。直播功能为用户提供了更多的互动机会和变现方式。

（5）发现页。快手的发现页是用户获取新鲜内容的重要入口。平台会根据用户的喜好和兴趣，通过算法推荐相应的视频和主播，帮助用户发现更多有趣的内容。

快手具有以下几个特点。

（1）草根性。快手主要面向三、四线城市以及广大农村群体，为他们提供直接展示自我的舞台。因此，与其他短视频平台和直播平台不同，在快手上占据主导地位的并非明星和KOL，而是普罗大众。

（2）原生态。快手并未采用以明星为中心的战略，没有将资源向粉丝较多的用户倾斜，而是鼓励平台上的所有人表达自我、分享生活。这种策略使得快手平台上的内容更加真实、接地气。

（3）算法优化内容。快手平台完全依靠算法来实现个性化推荐，没有任何人工团队来影响内容推荐系统。这种机制使得所有用户和视频都有机会在"发现"页面中得到展示，即使是新用户也不例外。通过分析用户行为数据，算法可以精确地推荐用户感兴趣的内容。

（4）创作工具丰富。快手提供了多种创作工具和功能，如视频剪辑、滤镜特效、字幕添加等，帮助用户制作高质量的短视频内容。

（5）直播功能。快手还提供了直播功能，允许用户进行实时视频直播，与观众进行互动和交流。这为用户提供了更多展示自己才艺和分享生活的机会。

（6）页面简约清爽。快手在功能设计上注重减法，页面设计简洁、清爽，方便用户发布更多的原生态内容。这种设计也使得用户能够更快速地找到自己感兴趣的内容，提升了用户体验。

（7）用户黏性强。快手的智能社交特性强化创作者与粉丝关系，构建快手短视频内容的智能社交生态，有助于提升用户黏性，用户愿意主动点赞、评论、分享自己喜欢的KOL，互动率高。

（8）变现渠道多。快手提供了多种变现渠道，如广告、电商、平台活动、KOL和KOC等，这使得创作者可以通过多种方式获得收益，同时也为品牌提供了更多的合作机会。

7. 知乎

知乎是一个知名的知识分享平台，主要以知识分享、网络问答为主要社交形态。知乎用户可以提出问题、回答问题、分享经验、发表观点，并与其他用户进行深入的讨论和交流。知乎以"知识连接一切"为愿景，致力于构建一个人人都可以便捷接入的知识分享社区，让人们便捷地与世界分享知识、经验和见解，从而发现更大的世界。

知乎的用户群体以大学生和知识型人群为主，涵盖科技、文化、艺术、人文社科等多个领域。知乎注重用户体验和社区文化的建设，鼓励用户尊重知识、尊重专业，并且积极参与讨论和互动。知乎用户可通过关注其他用户、点赞、评论和私信，建立社交关系和网络社群。知乎还有一些特色功能，譬如专栏、Live、圆桌等，用户可以通过这些功能进行知识的深度分享和交流。

知乎对每一个用户都会设置标签，用户的角色分为两类：回答者、提问者。对于用户的每一类角色都有相应的标签供选择。知乎聚集了中国互联网上科技、商业、文化等领域里最具创造力的人群。知乎用户们通过知识建立信任和连接，对热点事件或话题进行理性、深度、多维度的讨论，分享专业、有趣、多元的高质量内容，打造和提升个人品牌价值，发现并获得新机会。

知乎具有以下几个主要功能。

（1）提问与回答。提问与回答是知乎最基础和核心的功能。用户可以在平台上提出问题，其他用户则可以根据自己的知识和经验来回答这些问题。这种机制使得知乎成为一个集合各种知识的宝库，用户可以通过搜索问题来找到感兴趣的话题，并从中获取有价值的信息。

（2）话题分类。知乎将问题和回答按照话题进行分类，用户可以关注自己感兴趣的话题，获取相关问题和回答的推送。这种分类方式使得用户能够更好地定位自己感兴趣的领域，并与相关领域的专家和爱好者进行交流和互动。

（3）用户社区。知乎是一个用户活跃度较高的社区，用户可以在平台上关注其他用户，浏览他们的提问、回答和文章。用户之间可以通过点赞、评论和私信等方式进行互动和交流，形成自己的社交圈。

（4）专栏与文章。除了提问和回答，知乎还提供专栏和文章功能。用户可以创建自己的专栏，分享自己的知识和经验，发布长篇文章。这为用户提供了一个展示自己专业知识和才华的平台，也为用户提供了更为丰富和深入的内容阅读和学习的机会。

（5）Live与圆桌。知乎还有Live和圆桌等特色功能。Live是知乎的直播功能，用户可以在直播间中与主播互动、学习知识、分享经验。圆桌则是知乎社区中专业领域的专家和学者组成的讨论团体，他们探讨和解答问题，为用户提供深入的专业知识。

知乎具有以下几个特点。

（1）内容专业、高品质和有深度。知乎以专业、高品质和有深度的内容为主，通过社区管理和审核机制筛选出优质的答案和内容，这使得知乎上的信息具有较高的可信度和价值。

（2）具备社交属性。知乎不仅是一个知识分享平台，也是一个社交平台，用户可以在这里建立社交关系和网络社群，通过点赞、评论和私信等方式与其他用户进行互动和交流。

（3）用户群体广泛。知乎的用户群体广泛，包括大学生、知识分子、行业专家等各个层次和领域的人群，这使得知乎能够覆盖多个领域，满足用户多样化的需求。

（4）注重用户体验和社区文化。知乎注重用户体验和社区文化的建设，鼓励用户尊重知识、尊重专业，并且积极参与讨论和互动，这种氛围使得知乎成为一个友好、理性、认真的社区。

8. 小红书

小红书是一个以生活方式分享和购物决策为主要功能的社交平台。它为用户提供了一个分享生活经验、发现新鲜事物和进行消费决策的平台。

小红书的用户可以在这个平台上分享自己的生活方式、购物、美食、美妆、旅游等各种经验和心得，并与其他用户进行互动和交流。同时，小红书也是一个电商平台，用户可以在平台上发现和购买来自全球各地的商品，并分享自己的购物心得和体验。

小红书的特点在于其社交化和内容化。平台上的用户是来自不同领域的消费者和专业人士，他们通过分享经验、心得和照片来互相学习和获取购物建议。此外，平台上的商品信息也非常丰富，用户可以通过搜索和关注获取感兴趣的商品和品牌信息。

小红书具有以下几个功能。

（1）内容分享。用户可以在小红书上发布图文、短视频等多种形式的内容，分享自己的生活方式、购物心得、旅行体验等。这些内容覆盖了时尚、美妆、个护、美食、旅行等多个领域，为用户提供丰富的生活灵感和购物参考。

（2）购物决策。小红书不仅是一个社交平台，也是一个购物决策平台。用户可以在平台上浏览和发现各种商品，通过查看其他用户的评价和推荐来做出购物决策。同时，小红书还提供电商服务，用户可以直接在平台上购买商品。

（3）社区互动。小红书拥有活跃的社区氛围，用户可以在平台上关注、点赞、评论和私信其他用户。这种互动机制使得用户能够与其他志同道合的人建立联系，分享彼此的生活经验。

（4）发现页。小红书的发现页是用户获取新鲜内容的重要入口。通过算法推荐和个性化设置，发现页能够为用户推荐他们感兴趣的内容和用户，提高用户的浏览体验。

小红书具有以下几个特点。

（1）主要用户为年轻女性。小红书的用户群体以年轻女性为主，这使得平台上的内容更加贴近女性的生活和兴趣。同时，这也为品牌和商家提供了一个针对女性市场的营销平台。

（2）强社交属性。小红书的社交属性是其核心特点之一，用户可以在平台上互相关注、点赞、评论和私信，形成自己的社交圈。这种社交机制使得用户能够更好地互动和交流，分享彼此的生活经验。

（3）精细化内容。小红书平台上的内容以图文、短视频等多种形式呈现，质量较高且精细化，这使得用户能够更加深入地了解商品和生活方式，为购物决策提供更充分的参考。

（4）电商属性强。小红书不仅具备社交功能，还具备强大的电商属性，用户可以在平台上直接购买商品，实现了社交和购物的有机衔接。这种电商模式为用户提供了更加便捷的购物体验。

9. 哔哩哔哩

哔哩哔哩（Bilibili），是中国年轻世代高度聚集的文化社区和视频平台，该网站于2009年6月26日创建，被粉丝们亲切地称为"B站"。

B站早期是一个ACG①内容创作与分享的视频网站。经过十多年的发展，B站围绕用户、创作者和内容，构建了一个源源不断产生优质内容的生态系统。

B站拥有动画、番剧、国创、音乐、舞蹈、游戏、知识、生活、娱乐、鬼畜、时尚、放映厅等几十个内容分区，其中生活、娱乐、游戏、动漫、科技是B站主要的内容品类，并开设直播、游戏中心、周边等业务板块。

B站具有以下几个主要功能。

（1）视频播放与分享。B站提供了大量动画、漫画、游戏、音乐、影视等内容的视频，用户可以在平台上观看、分享和评论这些视频。B站的视频播放页支持多种操作，如只听声音、投屏等。

（2）弹幕系统。B站的弹幕功能是一大特色，用户可以在视频播放过程中发送即时评论弹幕，与其他观众实时互动。这种弹幕文化为用户提供了一种独特的观看和互动体验。

（3）社交互动。B站是一个互动性很强的平台，用户可以通过评论、弹幕、投稿等方式与创作者和其他用户互动。用户还可以关注其他用户，建立自己的社交圈，分享和交流感兴趣的内容。

（4）直播功能。B站也有直播功能，用户可以在平台上观看直播内容，包括游戏、唱见、舞见、手办、绘画、声优等多种类型。直播页面支持实时评论互动，用户可以发送弹幕或赠送礼物。

（5）会员购。B站还有会员购功能，用户可以在这里购买正版动漫周边、游戏道具等商品，满足自己的收藏和消费需求。

除上述功能外，B站还提供了专栏、文章、PV&花絮等多种内容形式，满足用户多样化的需求，同时，B站也在探索新的功能和服务，如电商、线下活动等，以丰富用户的体验。

哔哩哔哩具有以下几个特点。

（1）内容生态丰富。B站涵盖了动画、漫画、游戏、音乐、影视、生活、科技等各种类型的内容，为用户提供了多样化的选择。这种丰富的内容生态吸引了大量拥有不同兴趣爱好的用户聚集在B站。

（2）独特的弹幕文化。B站的弹幕系统是一大特色，用户可以在视频播放过程中发送实时评论弹幕。这种弹幕文化不仅增加了观看视频的趣味性，还增强了用户之间的互动和交流。

（3）用户黏性高。由于B站提供了优质的内容和独特的互动体验，使得用户对平台产生了高度的黏性。许多用户每天都会花费一定时间在B站上观看视频、参与互动和进行社交活动。

（4）社区氛围活跃。B站的用户群体年轻、活跃，他们积极参与平台的各种活动，与创作者和其他用户进行互动。这种活跃的社区氛围使得B站成为充满活力和创造力的平台。

---

① ACG即动画（animation）、漫画（comics）与游戏（games）的首字母缩写。

（5）创作者群体多元化。B站吸引了大量优秀的创作者加入平台，他们不仅提供了高质量的原创内容，还与粉丝进行互动，形成了独特的粉丝文化。这些创作者来自各个领域，为用户提供了多元化的内容选择。

（6）品牌影响力大。作为中国互联网文化的一部分，B站已经成为年轻一代中极具影响力的品牌。它不仅引领了潮流和趋势，还推动了二次元文化、弹幕文化等的发展。

10. 简书

简书是一个创作社区，任何用户均可以在该社区中进行创作。除了写作，用户还可以在简书的阅读社区——简书社内，进行阅读、评论、沟通、编辑和分享等操作。

简书也是一个将写作与阅读整合在一起的网络软件，由简书笔记和简书社两部分组成。它提供简洁的界面和一键分享功能，使得用户可以方便快捷地分享自己的作品。

简书具有以下几个主要功能。

（1）创作与发布。用户可以在简书上创作故事、日记等各类作品。创作者可以使用简书的编辑器来编写和格式化文本，然后发布到自己的个人主页或专题中。

（2）专题与分类。简书具有专题功能，允许用户根据自己的兴趣和主题创建专题，并将自己的作品投稿到相应的专题中。这样，用户容易找到与自己兴趣相关的作品，并与其他作者进行交流和互动。

（3）文集管理。用户可以在简书上创建自己的文集，将自己的作品进行分类整理。文集可以对外分享，方便其他用户浏览。

（4）互动与社交。简书具有社交功能，用户可以关注其他用户，给他们点赞、评论和分享文章。这种互动形式可以加强用户之间的联系和交流，提高创作社区的活跃度。

（5）离线保存与高清图片上传。简书支持用户离线保存作品，可以在没有网络连接的情况下继续创作，并在有网络时同步到平台。此外，用户还可以方便地上传高清图片，为自己的作品增添视觉元素。

（6）多平台支持。除了支持PC端登录，简书还提供了Android和iOS客户端，用户可以在不同设备上随时随地进行创作和浏览。

简书具有以下几个特点。

（1）界面简洁。简书的设计风格非常简约，页面布局清晰，注重阅读体验，减少了视觉干扰。

（2）内容质量参差不齐。简书鼓励用户发表原创作品，但由于审核门槛不高，因此内容质量参差不齐，既有优质作品也有一些质量不高的内容。

（3）作者可获利。通过简书的创作者计划，作者可以根据作品的阅读量获得稿费收入，从而激励更多的创作者参与。

（4）社交功能较弱。与微信、微博等社交平台相比，简书的社交功能相对较弱，互动性比较差。

（5）类别丰富。简书的内容范围广，从生活感悟到职场心得，从文学创作到科技讲解，用户可以根据自己的兴趣进行选择。

11. 企鹅媒体平台

企鹅媒体平台是腾讯公司推出的自媒体平台。该平台涵盖了新闻、资讯、评论、社交等多个领域，通过数据挖掘和人工智能技术，为用户提供定制化的内容，让用户在最短的时间内了解到最有价值的信息。同时，该平台还为广告主提供了更精准的投放渠道，帮助他们更好地实现品牌目标。

企鹅媒体平台于 2016 年 3 月 1 日正式上线，具备开放全网流量、开放内容生产能力、开放用户连接、开放商业变现能力四个方面的能力。通过企鹅媒体平台，媒体和自媒体可以发布、运营自己的内容，实现更多、更准确地曝光，并与粉丝进行互动，建立更紧密的连接。企鹅媒体平台还提供原创保护、内容补贴等政策，鼓励优质内容的创作和发布。

企鹅媒体平台具有以下几个主要功能。

（1）内容创作与发布。企鹅媒体平台提供了丰富的创作工具和功能，支持媒体和自媒体发布各种形式的内容，包括图文、视频、音频等。同时，该平台还支持一键发布到多个平台，方便用户将内容快速推送到各个渠道。

（2）内容分发与推荐。企鹅媒体平台通过智能推荐算法，将优质内容推荐给感兴趣的用户，提高内容的曝光率和传播效果。同时，该平台还提供了多种分发渠道，包括腾讯新闻客户端、微信新闻插件、手机 QQ 新闻插件等，帮助内容创作者扩大影响力。

（3）互动与粉丝管理。企鹅媒体平台支持用户与粉丝进行互动，设置评论、点赞、私信等功能。该平台还提供粉丝管理工具，帮助内容创作者更好地管理自己的粉丝群体，与其建立更紧密的连接。

（4）商业变现与收益。企鹅媒体平台为内容创作者提供了多种商业变现方式，包括广告分成、付费阅读、赞赏等。通过这些方式，创作者可以将自己的优质内容转化为收益，实现商业价值的最大化。

（5）数据分析与优化。企鹅媒体平台提供丰富的数据分析工具，帮助内容创作者深入了解自己的内容表现和用户行为，从而优化内容创作和分发策略，提高内容的传播效果和商业价值。

企鹅媒体平台具有以下几个特点。

（1）内容分发精准。企鹅媒体平台通过腾讯和第三方平台收集信息，利用智能算法进行筛选和分析，将最有价值的内容推荐给用户。同时，它还根据用户的兴趣、历史记录、地理位置等个人信息提供定制化的内容推荐。

（2）流量来源广泛。企鹅媒体平台具备开放全网流量的能力，自媒体在平台发布的优质内容可以通过手机 QQ 浏览器、天天快报、腾讯新闻客户端、微信新闻插件和手机 QQ 新闻插件进行一键分发，有助于内容更多、更准确地被曝光。

（3）互动功能强大。企鹅媒体平台支持微社区互动，为自媒体人提供了与粉丝互动的机会，方便其快速沉淀粉丝群，建立稳定的粉丝基础。

（4）内容环境优质。企鹅媒体平台汇聚了国内外各类权威媒体，为用户提供全面、及时、有深度的新闻资讯。同时，平台鼓励原创和优质内容的创作，通过原创保护和内容补贴政策吸引优质创作者。

（5）入驻门槛较低。企鹅媒体平台的入驻门槛相对较低，这为自媒体人提供了更多的机会。尽管前期阅读量可能较低，但可渐入佳境，为创作者提供了较好的收益前景。

12. 百家号

百家号是百度为创作者打造的一个集内容创作、发布、变现于一体的平台，也是众多企业实现营销转化的运营新阵地。百家号覆盖了各个领域，包括时事、科技、生活、历史、情感等，创作者可以发布多种类型的内容，譬如图文、视频、动态、直播、图集等。

百家号为企业提供了企业百家号蓝V认证。通过蓝V认证的企业百家号，可以通过文案、短视频、直播、同城动态等多种内容形式增加信息曝光度，丰富转化渠道，打造专属私域营销阵地，从而实现高效转化。

百家号具有以下几个主要功能。

（1）内容创作与发布。百家号支持图文、视频、动态、直播、图集等多种内容形式的发布。创作者可以自由选择形式，展示自己的创作内容。

（2）内容分发。创作者发布的内容会在百度App、好看视频等多平台分发，并被百度搜索收录，有机会被更多的用户看到。

（3）AI创作支持。百家号提供了AI创作产品升级，为创作者提供百度AI创作六大件，打造AI创作经营一站式平台，其中包括内容创作、内容分发、内容变现、粉丝管理等多个方面的AI支持。

（4）内容变现。百家号为创作者提供了多种变现方式，包括阅读实现、广告分享和用户赞赏等。创作者可以通过发布优质内容，获得相应的收益。

（5）粉丝管理。百家号允许创作者与粉丝进行互动，如评论、点赞等。同时，创作者可以通过百家号提供的工具分析粉丝的人群属性，开展各种粉丝运营活动。

（6）营销与品牌塑造。企业可以通过百家号进行品牌内容生产发布、用户运营沟通、销售转化等，打造自己在百度上的私域平台。企业百家号通过蓝V认证后，还可以增加转化入口，提升品牌曝光度和用户黏性。

（7）数据分析优化。百家号提供了丰富的数据分析工具，帮助创作者和企业深入了解内容表现和用户行为，从而优化内容创作和营销策略。

百家号具有以下几个特点。

（1）多媒体内容创作。百家号支持图文、视频、音频等多种形式的内容创作，满足用户多样化的创作需求。

（2）内容分发与传播。百家号内容可以在百度App、好看视频等多个平台分发，并通过搜索引擎提升内容的曝光度和传播效果。同时，用户还可以通过首页号轻松联系上企业、商家，一键导航到店铺，形成转化和消费。

（3）用户互动与社交。百家号提供多种互动方式，创作者可以及时与粉丝互动，管理和维护用户关系。同时，百家号还支持多平台一键加V，方便用户在不同平台间切换。

（4）收益与变现。用户在百家号平台上发布的内容可以通过广告奖励获得收益，平台根据内容质量和受众互动情况等因素来计算收益。此外，百家号还提供了多种变现方式，如阅读变现、广告分享和用户赞赏等。

（5）数据分析与优化。百家号提供数据分析工具，让用户了解自己的内容表现、受众互动等数据，并针对数据进行优化和改进。

（6）合作媒体与多平台互通。百家号还与多个媒体平台合作，用户发布的内容也能够通过这些合作平台进行传播。同时，百家号支持内容一键分发到多个平台，覆盖多个领域，让作品找到与之相适应的受众。

13. 一点号

一点号是北京一点网聚科技有限公司推出的一款以发布文章为主的自媒体平台。该平台为创作者提供内容分发、运营、MCN 机构管理收益等一站式服务，致力于帮助创作者打造影响力并实现内容变现。它能够满足用户的精准需求，提供优质内容。一点号指数是机器根据作者创建的内容和读者阅读行为记录的客观数据分析的账户价值分数。

对于创作者来说，一点号提供了多种收益开通条件和申请流程，满足条件的创作者可以申请开通收益功能，通过平台获得收益。此外，一点号还鼓励短视频内容的创作和分享，为创作者提供了更多的创作和变现机会。

一点号具有以下几个主要功能。

（1）内容创作与发布。一点号为自媒体创作者提供内容发布平台，包括图文、视频、音频等。创作者可以根据自己的专业领域和兴趣爱好进行创作，并通过一点号平台发布到互联网上，吸引更多的关注和粉丝。

（2）内容分发与推广。一点号拥有亿级流量和精准算法推送的优势。创作者发布的内容将根据用户的兴趣和偏好进行智能推荐，提高内容的曝光率和阅读量。同时，一点号还提供多种推广方式和工具，帮助创作者扩大影响力，吸引更多的潜在读者。

（3）收益变现。一点号为创作者提供了多种收益变现的机会。创作者可以通过平台获得广告分成、赞赏收入、付费阅读等多种收益。同时，一点号还提供完善的收益开通条件和申请流程，满足条件的创作者可以申请开通收益功能，通过平台获得稳定的收益。

（4）数据分析与优化。一点号提供了丰富的数据分析工具，帮助创作者深入了解自己的内容表现和读者行为。创作者可以通过数据分析了解哪些内容更受欢迎、读者的兴趣偏好等信息，从而优化内容创作和推广策略，提高内容的质量和宣传效果。

（5）互动与粉丝管理。一点号支持创作者与读者之间的互动和沟通。读者可以对内容进行点赞、评论、分享等操作，而创作者也可以及时回应读者的反馈和问题解答。此外，一点号还提供粉丝管理功能，帮助创作者更好地了解和管理自己的粉丝群体，增强与粉丝的互动和联系。

一点号具有以下几个特点。

（1）海量流量与精准推送。一点号依托一点资讯的海量用户基础和精准算法技术，能够为创作者的内容提供广泛的曝光机会。通过智能推荐系统，一点号能够将内容准确推送给感兴趣的读者，提高内容的阅读量和影响力。

（2）多样化的内容形式。一点号支持多种内容形式，包括图文、视频、音频等，满足创作者不同的创作需求。这使得创作者可以根据自己的特长和兴趣选择合适的创作方式，更好地展现自己的内容。

（3）收益变现机会多。一点号为创作者提供了多种收益变现的方式，如广告分成、赞赏收入、付费阅读等。这为创作者提供了更多的收益来源，激发了他们的创作热情。

（4）专业指导与支持。一点号拥有专业编辑团队，能为创作者提供创作指导和内容优化建议，这有助于提升创作者的内容质量和创作水平，使其在平台上有更好的表现。

（5）互动与社交功能丰富。一点号支持创作者与读者之间的互动和沟通，如评论、点赞、分享等，这有助于增强创作者与粉丝之间的联系和互动，提高粉丝的忠诚度和黏性。

（6）良好的内容生态。一点号注重内容导向与安全，致力于创造清朗的内容生态。平台对内容进行严格审核和管理，确保发布的内容符合法律法规和社会道德规范。

14. 大鱼号

大鱼号是阿里大文娱旗下的内容创作自媒体平台，旨在为内容创作者提供"一点接入，多点分发，多重收益"的整合服务。创作者可以在一个平台上创作内容，然后通过大鱼号分发到阿里大文娱旗下的多个平台，如UC、优酷、土豆、淘宝等。这种分发模式使得创作者的内容能够获得更广泛的曝光和更多的流量。

除了提供内容分发服务，大鱼号还为创作者提供一系列收益变现的机会。创作者可以通过大鱼任务满足推广需求，获得包括创作稿酬、流量套餐分成、商品推广佣金在内的多重收益。此外，大鱼号还有原创保护功能，鼓励原创作者开通权限，保护自己的创作成果。

大鱼号具有以下几个主要功能。

（1）一点接入，多点分发。大鱼号提供"一点接入，多点分发"的功能。创作者只需在一个平台上发布内容，就可以通过大鱼号将其分发到阿里文娱旗下的多个平台，如UC、优酷、土豆、淘宝等，实现内容的广泛曝光和流量增长。

（2）多种收益变现。大鱼号还为创作者提供了多种收益变现的机会。创作者可以通过接受大鱼任务获得包括创作稿酬、流量套餐分成、商品推广佣金在内的多重收益。此外，创作者还可以通过广告分成、用户打赏等方式获得更多收益。

（3）原创保护功能。大鱼号还具有原创保护功能。创作者可以开通原创保护权限，保护自己的创作成果不被他人盗用或抄袭。这一功能有助于维护创作者的权益，营造健康的内容创作生态。

（4）数据分析和内容管理。大鱼号还提供丰富的数据分析和内容管理工具，创作者可以通过数据分析了解内容表现和用户行为，优化内容创作和推广策略。同时，大鱼号还提供内容管理功能，方便创作者管理自己发布的内容。

大鱼号具有以下几个特点。

（1）广泛的分发渠道。大鱼号作为阿里文娱旗下的内容创作平台，具有强大的分发能力。创作者发布的内容不仅可以在大鱼号平台上展示，还能同步分发到UC、优酷、土豆、淘宝等多个阿里系平台，实现内容的广泛传播和曝光。

（2）智能推荐系统。大鱼号采用智能推荐算法，能够根据用户的兴趣和偏好推荐相关内容。这使得创作者的内容能够更精准地触达目标受众，提高内容的阅读量和影响力。

（3）与阿里文娱生态深度整合。作为阿里文娱旗下的平台，大鱼号与阿里大文娱生态深度整合，为创作者提供了更多的合作机会和资源支持。创作者可以与其他阿里大文娱产品进行合作，共同打造更优质的内容。

15. 网易号

网易号，是网易推出的一个自媒体平台，这个平台为内容生产者（如自媒体、媒体、企业、机构等）提供发布文章、图片、视频等内容的渠道，通过平台的流量进行变现，并吸引粉丝。

对于内容创作者来说，可以通过网易号接触到更多的用户和粉丝，通过广告、赞赏、付费阅读等方式获得收益。同时，网易号还提供丰富的数据分析工具，帮助创作者深入了解内容表现、用户行为等信息，从而优化内容创作和推广策略。

网易号还具有强大的内容推荐机制，采用信息流的形式进行内容推荐，这使得优质的内容能够得到更好的曝光和推广，提高了创作者的知名度和影响力。

网易号具有以下几个主要功能。

（1）创作与传播。它允许创作者在平台上发布各种类型的内容，包括图文、视频等。创作者可以根据自己的专长和兴趣进行创作，并通过网易号将其展示给广大用户。

（2）智能推荐。网易号具备智能推荐系统，能够根据用户的兴趣和偏好将内容精准推送给目标受众。这有助于创作者的内容获得更广泛的曝光和更高的阅读量，进而提升其影响力和粉丝基础。

（3）收益变现。网易号还为创作者提供了收益变现的机会。创作者可以通过平台的广告分成、赞赏收入、付费阅读等方式获得收益，从而激励其持续产出优质内容。

（4）数据分析和内容管理。除了基本的创作和收益功能外，网易号还提供丰富的数据分析工具和内容管理功能。创作者可以利用这些工具深入了解内容表现、用户行为等信息，以便优化内容创作和推广策略。

（5）互动与交流。网易号还支持创作者与粉丝之间的互动、沟通和交流。创作者可以及时回应粉丝的反馈和问题，增强与粉丝的联系和互动。

网易号具有以下几个特点。

（1）覆盖范围广泛。网易号的内容覆盖非常广泛，包括文章、视频、图集等多种形式。这为创作者提供了丰富的内容创作和展示空间，满足了不同类型创作者的需求。

（2）审核标准严格。网易号对发布的内容有严格的审核机制，以确保内容的质量和原创性。这有助于维护平台的声誉和提升用户的信任度。

（3）收益方式多样。网易号提供了多种收益变现方式，如广告分成、赞赏收入、付费阅读等。这为创作者提供了更多的收益渠道，激发了他们的创作热情。

（4）后台支持强大。作为网易旗下的平台，网易号拥有强大的技术支持和运营团队，为创作者提供稳定、高效的服务。

（5）注重原创保护。网易号重视创作者的知识产权和原创成果，采取一系列措施保护创作者的权益，防止内容被盗用和复制。

（6）多领域创作者。无论是个人创作者还是企业机构，只要符合一定条件，都可以在网易号上开设账号并发布内容，这使得网易号成了一个汇聚各类创作者的综合性平台。

16. 大风号

大风号，原名凤凰号，是凤凰新闻客户端旗下的自媒体平台。凤凰新闻客户端是凤凰卫视的官方新闻应用，整合了凤凰卫视、凤凰网等多个媒体平台的内容资源。大风号作为其自媒体平台，为创作者提供了一个展示和分享内容的渠道。

在大风号平台上，创作者可以发布各种类型的内容，包括图文、视频等，覆盖多个领域和主题。平台通过智能推荐算法，将内容精准推送给感兴趣的读者，帮助创作者扩大影响力和提高阅读量。同时，大风号还为创作者提供了收益变现的机会，通过广告分成、赞赏收入等方式，让创作者的付出获得合理的回报。

大风号还注重内容的质量和原创性，鼓励创作者产出优质、有价值的内容。平台会对发布的内容进行审核和管理，确保内容的真实性和合法性。同时，大风号还为创作者提供数据分析和内容管理工具，帮助他们更好地了解读者需求和市场趋势，优化内容创作和推广策略。

大风号具有以下几个主要功能。

（1）内容创作与发布。大风号允许自媒体创作者在平台上创作和发布各种形式的内容，如图文、视频等。创作者可以根据自己的专长和兴趣进行内容创作，并通过平台将其展示给广大读者。

（2）智能推荐与分发。大风号具备智能推荐算法，能够根据用户的兴趣和偏好将内容精准推送给目标受众。这有助于创作者的内容获得更广泛的曝光和阅读量，进而扩大其影响力和粉丝基础。

（3）收益变现机会。大风号为创作者提供了多种收益变现的方式。根据内容的质量和受欢迎程度，创作者有机会获得广告分成、赞赏收入、付费阅读等形式的收益，从而激励其持续产出优质内容。

（4）数据分析与优化。大风号提供了丰富的数据分析工具，帮助创作者深入了解内容表现、用户行为等信息。创作者可以根据这些数据调整内容创作策略，优化内容质量和推广效果。

（5）互动与粉丝管理。大风号支持创作者与读者之间的互动，如评论、点赞等。这有助于增强创作者与粉丝之间的联系和互动，提高粉丝忠诚度和活跃度。同时，创作者还可以通过平台提供的粉丝管理功能，更好地了解和管理自己的粉丝群体。

（6）内容推广与合作。大风号支持创作者自行进行内容推广，包括付费推广、合作推广等方式。此外，平台还会根据创作者的表现推荐其参与相关活动或与其他创作者进行合作，从而扩大内容的曝光度和影响力。

大风号具有以下几个特点。

（1）高收益。大风号为创作者提供了较高的收益比例和推广费用，通过发布原创的优质内容，创作者有机会获得比其他平台更高的收益。

（2）专业审核。大风号对原创内容进行专业级别的审核，以确保内容的质量和权威性。同时，还会给予创作者修改的建议，帮助他们提升内容品质。

（3）推荐优先。在大风号平台上，原创文章能够得到优先展示，从而拥有更好的曝光机会。

（4）保护版权。大风号非常重视创作者的版权和知识产权，采取一系列措施保护创作者的权益，防止内容被盗用和复制。

（5）提升创作者形象。通过在大风号上发布优质的原创内容，创作者可以提升自己和品牌的知名度、形象，从而获得更多关注。

（6）宽容度高、发布简单。大风号的内容宽容度较高，整体阅读数据也较高。标题和正文编辑灵活，可以插入图片、视频和音频，使内容更加丰富多样。

（7）分类全面。大风号的分类比较全面，创作者可以根据自己的内容选择合适的分类进行发布，方便读者查找和浏览。

（二）社交自媒体平台的特点

常见的社交自媒体平台包括微信、微博、抖音、快手、知乎、小红书等。这些平台各具特色，满足了不同用户的需求，成为人们日常生活中不可或缺的一部分。各类社交自媒体平台通常都具备以下几个共同的特点。

（1）用户参与度高。社交自媒体平台鼓励用户积极参与，通过发布内容、评论、点赞、分享等方式，与其他用户互动，构建个人或组织的社交影响力。

（2）内容形式多样。平台支持多种内容形式，如文字、图片、视频、音频等，使得用户可以以多种方式表达自己的观点、分享经验和知识。

（3）传播速度快。社交自媒体平台通常具有高效的传播机制，使得内容可以迅速传播给更广泛的受众群体，增加信息的曝光度和影响力。

（4）个性化推荐。许多社交自媒体平台采用智能算法，根据用户的兴趣和行为，为他们推荐相关内容，提升用户体验和参与度。

值得注意的是，社交自媒体平台的发展日新月异，新的平台不断涌现，旧的平台也在不断更新和改进。因此，对于使用者来说，保持对社交自媒体平台的关注和了解，以便更好地利用这些平台进行社交、分享和表达，尤为重要。

（三）社交自媒体平台的优势

社交自媒体平台主要有以下几个方面的优势。

（1）强大的互动性和社交性。社交自媒体平台允许用户轻松地进行评论、点赞、分享等互动行为，这极大地增强了用户之间的交流和互动。同时，用户可以通过平台建立自己的社交圈子，与志同道合的人进行深度交流，满足人们的社交需求。

（2）信息传播的快速性和广泛性。在社交自媒体平台上，内容可以迅速传播到广泛的受众群体。一旦内容受到关注，它可以迅速被转发、分享，从而迅速扩大影响力。这种快速传播的特性使得社交自媒体平台成为企业或个人推广品牌、发布信息的重要渠道。

（3）内容形式的多样性。社交自媒体平台支持文字、图片、视频、音频等多种内容形式，这使得用户可以根据自己的喜好和需求选择最合适的内容形式进行创作和分享。这种多样性不仅丰富了用户的体验，也使得内容更具吸引力和传播力。

（4）个性化推荐和精准营销。许多社交自媒体平台采用智能算法，根据用户的兴趣和行为，为他们推荐相关内容。这种个性化推荐提升了用户体验，也使企业能够进行更精准的营销和推广。同时，平台还会根据用户的反馈和数据，优化内容创作和推广策略，提高营销效果。

（5）低成本和高效性。相比于传统媒体，社交自媒体平台的运营成本较低，而且传播效果往往更加高效。个人或企业可以通过平台以较低的成本发布信息、推广品牌，实现更广泛的覆盖和更高的转化率。

特别提醒一下，虽然社交自媒体平台具有诸多优势，但也需要合理使用和遵守相关规定，过度依赖或滥用平台可能导致信息泛滥、隐私泄露等问题。因此，在使用社交自媒体平台时，应遵守相关法律法规和平台的规定，保护好自己的隐私和权益。

------ 思考与练习 ------

每人在本学科微信学习群里上传两篇原创自媒体代表作品（附上自媒体平台网址链接），供大家互相学习和交流。老师将择优在课堂上点评。

第二节　自媒体文本写作

自媒体的文本写作，包括自媒体常规文本写作和自媒体软文文本写作两大部分。由于它们的写作意图、价值取向、传播平台、受众群体等因素不同，其文本的写作手法、文本结构、语言风格、内容导向也各不相同。

一、自媒体常规文本写作

（一）标题设置

常言道：标题是文章的眼睛。网络时代人们的阅读习惯日渐多元化，普遍倾向于碎片化阅读，其显著特点就是标题式阅读，标题是否精彩或者是否符合读者的审美情趣往往是决定读者是否愿意点开标题继续阅读正文的关键。

那么，如何设置好标题？有何规律可循？

1. 引人入胜

标题往往是一篇文章内容的高度概括，提纲挈领地彰显文章内容的精华。因此，标题中一定要有文章核心内容的关键词，从而体现文章的焦点、热点、卖点、闪光点。标题中尽可能地凸显文章与众不同的信息，以吸引读者阅读全文。

读者通过搜索引擎进行搜索，如果你的文章标题中没有读者需要或者喜欢内容的关键词，就会将目光移向其他的文章标题。

2. 亲切自然

文章标题讲究朗朗上口、有人情味、口语化，不能咬文嚼字、冷僻晦涩。标题要求措辞准确、通俗易懂、富有个性，使读者过目难忘。

3. 富含信息

与报纸、电视、广播等传统媒体的标题不同，传统媒体文章标题追求高度凝练，通常在 13 个字以内，而自媒体文章为了博得更多读者的关注，尽量使标题中蕴含更多的关键信息，字数要求不会那么严格，通常是 20 字左右。

4. 巧用动词

自媒体文章标题尽量使用动词，这样能够增添文中事物发生、发展的动态感。读者通过动词的内涵形成某些联想和通感，从而对文章产生某种揣测或寄予一定的期望。

5. 切忌虚词

标题中切忌使用不能表达完整意义的虚词（介词、连词、助词、语气词），标题要求精练，惜字如金。标题中如果加一些不能代表实际意义的之、乎、者、也、的、得、地等虚词就会显得不凝练、不严谨而失去关注度。

6. 题文相符

标题切忌华而不实、哗众取宠甚至文不对题，这样给人以"标题党"印象，即便是骗取读者的好奇点开文章，读者马上会有一种"货不对板"、上当受骗的感觉，就会得到网民的差评、吐槽和投诉。长期如此，网站自媒体管理人员可能会依据相关规定将你的自媒体平台关闭。

（二）正文写作

正文部分是自媒体文本的主干和核心部分，是阐述内容、传递信息、展示观点、吸引读者、建立读者信任以及促进互动交流等关键所在。因此，自媒体作者应该高度重视正文部分的写作，不断提升自己的写作水平，以创作出优质的文章。

1. 惊艳开篇

当读者点开你的文章标题进入正文时，说明读者有了解文章详细内容的欲望。但是第一段尤其是头一两句话如果流于平庸，难免会使读者放弃阅读此文，而转去寻找他们所需要的文章。因此，自媒体文章开篇之语一定要精彩脱俗、先声夺人，让读者对下文充满期待，才能紧紧抓住读者的阅读兴趣，卒读全文。

2. 原创至上

优秀的文章必须是个人独立思考的原创作品，最忌拾人牙慧，照搬他人的文章或在别人的文章基础上改头换面"炒剩饭"，这样的文章是不会受到读者青睐的。只有原创作品才能获得读者的喜爱。如果你觉得他人的文章与你的文章主题相吻合，可以引用其中的精彩片段，但必须注明出处，同时附上网址链接。

3. 真情抒发

文艺作品唯情感人。好的文章往往抒发自己的真情实感，或展示个人的真知灼见，或讲述个体生命对大千世界的独特感悟。每一篇优秀的文章都是一个独特、私密、鲜为人知的精神家园。博主将自己的人生梦想、心路历程、今生之憾甚至是切肤之痛等实情无私地和盘托出给博友，以求得分享、交流与共鸣。

4. 生动幽默

自媒体文章力求生动活泼、简洁明快、风趣幽默，尽可能地使读者产生浓厚的兴趣并参与其中展开讨论、交流与互动，从而引起读者的情感共鸣，在文末的评论栏里发帖评论。

5. 信息确凿

令人信服的好文章，往往都是以事实说话。如果是新闻资讯类的文章，对文中涉及的一些新闻事实、信息数据的来源都要有确凿的出处，否则，会使你的文章失去可信度和权威性。如果你在讲述个人情感体验，那就要从细节入手娓娓道来地描述你获得某种人生体悟的独特经历和过程，让读者感觉你所提供的一切信息是可靠的，从而信任你、支持你，久而久之就会成为你的忠实粉丝。自媒体文章可以将其他网站与自己文章主题相关的网址进行链接，这样不仅能让读者进行拓展性阅读，也能增加文章内容与主题的宽度与深度。

6. 分类明晰

为了便于读者检索，文章一定要根据内容板块（新闻、娱乐、文化、体育、美食、旅游、时尚、情感、两性、文学、艺术、生活等）进行准确分类。读者可以根据你的分类通过关键词搜索，顺利地查找和浏览到你的文章。

7. 图文并茂

文章写好之后要精心排版，尽量考虑网民"浅阅读（浅表性地阅读，无须深入思考）"的习惯，用精美的文字配以悦目的图片。版面的背景色不宜用冷色调和暗色调，多用人们喜闻乐见的温暖明快的色调。

8. 建立链接

自媒体文章写好之后要在文章末尾附上相关链接，使你的文章内容变得更加丰富，信息更加翔实，也让读者从不同的文章、不同的视角立体直观地了解相关的信息，从而拓宽视野和知识面。同时，通过相关信息链接印证你所写内容的真实性和权威性，也可奠定你在某个领域的专业地位，自然，你的自媒体平台订阅的粉丝数也会增长。

9. 文本整洁

文章写好之后不要急于提交，要精心排版、反复审读，在审读过程中修正错漏之处，优化语句，并杜绝错别字，防止语法、修辞、逻辑等出现问题，这些问题将严重影响读者对你的文章内容和主题思想的正确理解。

二、自媒体软文文本写作

（一）软文的定义

软文是相对于硬性广告而言的，是指由企业的市场策划人员或广告公司的文案人员精心策划、撰写的将宣传内容和文章内容精巧地融合在一起，达到某种宣传效应的含有软性广告的文字。软文以新闻报道的形式发布，实际上是存在于大众媒体中的广告。软文能掩盖其付费服务的性质，模糊广告与新闻报道之间的界限，使读者误以为这是客观报道。

好软文往往是美文和广告的完美结合，既让商家满意，又令受众喜爱。

软文的精妙之处在于一个"软"字，好似绵里藏针，含蓄而不露，通过文中带有"嵌入式广告"的文字，让读者受到感染，从而树立产品品牌，提高产品知名度。

软文的作用是通过分享故事、提供体验、专业评测或信息宣传等文字内容，提升品牌形象和知名度，提高产品销售成绩。其形式多样化特点明显，可以是一篇特写文章，也可以是论坛帖子，或者是私人博客，还可以是微信朋友圈等。其内容包括故事、图文、对话、访谈、日记等，还可以插入视频、音乐等互联网多媒体内容。

（二）软文的优势

软文的优势主要体现在以下几个方面。

（1）降低成本。无论是硬性广告、线下活动还是搜索引擎优化，针对的用户群体不够精准，费用很高，而软文可以针对性地写文章、选择平台发布，回报率远高于传统媒体，因此，软文推广见效快、投资低、回报高。

（2）辅助 SEO。发布带有关键词、超链接的软文，会给企业网站带来大量高质量的外链，提高网站在搜索引擎上的排名和权重，增加被别人搜到的机会。

（3）吸引、维护顾客。一篇优秀的软文可以起到吸引新顾客、维护老顾客的作用。故事类软文会将消费者带入故事中，即使看到后面知道是软文，用户也不会太过烦躁。

（4）公关作用。好的软文可以给企业带来好的口碑，适时发布一些正面软文并在各大知名门户进行发布，不仅宣传了网站，也起到了公关作用。

（5）时效性高。新鲜、最新发生的事件会使受众更有兴趣关注并可能被口碑传播。

（6）可以连续撰写。软文可以连续撰写，形成系列。当然有了文字和图片组合的硬广也可以成为系列，但是依然离不开文字。

（7）保存价值大。发布后的软文容易被检索到，特别是网络媒体，只要软文所发布的媒体服务器不关，软文就像尘封的老酒，沉淀越久，价值越高。

（8）可以多点传播。软文容易被转载或者摘录，可进行二次或多次传播。很多软文中点评各种热点事件，就被多名网友摘录和转载。

（9）受众针对性强。软文操作灵活，可以针对经销商撰写，也可以针对终端客户或投资人撰写。

缘于新媒体多元化发展，软文营销模式越来越受商家青睐，原因有三：一是媒体世界到处充斥着令人厌恶的竞争激烈的硬性广告，软文这种绵里藏针、克敌于无形的宣传方式备受推崇；二是相对于硬性广告而言，软文的成本投入要低得多，其性价比却比硬性广告要高得多；三是软文通过精美的图文在自媒体传播过程中既能巧妙而准确地演绎甚至拔高某个品牌的形象，满足商家的诉求，又在目标消费者心中留下好的印象。

（三）软文写作

1. 软文的标题写作

自媒体软文写作与常规文本写作一样，标题是决定软文成功与否的关键，它影响着软文植入品牌的精准用户、目标消费者对文章的阅读兴趣。

制作一个好的软文标题对于吸引读者、提高点击率和传播效果都至关重要。以下是制作好软文标题的几个要点。

（1）突出主题。标题应该简洁明了地突出文章的主题，让读者一眼就能看出文章要讲述的内容。同时，标题要与文章内容相符合，不能夸大其词或误导读者。

（2）引起兴趣。好的标题应该能够引起读者的兴趣，激发他们的好奇心或需求感。可以使用一些引人入胜的词汇或句式，如疑问句、感叹句等。

（3）创造价值。标题应该让读者感受到文章的价值，让他们觉得阅读这篇文章能够获得一些有用的信息或启示。标题中可以强调文章的独特性、专业性或实用性，让读者感受到阅读的收获。

（4）独特性。标题应该具备独特性，避免与其他文章或广告混淆。写作时可以通过使用独特的角度、观点或语言风格来突出标题的独特性，让读者一眼就能记住。

（5）长度适中。标题的长度应该适中，不宜过长或过短。一般来说，标题应该控制在

20~30个字,既要简洁明了,又要完整地表达文章主题。

(6)包含关键词。如果软文是为了推广某个品牌、产品或服务,标题中应该包含相关的关键词,以便搜索引擎能够更容易地检索到文章。同时,关键词的使用也要自然,不要强行堆砌。

写作自媒体软文标题时必须注意以下几个要点。

(1)诱饵魔力。一篇好的软文必须让商家和目标消费群体双赢,双方都有一个共同的目标——"滴水投入,涌泉回报"。只要投其所好、正中下怀,欲望的诱饵就会产生强大的磁性和魔力,因此在标题中必须巧妙地体现"买卖双方"的价值诉求。

(2)新奇取胜。在当今这个信息泛滥的时代,一个新的品牌理念要想博得人们关注是一件十分困难的事,但是,对未知事物的好奇,是人类与生俱来的天性。在营销某个品牌时,可事先策划、制造某个新奇的、具有新闻价值和社会影响力的事件(事件营销),并在软文标题中凸显新奇事件的关键词,这样,即使是一个名不见经传的品牌,经过软文在自媒体平台上推广,也会博得一定的社会关注度,甚至会让人记忆深刻。

(3)借情说事。策划一个催人泪下的情感故事,将软文宣传的品牌理念巧妙地融入这个故事之中,在标题中要显露出故事精彩内容的端倪,以吸引读者了解全文。

(4)悬念引力。软文的故事化演绎被公认为是营销上策,但是在标题上必须留下悬念。通过简短的暗示性、启发性文字,营造"犹抱琵琶半遮面"的朦胧美和蕴藉美,激发读者对故事的揣测和期待,产生了解真相的欲望,从而细读全文。

(5)名人效应。在软文中运用名人效应实现商家的营销策略,屡见不鲜。以美容、养颜、护肤、养生、保健类的软文居多。譬如《刘晓庆自曝60岁逆生长 成就"不老神话"》[1];《80岁了还像棒小伙,钟南山院士首次公开养生秘笈》[2]等自媒体软文标题,就是借着这些家喻户晓的影视明星、社会名人的故事来做软文中品牌的宣传载体,以博得社会的普遍关注,从而达到品牌价值最大化的推广效果。

(6)巧用热点。软文可与新近发生的重大新闻事件、社会热点问题、网络流行用语、娱乐时尚等巧妙地联系起来,利用这些社会普遍关注的事物来吸引读者的注意力,从而带出商家所要宣传的某种商业理念或品牌意识。可将这些关注度高的事物的关键词巧妙地融合进软文标题中,可以大大提高读者通过搜索引擎搜索的概率,进而提高浏览率和转载率。譬如笔者的一篇曾被多家官网转载的文章《端砚渐成"疯狂的石头"》[3],标题就是借用了我国一度被称为票房黑马的电影《疯狂的石头》的片名。

(7)文化包装。企业的营销宣传,实际上就是文化价值的最大化输出,是对企业品牌进行文化包装和宣传,使企业的精神内涵、文化理念和社会形象得以立体地展示。这在竞争日益加剧的今天意义非凡。

软文通常借助与营运品牌内容相吻合或意义相近的名人格言、经典诗词、成语典故、流行歌词、网络热语来制作标题,使本来默默无闻甚至乏善可陈的企业品牌穿上一套华丽的文化盛装,从而使"文化内涵"的外衣不同程度地掩盖了"广告宣传"的实质。

---

[1] 刘晓庆自曝60岁逆生长 成就"不老神话"[EB/OL].(2017-07-25).https://www.sohu.com/a/159833900_99892438.
[2] 80岁了还像棒小伙,钟南山院士首次公开养生秘笈[EB/OL].(2016-04-20). https://static.nfapp.southcn.com/content/201604/20/c71517.html.
[3] 喻彬.端砚渐成"疯狂的石头"[N].羊城晚报,2012-08-15.

2. 软文的正文写作

软文的正文写作要领可以总结为以下几点。

（1）明确写作目的。在开始写作之前，需要明确写作目的，是推广某个产品，还是提高品牌知名度，或者是建立与读者的信任关系？明确的目的将帮助你更好地规划文章的内容和结构。

（2）了解受众群体。你需要清楚地了解你的目标读者是谁，他们的兴趣、需求和阅读习惯是什么。这将帮助你选择合适的语言风格、内容主题和呈现方式，确保你的软文能够吸引并打动他们。

（3）提供有价值的内容。软文的核心是提供有价值的内容。你需要确保你的文章能够为读者提供有用的信息、解决问题的方案或者独特的观点。这将帮助你在读者心中建立专业性和可信度。

（4）保持自然和流畅。软文需要保持自然和流畅，避免过于明显的广告痕迹。你需要将推广信息巧妙地融入文章中，让读者在享受阅读的过程中接收你的信息。

（5）使用故事或案例。故事或案例是增强软文吸引力的有效方式。你可以通过讲述一个与主题相关的故事或案例，让读者产生共鸣，从而增加他们对文章的兴趣和信任感。

（6）合理安排结构布局。软文需要合理安排结构和布局，确保文章逻辑清晰、层次分明。你可以使用小标题、段落划分和列表等方式来优化文章的结构和布局，提高读者的阅读体验。

（7）适当使用修辞手法。修辞手法可以帮助你增强软文的表现力和感染力。你可以适当使用比喻、夸张、对比等修辞手法来突出文章的重点和亮点，吸引读者的注意力。

（8）注意语言文字规范。软文需要注意语言和文字规范，避免出现错别字、语法错误等问题。同时，你还需要保持简洁明了的写作风格，避免使用过于复杂或晦涩难懂的词汇和句子。

3. 软文写作的注意事项

软文写作必须注意以下几个要点。

（1）熟知行情。软文写作首先要考虑所植入产品或品牌的宣传效果，这就要求写作者必须对产品、企业进行研究，了解企业文化、品牌精神以及相关人文价值。同时，深入了解和分析市场背景和现状，把握市场行情，熟悉目标消费群体的消费心理和习惯，做到知彼知己，才能量身打造或"对症下药"地策划软文主题以及最佳媒体推广方案。

（2）选择主题。主题的选择对于软文写作来说十分重要。策划软文主题首要要准确了解并掌握目标消费群体的普遍特点，再确定软文的主题思想以及植入产品或品牌的理念和内涵如何与主题有机融合。

（3）不动声色。从事软文写作，在某种意义上来说，就是一个和读者斗智斗勇的过程。如果让读者窥破你的软文的广告宣传意图，那么文章立即会被他们忽略和冷落，甚至反感和厌恶。因此，写软文还需要声东击西、顾左右而言他，以分散甚至麻痹读者的注意力，可以将品牌理念巧妙地植入于娓娓道来的故事情节里，而且是点到为止、不动声色，切忌流露广告痕迹。

（4）彰显情怀。许多保健品、美容品的广告一直打情感牌，紧紧围绕着"孝心""爱心"

"爱情""亲情"等主题，不厌其烦地反复出现在各大主流媒体的广告时段（版面）里。为什么？因为真情最能打动人心，能直击人性中最柔软、最脆弱的部位。因此在软文中，将商业品牌与文章中的温情故事有机结合，使读者在被感人衷肠的故事情节所打动的同时，不知不觉地接受了品牌中的某种宣传理念。

（5）立意高远。软文尽管是从某个具体事件或细小的故事着手，但要有微言大义、滴水见海的格局，给读者展现出一个具有高尚境界的立意——或弘扬人性的美好，或关乎黎民百姓的冷暖，或有关社会责任与担当……这就使软文的品牌宣传既脚踏实地、亲切可感，又具有一定的品位、格调和境界，令消费者心悦诚服地接受和认可。

（6）有的放矢。软文写作首先要对软文所宣传的产品或品牌的消费群体进行精准定位。只有明确目标消费群体的年龄、性别、文化层次等概况，才可以量身定做适宜这个人群的阅读习惯和审美情趣的文章。同时，也可以有针对地选择适合这个特定人群的相关自媒体平台发布软文，从而达到精准投放的目的。

4. 软文写作的步骤

软文的写作步骤可以概括为以下几个阶段。

（1）构思与策划。确定写作目的和受众群体，分析受众的需求和兴趣点，选择适合的主题和内容，制定文章的大纲和结构，明确要包含的关键信息点。

（2）标题制作。制作一个吸引眼球的标题，突出文章的主题和价值，确保标题简洁明了，能够引起读者的兴趣，可以使用疑问、悬念或数字等方式来增强标题的吸引力。

（3）撰写正文。根据大纲，逐步展开文章的内容，使用自然流畅的语言，将推广信息巧妙地融入文章中，保持段落清晰、逻辑连贯，让读者易于阅读和理解。

（4）添加广告或宣传内容。在适当的位置添加广告或宣传内容，如产品介绍、品牌宣传等。注意广告与文章内容的融合度，避免过于明显的广告痕迹。

（5）润色与修改。检查文章的语言是否通顺、准确，避免出现错别字、语法错误等问题。对文章进行润色和修改，提高文章的质量和吸引力。

（6）选择发布渠道。根据目标受众和宣传目的，选择合适的发布渠道，如企业网站、社交媒体、博客等。根据渠道特点调整文章的内容和格式，确保最佳展示效果。

（7）效果评估与优化。监测软文发布后的效果，如阅读量、转发量、评论等。根据效果评估结果，对软文进行优化和改进，提高传播效果。

需要注意的是，软文写作是一个综合性的过程，需要综合考虑写作目的、受众群体、内容质量、广告植入、发布渠道等多个因素。同时，需要不断学习和实践，提高写作技巧和水平。

5. 软文写作的禁忌

在软文写作中，有一些禁忌需要避免，以确保文章的有效性和吸引力，以下是一些软文写作的禁忌。

（1）过度广告。避免在软文中过度插入广告或宣传内容。软文的核心是提供有价值的内容，而不是直接推销产品或服务。广告应该与文章内容自然融合，避免明显的广告痕迹，以免让读者产生反感。

（2）内容粗糙。软文的内容应该精细、有深度，并且具有实际价值。避免使用低俗、夸大或虚假的内容来吸引读者。真实的、有洞察力的内容才能赢得读者的信任和尊重。

（3）语言不流畅。软文需要使用自然、流畅的语言来表达，避免使用生僻词汇、复杂的句子结构或错别字。清晰、简洁、易于理解的语言更能够吸引读者，并提升阅读体验。

（4）无明确主题。软文应该有一个明确的主题和核心观点。避免内容散乱、无重点，使读者难以理解和接受。明确的主题能够引导读者，使他们产生共鸣和兴趣。

（5）缺乏个性。软文应该具备独特的个性和风格，以区别于其他文章。避免使用模板化的内容或抄袭他人的作品。独特的观点和表达方式能够吸引读者的注意，并提升文章的传播力。

（6）过度堆砌关键词。在软文中过度堆砌关键词是为了追求搜索引擎优化（SEO）效果，但这会破坏文章的自然度和可读性。避免简单地重复关键词，而是要通过合理的布局和语境来自然地使用关键词。

（7）忽视目标受众。软文写作应该紧密关注目标受众的需求和兴趣。避免过于以自我为中心或偏离受众的关注点。了解受众的需求，并提供符合他们期望的内容，才能更有效地吸引和留住读者。

6. 软文写作四大通病

（1）有眼无珠。标题是文章的眼睛，眼睛是人类心灵的窗户。标题无疑在软文中占有举足轻重的地位。标题不吸引人，正文纵然是锦绣华章，读者也不会点开阅读。据统计，网民阅读文章80%根据网文标题内容来决定。因此，一篇软文，标题不好形同有眼无珠；相反，如果标题精彩，那便使软文锦上添花，读者趋之若鹜，商家的宣传效应、企业形象、营销业绩、网站人气也都会直线上升。

（2）杂乱无章。一篇好软文必须具有鲜明的主题和清晰的结构，使读者一目了然，或为主题亮点，或为精彩内容，或为独特的叙述语言，或为新颖脱俗的文本所打动。如果正文杂乱无章、言之无物，即便是采用"标题党"的做法引诱读者点开正文，当他们发现标题与文章内容不符甚至风马牛不相及时，会产生上当受骗的感觉。这样的软文对商家适得其反，对发布的自媒体平台也有害无益。

（3）不够凝练。软文写作的原则就是在精短的篇幅里准确有效地向精准客户传达商家所要推广的商业信息。如果软文漫无边际地洋洋万言，这与当今读者快餐式、碎片化阅读习惯大相径庭，自然会被人唾弃而无人问津。

（4）无的放矢。发布平台的选择也是决定一篇软文成功与否的关键。如果一篇软文标题诱人、正文精彩，与植入的商业元素又是水乳交融，可是没有选择好最合适的自媒体发布平台，那么也将会无的放矢，前功尽弃。

思考与练习

1. 传统媒体写作与自媒体写作有何不同？试举例说明？每人写一篇议论文（2000字以内），在自媒体平台发表，老师将择优在课堂上点评。

2. 根据所学的自媒体写作知识，写一篇软文千字文（商业内容可以模拟），在自媒体平台发表，老师将择优在课堂上点评。

参考文献

[1] 陈力丹. 世界新闻传播史[M]. 2版. 上海：上海交通大学出版社，2016.

[2] 刘家林. 中国新闻史[M]. 武汉：武汉大学出版社，2012.

[3] 李磊. 外国新闻史教程[M]. 北京：中国广播电视出版社，2001.

[4] 徐丛丛. 中国电影史[M]. 北京：中国电影出版社，2023.

[5] 大卫·波德维尔，克里斯汀·汤普森. 世界电影史[M]. 范倍，译. 北京：北京大学出版社，2014.

[6] 毕一鸣. 世界广播电视发展史：视听传媒的历史变迁[M]. 北京：中国广播电视出版社，2010.

[7] 郭镇之. 中外广播电视史[M]. 3版. 上海：复旦大学出版社，2016.

[8] 姚福. 重大突发事件中网络传播及效应的最大化[J]. 新闻战线，2009（11）：42-44.

[9] 王雪梅. 中国广播文艺理论研究[M]. 北京：中国传媒大学出版社，2011.

[10] 米兰·昆德拉. 小说的艺术[M]. 董强，译. 上海：上海译文出版社，2004.

[11] 胡正荣，黄楚新，严三九. 中国新媒体发展报告（2024）[M]. 北京：社会科学文献出版社，2024.